KB273509

한국경제
새판짜기

한국경제
새판짜기

· **지은이** ｜ 곽정수 · 김상조 · 유종일 · 홍종학

· **펴낸이** ｜ 이희선
· **펴낸곳** ｜ 미들하우스

· **초판 1쇄 펴냄** ｜ 2007년 11월 1일
· **초판 3쇄 펴냄** ｜ 2009년 3월 5일

· **주소** ｜ 서울특별시 마포구 서교동 357-1 서교오피스텔 310호
· **전화** ｜ 02-333-6250
· **팩스** ｜ 02-333-6251
· **등록일** ｜ 2007. 7. 20
· **등록번호** ｜ 제313-2007-000149호
· **ISBN** ｜ 978-89-960178-1-3
ⓒ2007 곽정수, 김상조, 유종일, 홍종학
· **표지 및 본문 디자인** ｜ Prinworks design
· **출력** ｜ 포비전
· **인쇄 및 제본** ｜ 영신사
· **가격** ｜ 14,500원

한국경제
새판짜기

대담 ▪ 김상조 · 유종일 · 홍종학 / 기획 · 사회 ▪ 곽정수

일인당 국민소득 2만 달러, 종합주가지수 2천! 원화 강세에도 지속적인 수출 호조! 그럼에도, 국민의 삶은 넉넉하지 못하고, 한국경제는 벽에 부딪혀 있는 느낌이다. 경제성장률은 수년째 잠재성장률을 밑돌고 있으며, 특히 양질의 고용창출이 저조하여 일자리 문제가 심각하다. 아직은 중국 특수 덕을 톡톡히 보고 있지만, 빠르게 따라오는 중국과의 기술 격차를 계속 유지할 수 있을지, 철강·자동차·전자산업 등 우리의 전통적인 효자산업에서 중국의 추격을 뿌리칠 수 있을지, 또는 미래의 새로운 성장산업을 어디에서 만들어 낼 것인지에 대한 전망은 불투명하기만 하다.

성장만이 문제가 아니다. 분배의 양극화도 매우 심각하다. 대기업이나 은행들은 수조 원씩 사상 최대의 이익을 구가하고 있다는데, 대다수 중소기업은 빈사상태에 놓여 있고 신용등급이 떨어지는 서민들은 고리사채의 늪에 빠져 허덕이고 있다. 빈부격차가 심화하고 있을 뿐만 아니라 부와 빈곤의 대물림이 구조화되고 있다. 한편에서는 외국여행과 명품 소비가 급증하는데, 다른 한편에서는 생계를 위해 겹벌이, 세 겹벌이로 근근이 버텨가고 있다. 대다수 서민의 삶이 너무 피곤하다. 아이 돌보기가 어려워 애 낳기를 두려워하는 실정이며, 과도한 사교육비 부담 때문에 등골이 휜다. 천정부지로 뛰어버린 집값 때문에 내 집 마련의 꿈은 아스라이 멀어져 간다.

한국경제, 새판짜기가 필요하다. 활력이 넘치며 갖고 싶은 일자리가 충분히 만들어지는 경제, 평범한 국민을 행복하게 해주고 편안하게 만들어주는 경제를 이룩하기 위해 새판짜기가 필요하다. 여기 조금 손보고, 저기 조금 수선해서 가면 될 일이 아니다. 근본적인 변화가 필요하다.
과거 박정희 정권에서 한국경제는 정부주도의 경제계획, 관치금융을 통한 자원배분, 재벌중심의 산업투자라는 3대 축을 기반으로 압축적인 산업화를 이루며 고도성장을 구가했다.

하지만, 1980년대 말과 1990년대 초에 이르러 물적 투자 극대화와 선진기술 모방을 통해 비교적 손쉽게 성장을 이룰 수 있는 단계는 끝이 났다. 고도성장에 따른 풍부한 일자리 창출을 통해 성장의 혜택이 자동으로 분배되는 동반성장도 종언을 고했다. 새로운 성장메커니즘과 분배메커니즘이 요구되는 단계로 접어든 것이다. 이러한 요구에 제대로 대응하지 못한 대가 중 가장 뼈아픈 것이 바로 10년 전의 외환위기다. 그동안 개혁을 한다고 했지만, 그래서 '개혁 피로' 운운했지만, 아직도 새 판 짜기는 이루어지지 않고 있다.

우리 경제는 위기가 발생할 때마다 대증요법적인 치료로 가까스로 파국을 피해갈 수 있었다. 하지만, 경제 환경은 너무나 빠른 속도로 변화하고 있다. 그동안 우리 경제는 국가주도에서 시장주도로, 관치금융에서 외국자본이 활개치는 상업금융으로 변모했다. 기업경영에서도 과다차입과 과잉투자를 일삼던 투자극대화 행태를 벗어나 이제는 신중

하고 보수적인 투자행태로 변화했다. 그럼에도, 새로운 성장 동력을 창출하고 새로운 분배메커니즘을 확립하는 것은 매우 미흡했다.

어떤 이들은 지금보다 더 시장에 모든 것을 맡겨야 하고, 정부는 규제를 풀고 세금도 줄여야 한다고 한다. 물론 '기업하기 좋은 환경'을 만들자는 데 반대하기는 어렵다. 기업이 성장을 견인하고, 일자리를 만들며, 국고도 채워주기 때문이다. 그렇다고 시장이 합리적이고 효율적으로 작동하도록 하기 위해서, 또 인권이나 환경, 소비자 안전 등 사회적 가치를 보호하기 위해서 반드시 필요한 규제까지 마구잡이로 풀어버리면 결국 경제를 망치는 꼴이 된다. 지금 커다란 사회문제가 되는 비정규직 문제도 마찬가지이다. 시장에 맡겨두는 것이 당장에는 기업하기에 편하겠지만 장기적으로 보면 과도한 비정규직 활용은 우리 기업들의 경쟁력을 갉아먹는 족쇄가 되고 말 것이다. 기업인들의 사기를 올려준답시고 탈세와 편법을 눈감아 주다 보면 결국 반기업정서는 더 확대될 수밖에 없다. 세금을 줄이게 되면 한심하고 부끄럽기 짝이 없는 수준의 복지를 그나마 더 줄여야 할 것이다.

어떤 이들은 과도한 시장, 시장만능주의, 신자유주의가 문제라고 한다. 정부가 금융도 좀 통제해야 하고, 노동시장에 대해서도 규제를 강화해야 하며, 적대적 M&A도 막아야 한다고 주장한다. 그들은 외국자본을 적대시하고 시장개방에도 반대한다. 반드시 틀린 말은 아니다. 시장 과잉이 개인의 삶과 경제 안정을 해치기도 하고, 오히려 효율성을 저하하기도 하기 때문이다. 시장 만능적 접근이 경제적 약자의 기회를 박탈

하고 불평등을 심화시키는 면도 있다. 그러나 시장 과잉과 시장 만능적 접근을 교정하는 것과 시장에 대한 국가의 통제를 맹신하는 것은 다른 얘기다.

경제가 복잡해지고 기술이 첨단화될수록 관료기구는 시장보다 정보처리능력이 상대적으로 뒤처지게 된다. 게다가 관료기구의 공정성과 신뢰성에 큰 의문이 제기되고 있다. 안정을 강조하다가 자칫 기득권만 보호하게 되고 시장의 창의성과 역동성을 억압할 수 있다. 세계에서 11~13위를 차지하는 경제규모와 무역규모를 자랑하면서 우리만 배타적이고 폐쇄적으로 경제를 운용하겠다는 것도 말이 안 된다.

이상의 두 입장을 우파와 좌파, 보수와 진보, 시장주의와 국가주의 등으로 부를 수 있을 것이다. 전자는 전경련 같은 이익단체와 자유기업원 같은 두뇌집단이 옹호하는 견해로서 보수언론과 상층 관료사회에도 많이 퍼져 있고, 정치권에서는 한나라당의 입장이 이에 가깝다. 후자는 민주노총 같은 이익단체와 대안연대 같은 지식인 집단이 주장하는 견해로서 정치권에서는 민노당의 입장이 이에 근접해 있다.

이 양 극단의 대립 가운데서 어느 한 쪽으로 기울지 않으면서 합리적 시장경제를 지향하는 개혁론자들이 있다. 시장을 강조하되 시장의 실패를 보완할 필요성을 인식하고, 경쟁을 환영하되 공정한 경쟁의 규칙을 중시하고, 개방을 지향하되 준비된 개방을 하자는 입장이다. 시장도 국가도 절대적 선일 수 없으며, 국민의 삶의 질을 향상시키는 경제를 위하여 실용주의적으로 시장과 국가가 적절하게 역할을 분담하자는 입장이다. 이러한 철학적 바탕 위에서 양적 성장이 아닌 질적 성장, 양극화가 아닌 동반성장을 추구함으로써 지속 가능한 발전을 이룩하자는 것이다.

이런 입장을 공유하는 학자들이 한국경제를 진단하고 새판짜기를 모색해보자는 취지에서 나눈 대담을 정리한 것이 한 권의 책으로 나오게 되었다. 흔히 우파와 좌파의 입장을 각각 친 기업과 친 노동으로 규정하지만, 우리는 여기에 동의하지 않는다. 어느 한 쪽 편만 드는 것은 결국 경제를 왜곡할 뿐 아니라, 기업과 노동자 모두가 대가를 치르게 되기 때문이다. 우리는 합리적 시장개혁이야말로 진짜 친 기업이고 동시에 진짜 친 노동이라고 믿는다.

합리적 시장개혁론자의 견해에서 볼 때 새판짜기의 핵심은 기득권자에게만 유리하게 되어 있는 시장경제의 규칙을 합리적이고 공정한 규칙으로 재정립하는 것, 물적 자본 투자를 중심으로 한 양적 성장에서 지식·기술·혁신을 중심으로 한 질적 성장으로 성장전략을 전환하는 것, 양극화를 확대 재생산하는 경제구조를 개혁하여 더불어 잘 사는 동반성장 구조를 확립하는 것, 그리고 마구잡이식의 어설픈 개방을 지양하고 착실하게 내부개혁을 추진하고 이에 발맞추어 준비된 개방을 해나가는 것 등이다.

이러한 새판짜기를 통해 한국경제는 대다수 국민의 복지를 향상시키기 위한 경제로 거듭날 것이다. 이를 한마디로 요약하면 바로 경제민주화다. 20년 전 정치민주화가 시작된 이래 당연히 뒤따랐어야 할, 그러나 실제로는 어디론가 실종되어버린 것이 바로 경제민주화이다. 이것이 진짜 경제개혁이다. 그런데 우리의 고민은 여기서 시작된다. 정치민주화는 이루어졌는데 왜 경제민주화는 이루어지지 않았는가? 어떻게 해야 앞으로 개혁을 제대로 하고 경제민주화를 이룰 수 있을 것인가? 이런 문제는 사실 경제학자들의 몫은 아닌지도 모른다. 그러나 실천지향적인 학자로서 우리는 이 고민을 항상 안고 산다. 현실을 바꾸지 못하는 이론은 쓸모가 없는 이론이기 때문이다.

특히 참여정부의 출범에 깊숙이 관여했던 나로서는 말할 때마다 개혁과 분배를 얘기하던 참여정부 아래서 실제로는 경제개혁이 외면당하고 성장지상주의와 시장만능주의가 판치는 것을 보면서 심각한 좌절감을 맛보았다. 애초에 정권을 창출하고 위로부터의 개혁을 추진한다는 생각 자체가 잘못되었던 걸까? 정치는 잊어버리고 시민운동만 열심히 해야 하는 걸까? 이런 생각도 들었다.

아래로부터 개혁의 동력이 형성되지 않는 가운데 위로부터의 개혁이 모든 난관을 뚫고 성공하기는 매우 어렵다. 설사 일시적으로 성공하더라도 언제 반동이 올지 모른다. 궁극적으로는 개혁은 아래로부터 나와야 한다. 하지만, 개혁의 비전을 제시하고, 공감대를 형성하고, 전략적으로 순서를 밟아나가는 데 있어서 리더의 역할 또한 중요하다. 정치적 리더의 개혁의지가 아래로부터의 동력과 결합할 때 개혁은 성공한다.

원론적으로 아래로부터의 개혁만 고집하다 보면 개혁의 시기를 놓치고 불필요한 비용을 지급하기 십상이다. 그래서 좋은 리더를 만들어내고 선택하는 것도 실천적 학자로서 절대 경시하지 말아야 할 일이다.

참여정부를 돌이켜 보건대 지도력에 문제가 많았다. 지금처럼 대통령 일인에게 권력이 집중된 한, 대통령 개인의 한계가 곧바로 정권의 한계가 되어버린다. 권력이 좀 더 분산되고 시스템이 좀 더 민주화되어 선거에서 표출된 민의가 국정에 더 잘 반영될 수 있도록 변화해야 할 것이다. 특히 정당의 역할이 중요하다. 정당은 민주정치의 핵심 제도인데 정치민주화 20년이 지난 아직 제 모습을 갖춘 정책정당이 잘 보이지 않는다.

대선이 눈앞에 다가왔다. 경제민주화의 비전과 실천력을 가진 지도자와 정당을 고대한다. 아니 고대만 하고 있을 게 아니라 만들어가야 한다. 우리들의 미래, 우리 자손들의 미래를 위해서 독자들께서도 힘을 보탤 방법을 각자 찾아주시기 바란다.

2007년 8월21일 유종일/ KDI 정책대학원 교수

좌담을 기획하며

많은 사람이 한국경제의 위기를 말한다. '성장 둔화'와 '양극화의 심화'는 오늘날의 경제적 위기감을 압축적으로 표현해주는 말들이다. 그러한 인식에는 보수와 진보 간에도 큰 차이가 없다. 2007년 들어 상대적인 경기회복이 이루어지면서 이런 우려가 다소 수그러들기는 했지만, 과거와 같은 역동성을 찾아보기 어렵다는 데는 모두가 동의하고 있다. 한국경제의 미래에 대한 근본적인 불안감이 여전한 것이다. 과거의 낡은 패러다임으로는 21세기 새로운 한국사회의 미래를 힘차게 열어나갈 수 없다. 하지만, 아직 우리 사회에는 이를 대체할 새로운 패러다임이 자리를 잡지 못하고 있다.

이번 17대 대통령선거가 한국사회에 일대 전환점이 될 것이라고들 한다. 이러한 전망 속에는 한국사회가 새롭게 도약하느냐, 아니면 지금의 답답한 상황에서 여전히 헤어나지 못하거나 심지어 뒤로 후퇴하느냐의 갈림길에 서 있다는 절박함이 깔려있다. 자연히 경제를 살리는 문제가 대선의 최대 화두 중 하나로 떠오르고, 무수한 경제공약과 논의들이 쏟아지고 있다. 야당의 대선후보는 '경제대통령'을 캐치프레이즈로 내걸었을 정도다. 하지만, 여권 후보들은 '가짜 경제대통령'이라고 반박한다. 벌써 모든 국민이 기대하는 한국경제의 궁극적인 해법 제시와 사회적 합의가 쉽지 않을 것이라는 걱정이 앞선다.

어쩌면 정말 큰 위기는 이런 시대적 과제를 안고 있음에도 사회 구성원들 간에 새로운 패러다임의 기초가 되는 기본인식에서조차 쉽게 합의를 이루지 못하는 현실일지 모른다. 어느덧 우리 사회는 생각이 다른 사람들끼리는 아예 만나지 않으려 하고, 상대방의 말을 들으려 하지 않으며, 서로 공격하는 데 익숙해 있다. 각자의 마음속에는 생각이 다른 사람과는 무슨 얘기를 해도 소용없다는 불신이 뿌리내리는 것 같다. 그러나 실제로는 서로 생각이나 의도를 잘 모르고 무조건 비판하는 때도 적지 않아 보인다. 경실련이나 참여연대, 경제개혁연대 등 진보성향의 시민사회단체나 경제연구단체들의 재벌개혁운동은 그 대표적 사례로 꼽을 만하다. 그들은 장기적으로 지속 가능하고, 국민의 신뢰를 얻을 수 있도록 재벌이 거듭나야 한다고 주장한다. 그러나 재계나 보수진영에서는 무조건 재벌을 죽이자는 것이냐며 몰아붙인다. 반대로 보수진영에서 볼 때 자신들의 주장을 진보진영이 오해한다고 생각하는 점도 있을 것이다.

이 책은 김상조 한성대 교수, 유종일 한국개발연구원 국제정책대학원 교수, 홍종학 경원대 교수 등 세 명의 중진 경제학자들이 한국경제에 대한 진단과 처방에 관해 나눈 대담 내용을 담고 있다. 대선을 불과 몇 달밖에 남겨두고 있지 않은 시점에서 실타래처럼 엉킨 한국경제의 주요 현안들을 푸는 데 누군가 방향키 역할을 해주는 게 필요하다는 생각에서 세 분에게 부탁을 했다. 갑작스런 대담 제안을 흔쾌히 받아준 세 분에게 이 자리를 빌려 감사드린다. 이전에도 현실경제 문제에 대한 학자들의 논의를 다룬 책들은 없지 않았다. 하지만, 김상조, 유종일, 홍종

학 세 분 교수들은 우리 사회를 대표하는 중도개혁 성향의 경제학자들
이라는 점에서 남다른 의미가 있다고 하겠다.

 또 경제전문가로서 경제정책 수립과정에도 여러모로 참여해왔다
는 점에서 그들의 진단과 처방은 한층 무게를 더한다. 이들의 주장은
기존 보수나 진보진영의 생각과 차이가 날 수 있다. 하지만, 기본적으
로 이 책은 생각이 서로 다른 사람들과 더욱 진지한 대화를 시작해보려
는 진지한 시도의 결과물이다. 경제에 관한 전문지식이 없는 일반 독자
들도 쉽게 접할 수 있도록 배려했음에도 시간상의 제약 때문에 한계가
있을 수밖에 없을 것이다. 이 책이 앞으로 5~10년, 나아가 50~100년
이후까지 한국경제의 미래를 조망하는 데 있어 대전제가 되는 새로운
'코리아 컨센서스'를 만드는 데 작은 토대가 되었으면 하는 바람이다.
좌담은 5월에 두 번에 거쳐 주요 담론이 이뤄졌고, 다시 6, 7월에 두 번
에 거쳐 보완 좌담이 이뤄졌음을 부기한다.

2007년 8월21일 곽정수/ 한겨레신문 대기업전문기자

차례

머리말 4
좌담을 기획하며 11

제1부 시장과 국가

제1장
새로운 시장, 새로운 패러다임 23

시장, 한국과 미국의 차이 23
합리적 시장 규칙이 필요하다 27
시장에서 정부의 역할 32
민주주의와 시장경제 35
천민자본주의와 정실자본주의 40
경제적 민주주의와 시민사회의 역할 44
신관치와 사이비 시장주의 49
경제 개혁과 정치 개혁 55

제2부 재벌과 성장

제2장
재벌 중심 성장주의의 종언 63

'기업하기 좋은 환경' 논리의 허구 63
대기업은 자본파업을 벌이고 있는가? 66
U자형 기업 분포, 심화해 가는 재벌의존형 72
내수와 고용이 함께 창출되는 '동반성장' 75
'기업집단법' 제정과 하도급 피해 대책 77
새로운 중소기업 육성정책 86
금융 인프라 개선, 혁신 클러스터, 평생학습 90
뉴 패러다임, 사람과 중소기업에 길이 있다 94

제3장
기업 권력을 통제하지 못하는 사회에 미래는 없다 ·········· 99

외국에는 정말 재벌에 대한 규제가 없을까? ·········· 99
재벌 시스템은 계속 유효한가? ·········· 106
장하준·정승일의 재벌 인식은 국가사회주의와 유사하다 ·········· 110
실효성이 끝난 대안연대의 재벌 중심 '대안' ·········· 113
OECD 국가 중 최저 노조 가입률과 최고 비정규직 노동자 비율의 의미 ·········· 118
고용의 유연성과 기능의 유연성 ·········· 122

제3부 역대 정부와 참여 정부의 경제 정책

제4장
대통령과 경제관료, 누구를 위해 종을 울리나? ·········· 129

경제 개혁 의지가 없었던 참여정부 ·········· 129
양극화와 중산층의 붕괴 ·········· 138
노 대통령의 경제 개혁 공약은 사기였다 ·········· 141
인사의 실패, 정책의 실패 ·········· 144
왜, 부동산 정책은 실기했나? ·········· 146
경제 개혁의 포기 1 - 성장과 개발 정책의 중시로 ·········· 151
경제 개혁의 포기 2 - 관치에 의한 안정과 보수로 ·········· 154
경제 개혁의 포기 3 - 열린우리당의 실용주의 ·········· 164

제4부 성장과 분배

제5장
선 성장인가? 동반 성장인가? ·········· 169

북미와 중남미 경제 격차의 원인은 무엇인가? ·········· 169
OECD 최저의 복지와 OECD 최고의 자살률 ·········· 173

선 성장 후 분배론은 고도성장기의 향수 ·········· 176
구조조정 촉진형 복지 ·········· 178
복지는 사회적 보험 ·········· 181
성장촉진형 재분배 ·········· 185
복지 재정은 예산의 효율화로 높일 수 있다 ·········· 188
적극적인 노동시장 정책 ·········· 192
미국식도 유럽식도 아닌 뒤죽박죽 경제 시스템 ·········· 196
요소투입형 성장 정책은 흘러간 모델 ·········· 201
장하준의 정부·재벌·금융의 일체화 주장은 시대착오 ·········· 204
정부의 역할은 무엇인가? ·········· 207
주주자본주의, 금융자본주의가 저투자·저성장의 원인인가? ·········· 211

제6장
양극화, 망국으로 가는 길 ·········· 214

세계화 속에서 양극화는 불가피한 것인가? ·········· 214
양극화 원인 1 - 재벌 중심의 경제 왜곡 때문이다 ·········· 218
양극화 원인 2 - IT, 카드, 부동산 정책의 실패 ·········· 220
개방에 관한 대안연대 비판의 맹점 ·········· 221
양극화 심화의 주원인, 비정규직을 어떻게 할 것인가? ·········· 225
양극화 문제의 올바른 해법 - 삼성과 유한킴벌리의 차이 ·········· 231
노동·복지·조세 정책 ·········· 234

제5부 개혁과 개방

제7장
한미 FTA, 내부 개혁 없는 개방 논리의 허구 ·········· 243

한미 FTA 이전에 먼저 경제 시스템을 바꿔야한다 ·········· 243
내부개혁 없는 개방이 문제다 ·········· 246
정치적 모험주의가 부를 비극 - 경제사회제도의 보수화와 양극화 심화 ·········· 249

한미 FTA의 특징은 규모, 수혜, 제도 변화의 비대칭성 ·········· 260

제8장
외국 자본, 야누스의 얼굴 ·········· 267

외국자본 무엇이 문제인가? ·········· 267
자본의 국적성과 국부유출론 ·········· 271
외국자본의 적대적 M&A 위협론은 과장이다 ·········· 276
경영권 방어장치 요구의 허구 ·········· 284
외국자본 유치 정책의 허와 실 ·········· 292
엑슨 플로리오법을 어떻게 볼 것인가? ·········· 296
외환은행, 우리은행의 소유 이전 대책 ·········· 298
금산분리 원칙은 반드시 지켜야 한다 ·········· 302

제9장
경제 패러다임의 전환, 그 희망의 근거 ·········· 309

한국경제를 위해 어떤 지도자가 필요한가? ·········· 309
모피아를 개혁할 수 있는 대통령이 필요하다 ·········· 312
왜, 패러다임의 전환이 필요한가? ·········· 315
박정희식 발전국가모델은 지속가능하지 않다 ·········· 323
지식경제 패러다임 ·········· 325
대통령과 경제 ·········· 331
왜, 역대 정부의 경제 정책은 실패했나? ·········· 333
패러다임 전환의 원동력은 밑으로 부터 ·········· 339
패러다임 전환은 소프트웨어와 사회적 자본에서 ·········· 345
사회적 대타협론과 새 경제 모델의 전제 조건 ·········· 348

대선 후보에게 바란다 ·········· 359

＊본문 중 주석의 내용은 네이버의 '지식in' 과 '백과사전', '용어사전' 을 주로 인용하였습니다.

곽 정 수 한겨레 대기업 전문 기자
1984년 서울대 전기공학과를 졸업한 뒤, 1988년 창간한 한겨레신문에 공채 1기로 입사했다. 사회부, 편집부를 거쳐 1992년 이후 경제부에서 활동하고 있다. 2002년 한겨레신문 대기업전문기자로 임명돼, 재벌문제를 집중적으로 다루고 있다. 서강대에서 경제학 석사학위를 받았고, 서울대에서 경제학 박사과정을 밟고 있다.

한국경제 새판짜기

홍 종 학 경원대 경제학과 교수(경제학 박사)
1983년 연세대학교 경제학과를 졸업하고 같은 대학원에서 석사를, 미국 University of California, San Diego에서 경제학 박사를 받았다. 정부의 산업발전심의회 위원, 경쟁정책자문위원회 위원, 경실련에서 재벌개혁 위원장과 정책위원장을 역임하였고, MBC 라디오의 '손에 잡히는 경제' 진행을 맡았다. 신용카드사의 무분별한 대출로 인한 위기를 경고하였고, 경고가 현실화되면서 신용불량자가 양산되자 채무자에게 우호적인 파산법의 제정을 주장하여 '채무자 회생 및 파산에 관한 법률'의 이론적 근거를 제공하였다. 무분별한 대출의 결과 서민들만 피해를 보는 '약탈적 대출' 현상을 국내에 소개하여 대부업계의 살인적 이자율 인하의 필요성을 전파하였으며 피해를 최소화하기 위한 공정채권추심법 제정을 주장하였다. 경실련의 아파트값 거품빼기 운동을 주도하였으며, 국내에서 서민금융지원과 합리적 주택담보대출의 정착을 위한 총부채상환비율 규제(DTI)의 대표적 주창자이다.
저서로는 『미시경제학 연습』(유정식 공저), 『미시적 경제분석』(강태진 유정식 공저), 『한국은 망한다』, 『IMF사태, 원인을 알면 대책이 보인다』, 『삼수사수를 해서라도 서울대에 가라』가 있으며, 논문으로는 「양극화와 경제구조개혁」, 「한미비교를 통한 신용카드 문제 분석」, 「석차제도의 비효율성에 관한 연구」(김성태, 박주현, 한광석 공저) 등이 있다.

유 종 일 KDI 국제정책대학원 교수(경제학 박사) 1985년 서울대학교 경제학과를 졸업하고, Harvard University에서 박사 학위를 받았다. 영국 Cambridge대학과 미국 Notre Dame 대학, 일본 리츠메이칸대학 등에서 조교수와 부교수를 역임했고, 북경대학과 미국 University of California, San Diego에서 초빙교수를 역임했다. 세계은행(World Bank), 세계경제발전연구소(WIDER), 유엔무역개발기구(UNCTAD) 등의 consultant와 동북아위원회 위원을 역임했다. 아시아미래재단 이사, 경제개혁연대 자문위원, 녹색소비자연대 이사 등을 맡고 있으며 시민사회운동에 적극 참여하고 있다. 현재 한겨레 신문에 컬럼을 연재하고 있으며, MBC 라디오의 '손에 잡히는 경제' 진행을 하고 있다.

저서로는 『Democracy, Market Economics and Development』, 『Capital, the State and Labor』 등이 있으며, 논문으로는 「신자유주의, 세계화, 한국경제」, 「한국경제의 양극화와 지속가능한 성장」, 「The Long and Winding Road to Liberalization」, 「Income Distribution and Growth in East Asia」, 「Changing Role of the State in South Korea」, 「Macroeconomic Structure, Endogenous Technical Change, and Growth」 등이 있고, 연구보고서로는 「지식경제 패러다임과 성장정책」 등이 있다.

김 상 조 한성대학교 무역학과 교수(경제학 박사) 1985년 서울대학교 경제학과를 졸업하고 같은 학교에서 석사와 박사 학위를 받았다. 2000년 영국 캠브리지 대학에서 객원 연구원을 지냈고, 2004년 미국 예일대 Yale World Fellows Program에 참가했다. 노사정위원회 공익 책임전문위원, 금융산업발전심의회 위원, 경쟁정책자문위원회 위원을 역임했고, 참여연대 경제개혁센터 소장으로 경제개혁 시민운동을 이끌었으며, 현재 경제개혁연대 소장으로 경제개혁과 민주화를 위한 시민운동을 지속적으로 펼치고 있다.

저서로 『재벌과 금융 - 그 진정한 개혁을 위하여』, 논문으로 「대내외적 자유화 진전에 따른 대 - 중소기업 관계의 변화」, 「개방에 따른 위험과 갈등의 조정 방안 - 한미 FTA 금융서비스 협상을 중심으로」, 「미국 보험지주회사제도에서의 금융자본과 산업자본의 분리원칙」, 「고도성장의 종식과 새로운 성장모형의 모색: 재벌중심 성장 신화의 극복을 중심으로」 「경제위기 이후 한국의 재벌개혁·금융개혁의 현황과 과제」 「삼성의 지배구조: 금융을 통한 지배와 배임에 의한 승계」 등이 있다.

제1부

시장과 국가

제1장

새로운 시장,
새로운 패러다임

● 시장, 한국과 미국의 차이

곽정수 요즘 경제 관련 논쟁에서 가장 빈번하게 나오는 주제 중 하나는 시장인 것 같습니다. 그런데 경제 현안 관련 토론회나 공청회, 그리고 각종 매체에 실린 글들을 보면 대단히 흥미로운 사실을 느끼게 됩니다. 토론회 참석자나 기고자들이 서로 완전히 다른 주장을 하면서도, 공통으로 시장원리나 시장기능을 강조하는 점이죠. 그러면서 상대방을 반시장적이라고 공격합니다. 일종의 주문 같기도 하고요.

대표적인 예가 재벌정책입니다. 보수진영에서는 정부가 재벌에 대한 직접적인 규제를 풀고, 시장에 맡기라고 말합니다. 하지만, 개혁진영에서는 시장이 제대로 작동하도록 하려면 정부의 적절한 규제가 필요하고, 재벌정책 완화는 시장 감시자로서의 정부 역할을 포기하는 것이라고 반박합니다. 국민으로서는 정말 혼란스러울 수밖에 없습니다. 똑같이 시장을 강조하는데 진단이나 해법은 정반대니까요.

사실 시장을 둘러싼 논란은 오래된 것이죠. 특히 시장과 정부의 관계는 경제학의 핵심 의제 중 하나 아닙니까? 과연 '시장은 만능인지', '정부의 시장에 대한 개입은 어디까지인지'에 대한 논란은 아직도 계속 되고 있습니다. 이런 것들은 80~90년대 이후 세계적으로 확산하고 있는 신자유주의를 둘러싼 논쟁과도 직접적으로 연관되어 있다고 할 수 있지 않습니까? 하지만, 지금은 과거와 달리 시장의 기능을 더 중시하면 보수, 정부 개입의 중요성을 더 강조하면 진보라는 이분법도 꼭 맞는 것은 아닌 것 같고요. 어찌 보면 우리 현실에 맞는 시장, 합리적 시장을 어떻게 만들어 가느냐 하는 방향에서 접근하는 것이 더 바람직해 보이기도 합니다. 우선 시장에 관한 논의로 얘기를 풀어보죠.

홍종학 두 가지 문제를 던지신 거죠? 하나는 정부의 시장에 대한 규제를 풀라고 하는 쪽과 강화하라는 쪽이 서로 반시장적이라고 하는 현상을 어떻게 설명할 것인가? 다른 하나는 정부의 시장개입은 어디까지 정당화될 수 있는 것인가?…….

일단 교과서적인 이야기부터 하는 게 이해를 도울 수 있을 것 같아요. 경제학 교과서에 의하면 시장경제는 대단히 효율적인 결과를 낳는다는 것인데, 아마 이것에 대해서는 모든 경제학자가 동의할 것입니다. 문제는 이렇게 효율성을 담보하는 교과서적인 시장이 현실과 얼마나 맞는가에 대한 견해 차이가 있지요. 교과서적인 논의에서 합의를 볼 수 있는 것은 일반적으로 시장실패(market failure)라고 하는 현상들입니다. 즉 시장에만 맡겼을 때 비효율적 결과가 초래된다고 증명된 독과점, 외부성(외부효과), 공공재, 정보의 비대칭성 등의 문제에 대해서는 정부가 적절한 개입을 통해 해결해야 한다는 데 대체로 동의를 하고 있지요. 현재 독과점 문제는 공정거래위원회에서 규제하고 있지요. 외부성이라는 것은 타인의 경제행위로 인하여 전혀 관련이 없는 제3자가 손해를 보거나 편익을 얻는 것을 말하는데, 예를 들어 기업이 환경을 오염시켜 주민들에게 손해를 입히면서도 이에 대한 비용을 치르지 않는 것이 여기에 해당합니다. 시장에서 발생한 문제를 시장 자체가 해결하지 못하는 것이지요. 따라서 정부는 이 문제를 해결하기 위해 환경 규제를 합니다. 또 국방이나 공원시설과 같은 공공재는 정부가 공급하고 있지요. 국민에게 반드시 필요한 공공재를 시장에게만 맡길 경우 갖가지 부작용이 나타날 수 있기 때문입니다. '정보의 비대칭성'이란 사람마다 알고 있는 정보가 똑같지 않다는 것을 의미합니다. 정보의 비대칭성으로 시장의 실패가 초래될 수도 있지요. 예컨대 정부는 국민건강보험을 통해 보험시장에 개입하고 있습니다. 이는 보험회사가 고객의 건강상태를 정확히 알 수 없는 '정보의 비대칭성'이 존재하기 때문에 병약한 사람들만 보험에 가입할 가능성이 크고, 결국엔 보험회사가 문을 닫을 수도 있습니다. 따라서 정부는 이러한 문제를 해결하기 위해 국민건강보험을 공급하고 있습니다.

방금 예를 들었듯이 독과점, 외부성, 공공재, 정보의 비대칭성을 시장이 완전히 해결해줄 수 없어서 진보든 보수든 정부의 역할은 반드시 필요하다고 봅니다. 다만, 정부가 적극적으로 개입할 것인가, 아니면 시장 기능이 살아나도록 보조적 입장을 취할 것인가에 대한 견해 차이가 있지요. 어떤 의미에서 이러한 사소한 차이가 미국에서 논의되고 있는 정부와 시장 간의 문제가 아닐까 싶습니다.

그런데 이러한 논의에서 재벌에 대한 규제를 강화해야 하는가의 문제는 빠져 있죠. 그러니까 현재 한국에서 벌어지는 정부의 개입과 관련한 논쟁은 이러한 시장 실패에 대한 논의와는 다소 차이가 있습니다. 이를 한마디로 설명하자면 이렇습니다. 미국은 소비자 보호제도가 잘 되어 있어서 한국시장과는 차이가 있습니다. 또 현재 한국에는 재벌이라는 거대한 기업집단이 있는데, 미국에도 규모가 훨씬 더 큰 대기업들이 존재하지만 한국과 같은 형태의 재벌은 존재하지 않죠.

과거에는 미국에도 이런 유형의 기업집단이 있었습니다만, 과연 한국만의 독특한 재벌 구조 속에서 한국과 미국의 시장이 동일한 효율성을 발휘할 것인가의 문제가 대두합니다. 이런 문제는 경제학 교과서에서 거의 논의되지 않습니다. 그러니까 한국 시장과 미국 시장을 비교해 보면, 한국 시장에서 소비자의 권리는 상대적으로 제약받고 있지만, 재벌이라는 기업구조로 인해 재벌이 시장에서 부당하게 지배력을 행사하기 쉽습니다. 이는 한국 시장에서 소비자들이 이중적으로 피해를 보고 있다는 것을 의미합니다.

그런데 문제를 어렵게 하는 것은 과거 한국의 경제 성장이 정부 주도로 이루어졌기 때문에 거기에 맞춰 시장 제도가 형성되어 왔다는 것입니다. 이른바 관치(官治)로 불리는 건데요. 이 때문에 정부가 시장에 부당하게 개입할 개연성이 높은 시장구조가 형성되어 왔습니다. 이것이 시장의 효율성을 저해한다는 거지요. 이러한 정부의 개입은 시장의 실패를 해결하기 위한 개입은 아닙니다. 이는 경제 성장 초기에 정부가 시장을 이끌기 위해 적극적으로 개입했다는 점에서 교과서에서 논의되는 정부 개입과는 차이가 있습니다. 이러한 개입에 대해서는 과거의 관행을 중시하는 관료나 국가사회주의를 추종하는 일부 학자를 제외하고는 동의하지 않고 있는데, 정부의 규제를 반대하는 쪽에서 이를 과장하여 악용하는 측면이 있습니다.

역사적으로 보면 한국 경제는 관치가 구조화되었지만, 소비자가 재벌과 대등하게 거래를 할 수 있는 공정한 규칙은 없는 이중적 모순 현상을 내포하고 있습니다. 한마디로 말해서, 한국은 지금 완전히 새로운 시장, 새로운 패러다임을 만들어내야 하는 과정에 있다는 겁니다. 이렇게 볼 때 제가 주장하는 시장은 미국 시장과 굉장히 가깝습니다. 그런데 지금 정부의 개입을 반대하는 분들은 제가 주장하는 시장이 미국 시장이라는 생각을 안 해요.

● 합리적 시장 규칙이 필요하다

유종일 미국과 한국 시장의 차이점에 대한 홍 교수님의 날카로운 지적 잘 들었습니다. 저는 합리적 시장이란 게 뭔지, 원론적인 차원에서 짚어 보고 싶습니다. 아담 스미스가 '보이지 않는 손'이라고 했듯이, 시장은 수많은 개인이 자유롭게 자신의 이익을 추구하면서 개인의 선택으로 이루어지는 경제 활동을 조정하여 효율적인 자원 배분이 이루어지도록 하는 훌륭한 경제제도입니다. 하지만, 시장이 효율적이고 합리적으로 기능을 하려면 몇 가지 전제 조건이 필요합니다.

첫째, 흔히 오해하듯이 시장은 무한 경쟁이 용납되는 곳이어서는 안 됩니다. 남을 속이거나 해치면서 이익을 얻는 종류의 경쟁은 막아야 하지요. 즉 타인에게 더 많은 가치를 제공함으로써 자신의 이익을 실현하는 경쟁만을 허용해야 합니다. 그래서 시장은 약육강식의 무한 경쟁이 지배하는 것이 아니라 누구나 윈-윈(win-win)의 기회를 포착할 수 있는 공정한 경쟁을 추구해야 합니다. 법과 제도와 질서가 필요한 것도 그 때문입니다. 시장 경쟁의 규칙을 잘 만들어야 시장이 제대로 기능을 하는 것이죠.

둘째, 아무리 시장이 효율적으로 기능을 한다 하더라도 시장의 분배는 사회가 받아들이기엔 너무나 불공평할 수도 있습니다. 그렇게 되면 사회적, 정치적 갈등을 낳게 되어 경제시스템도 작동하기 어려워지겠죠. 그래서 분배의 문제를 해결하기 위해 어느 정도 정부의 시장 개입이 필요한 것입니다.

셋째, 홍 교수님이 말씀하신 시장 실패의 문제입니다. 아까 '외부성'을 언급할 때 잠깐 예를 들기도 했습니다만, 지구온난화 같은 문제는 시장이 도저히 해결할 수 없는 문제입니다. 독과점이나 정보의 불완전성, 비대칭성으로 말미암은 시장 왜곡도 곳곳에서 발견됩니다. 이러한 시장 실패를 해결하기 위한 정부의 개입이나 사회적 보완장치가 있어야 비로소 효율적이고 합리적 시장이 될 수 있습니다.

합리적 시장을 위한 이 세 가지 필요조건은 서로 연관되어 있습니다. 시장의 규칙은 어떠한 시장 실패가 존재하느냐에 따라 달라집니다. 또 시장 실패가 발생할 때는 분배 문제가 시장의 효율성을 저해하기도 합니다. 예를 들어 대출 시장이 불완전하기 때문에 빈민층의 자녀는 아무리 훌륭한 자질이 있어도 좋은 교육을 받지 못할 수 있습니다. 이는 분배의 악화가 비효율을 가져오는 예입니다. 그래서 합리적 시장은 무조건 규제를 완화하고 자유방임 하에서 무한 경쟁을 하는 것이 아니라 좋은 제도와 규칙, 그리고 적절한 정부개입이 필요합니다. 이런 제도와 규칙이 잘 운영되고 지켜지는 데는 의식과 관행의 문제, 즉 사회적 자본이 중요한 역할을 하게 됩니다.

그런데 우리나라는 어땠을까요? 과거에 정부는 시장의 합리성을 높이기 위해 규제하고 개입하기보다는 정부가 시장을 대신하여 직접 경제를 끌고나갔습니다. 그러다 보니 기업을 직접 통제하거나 시장을 억제하기도 하고, 경쟁을 제한하기도 했습니다. 그 결과 특혜와 부패의 고리로서 정경유착이 창궐하기도 했습니다. 이러한 시장 왜곡을 바로잡기 위한 개혁이 바로 '시장개혁'인데, 이 과정에서 소위 '신자유주의'로 표현되는 시장만능주의가 상당한 영향력을 발휘했습니다. 시장만능주의자들은 합리적 규제마저도 없애려 함으로써 결국 '시장 과잉현상'을 낳았습니다. 금산분리에 반대한다든지, 비정규직을 남용한 것이 대표적인 예입니다.

홍종학 제 생각에는 현재 한국의 문제는 신자유주의 문제가 아니고 시장의 규칙이 제대로 갖춰지지 않은 천민자본주의의 문제라는 겁니다.

1) 금융자본과 산업자본을 분리하는 원칙을 말한다. 특히 산업자본이 은행을 지배하지 못하도록 하는 은행법상의 소유규제가 가장 대표적인 형태이다. 그 외에도 금융기관이 고객(저축자)의 돈을 이용하여 산업자본을 지배하는 것을 막는 금산법 제24조나 공정거래법 제11조의 규제도 이에 해당한다.

소비자 보호라든가 사회보장제도가 제대로 갖춰지지 않은 상황에서 과거의 관치경제를 극복한다는 명분으로 규제 완화만 주장하다 보니까, 약육강식의 정글과 같은 시장이 되는 것이죠.

김상조 홍종학 교수님의 생각과 비슷할지는 모르겠는데, 한국 경제가 안고 있는 문제를 '신자유주의의 과잉과 자유주의의 부족'으로 정리해 볼 수 있지 않을까요? 그러니까 법 앞의 평등, 관료 기구의 공정성, 시민사회의 윤리 의식 등과 같은 사회적 자본, 또는 사회 규율의 집행은 18~19세기 자유주의적 과제이거든요. 하지만, 사회적 자본이나 규율이 제대로 갖추어지지 않은 상황에서 20세기 후반의 신자유주의가 과도하게 수용되었습니다. 이 양자 간의 모순이 결국 한국 사회에서 보수주의자도 실패하게 하고, 진보주의자도 실패하게 하는 게 아니냐는 생각이 듭니다.

홍종학 방금 말씀하신 내용은 무척 중요한 면을 지적하고 있는 것 같습니다. 한국의 많은 자유주의 지식인들이 신자유주의 때문에 도매금으로 매도당하는 측면이 있거든요. 김 교수님처럼 논의하면 개혁적 자유주의 지식인들과 맹목적 신자유주의 추종자들의 차이가 좀 더 명확해질 것 같은데요.

곽정수 신자유주의 출현은 이른바 케인즈주의 복지국가의 위기와 연관지을 수 있을 것입니다. 신자유주의와 자유주의의 모순을 지적한 김상조 교수님의 입장을 '개혁적 케인시안'으로 이해해도 될까요?

홍종학 그렇게 볼 수도 있겠죠. 그렇지만, 강조점은 조금 다른 것 같습니다. '케인시안'이라고 하면, '케인스학파'와 '고전학파' 사이의 논쟁을 연상시키기 때문이죠. 둘 사이의 쟁점은 시장의 작동에 관한 것이 아니라 국가가 개입할 영역에 대해 얼마나 더 개입을 할 것인가, 시장의 자율성을 얼마나 더 보장할 것인가 하는 거죠. 예를 들어 실업자 구제를 위해 정부 예산을 얼마나 쓸 것인가, 또는 불황을 타개하기 위해 재정정책이나 금융정책을 어떻게 사용할 것인가의 문제죠. 그런데 한국에서의 논의는 그것을 벗어나 있습니다. 어떤 의미에서 보면 극우나 극좌의 논리로 가고 있는데, 정부는 시장에 개입해서는 안 된다거나, 아니면 시장이 나쁘니 정부가 무조건 개입을 해야 한다는 식입니다. 지금 한국에서의 논쟁은 미국에서의 논쟁과 성격이 다르지요.

김상조 경제학사 쪽에서는 '케인시안'은 기본적으로 시장에 대한 정부의 직접 개입을 주장하는 사람을 의미합니다. 그러나 한국에서는 시장이 작동하기 위한 규칙(rule)을 만들고 집행하는 기구로서 국가가 필요하고, 그런 의미에서 국가가 더욱 적극적으로 시장과 사회에 개입해야 한다고 얘기를 하는 거죠.

유종일 "규칙이냐, 자의적 판단(discretion)이냐"라는 유명한 논쟁에서

2) 1930년대 대공황의 원인을 유효수요의 부족으로 진단하고 정부의 적극적 시장개입, 특히 확장적 재정정책을 대안으로 주장했던 영국의 경제학자이자 재무성 장관인 케인스(J.M. Keynes)의 사상을 추종하는 사람. 이후 케인스의 고전적 거시경제이론에는 미시경제학적 기초가 결여되어 있다는 신고전학파의 비판이 대두되자, 이를 적극적으로 수용하면서도 여전히 시장은 항상 균형이라는 신고전학파의 기본 입장에 대해서는 비판적 견해를 견지하는 신케인스학파로 발전하였다.

보듯이 케인스주의 정책의 핵심은 정부가 경제 안정화 등 공공적 목표 가치를 실현하기 위해 관료의 판단에 입각해서 경제에 개입한다는 겁니다. 경기가 안좋으니 적자재정을 편성한다거나 이자율을 내린다거나 하는 거죠. 이에 반해 고전학파 혹은 통화주의자들은 균형재정이나 일정한 통화량 증가율 등 정책의 규칙을 따라야 한다고 하는 겁니다. 우리가 말하는 시장의 규칙은 이보다 더 기본적인 것으로, 양측이 모두 당연히 받아들이는 내용입니다.

● 시장에서 정부의 역할

곽정수 정부가 시장에 직접 참여하는 선수로서가 아니라 시장의 규칙(rule)을 만들고, 나아가 규칙을 어기는 선수를 골라내 제재함으로써 시장이 제대로 작동하게 하는 공정한 심판 역할을 해야 한다는 말씀이죠?

홍종학 바로 그 점이 핵심이지요.

김상조 그렇게 본다면, 한국에서 국가 개입을 주장하는 사람들은 서구의 경제학사에서 말하는 케인시안과는 다르다고 할 수 있죠.

홍종학 관치를 주장하는 사람들을 제외하면, 조금 다르죠. 그러니까 저는 국가가 공정한 심판 역할을 하는 시장이 바로 합리적, 혹은 정상적 시장이라고 보는 거지요. 거꾸로 말하면, 현재 한국 시장은 정상적 시장이 아니라는 말이 됩니다.

김상조 울트라 리버럴리스트(ultra liberalist)나 합리적 리버럴리스트 (rational liberalist)는 어떤 의미에서는 규칙은 주어져 있다고 생각을 하거든요.

홍종학 극우(ultra right)가 더 일상적인 용어가 아닐까요? 극우는 가만 내버려두면, 정글에서 규칙이 만들어진다고 말하죠. 그게 바로 시장이라는 겁니다. 제가 반론을 제기하는 것은 그렇게 내버려두는 나라가 지구 위에 어디 있느냐는 거예요. 가장 신자유주의적이라는 미국도 시장에 대한 법적, 제도적 제한이 얼마나 많습니까?

김상조 저는 좀 더 세분해서 말씀드리고 싶어요. 울트라 리버럴리스트는 자연법적인 규칙이 이미 존재하기 때문에 그냥 믿고 맡기면 된다고 합니다. 또 합리적 리버럴리스트는 시장이라는 기본적인 규칙이 이미 작동하고 있을 만큼 우리 사회가 선진화되었다고 믿지요. 그렇지만, 개혁적인 견해가 있는 사람들은 우리 사회에서는 진보적이든 보수적이든 규칙 자체가 아직 정립되지 않았으며, 그나마 마련된 규칙도 제대로 집행이 안 된다고 봅니다. 또 그런 규칙을 시장이 스스로 만들어 낼 능력이 없어서, 결국 국가나 시민사회가 규칙을 만들고 집행해야 한다는 의미에서 '국가 개입주의'라고 하는 겁니다.

홍종학 이 문제를 굉장히 혼란스럽게 만드는 것은 재정경제부예요. 과거 우리 경제발전 시기에 재경부가 취해왔던 것을 굳이 정의한다면 이른바 '중상주의적 관치'라고 할 수 있는데, 그 개념은 사실상 우리가 많이 거론하고 있는 '사전적 규제'와 통합니다. 정부가 직접 선수가 되기 위해 개입하는 규칙, 그때마다 필요한 법제도와 규제들을 갖고 있습니다. 필요하다고 판단될 때마다 정부가 가격을 통제한다거나, 공적자금을 투입한다거나, 맘대로 구조조정을 한다거나 하는 중상주의적 관치가 남아 있다는 거지요. 재계에서는 그것을 불합리한 규제라고 하고, 학자들은 보통 '사전적 규제'라고 부르는데, 규제의 상당 부분이 현 상황에 맞지 않는 것이 사실이지요. 그래서 지금 재계에서도 그 점을 집요하게 문제 삼는 겁니다. 문제는 중상주의적 관치를 위한 규제가 아니라, 지금 말씀하신 시장 스스로 움직이게 하기 위한 규칙이 제대로 갖춰지지 않았다는 거지요. 이런 상황이 지금 문제를 굉장히 혼란스럽게 만들고 있어요.

개혁진영에서도 규제완화를 얘기합니다. 하지만, 그것은 주로 정부가 직접 개입하는 것을 겨냥한 것이지요. 예를 들면 현재 정부가 이동통신 요금을 규제하고 있는데, 재미있는 것은 소비자를 위해서 규제하는 것이 아니라 이동통신사들의 과당경쟁을 막아 수익을 보장해 주기 위해 규제하고 있다는 것이지요. 기업의 퇴출이 법적으로 완비되어 있음에도 국가기관인 산업은행을 통해 부실기업을 인수 경영해서 시장 질서를 훼손한다거나, 최근처럼 무분별하게 외환시장에 개입하는 것도 마찬가지고요. 아무튼, 이런 식으로 정부의 개입이 무차별적으로 이루어지고 있는데, 이런 것들은 없어져야 합니다. 대신에 정부가 개입할 수 있는 정확한 규칙이 있어야 한다는 겁니다. 그런 면에서 지금은 정부

개입을 상대적으로 줄이는 대신 정부가 개입하지 않아도 시장이 잘 작동할 수 있는 규칙 제정(rule setting)을 해줘야 하는 시기입니다. 1992년도 김영삼 정부가 들어섰을 때 바로 그 역할을 해야 했었지요. 하지만, 당시 그러한 전환을 하지 못함으로써, 경제는 바뀌었는데도 규칙은 여전히 혼돈 속에 있게 되었습니다. 다시 말하면 과거 중상주의적 관치 중심의 '사전적 규제'와 시장을 제대로 작동시키기 위한 '사후적 규제' 사이에 혼동이 발생한 것이죠. 이런 상황에서 15년 동안이나 반복적으로 문제가 발생하고 있다는 것이 저의 진단입니다.

● 민주주의와 시장경제

유종일 규칙 제정 얘기가 나왔으니 말인데요. 제가 아까도 합리적 시장의 전제조건으로 공정한 규칙의 필요성을 언급했죠. 아직도 이 부분에 대한 인식이 미흡한 것 같아요. 김대중 대통령 재임 시에 민주주의와 시장경제의 병행발전을 국정지표로 삼았던 것은 다들 알고 계실 겁니다. 당시 민주적 시장경제냐, 민주주의와 시장경제의 병행발전이냐 하는 논쟁이 약간 진행되었습니다. 그러나 본격적인 개념정립이나 한국경제가 앞으로 지향해야 할 발전모델의 수립 같은 차원에서는 충분한 논의가 이루어지지 못했고, 사회적 합의도 형성하지 못한 게 아닌가 싶어요. 그래서 요즘 "민주화는 된 것 같은데 먹고사는 문제는 왜 이렇게 더 팍팍해지고, 빈부 격차는 더 심해지고, 중산층은 무너지는가?" 라는 얘기가 나오는 거지요. 이런 맥락에서 우리보다 먼저 민주주의를 이루고 자본주의를 발전시킨 서구의 경험을 되돌아볼 필요가 있다고 봅니다. 역사적으로 민주화라는 것이 경제시스템과 경제정책에 어떤 영향을 끼치고, 그 핵심이 뭔지 질문을 해보자는 겁니다.

저는 가장 중요한 것이 규칙 제정에 관한 거라고 봅니다. 공정한 룰을 만드는 데 결정적인 이바지를 한 것이 민주주의라고 보는 겁니다. 소위 부르주아 민주주의라고 하는 것은 과거에 왕권신수설에 입각한 절대군주가 멋대로 시장과 무역을 통제하고, 길목을 지키고 앉아 세금 뜯어 이권을 취하던 통제권에 제한을 가하면서 발달한 것 아닙니까? 그러면서 시장경제도 함께 발전하게 된 거지요. 19세기 말에는 독점자본주의가 발호하게 되는데, 그 이후 대중민주주의가 점점 더 발전하지 않습니까? 이때부터 독점이 횡행하던 자유방임적 시장의 폐해에 대해 뭔가 규칙을 바꿔야 한다는 인식이 확산된 거죠.

홍종학 19세기 말의 자본주의를 저는 천민자본주의라고 봅니다.

유종일 예. 그래서 민주화의 과정이 중요한 것입니다. 민주화는 첫 번째로 경쟁의 규칙을 공정하게 바꿔나갔고, 그다음에 시장 경쟁에서 낙오한 사람들을 위해 사회복지제도를 생겨나게 했습니다. 재기의 기회도 없이 사회가 양극화되면 지속적인 성장에도 문제가 있다는 인식이 생긴 것이죠. 그래서 저는 민주화가 경제성장에 결정적인 기여를 했다고 보는 겁니다. 그러니까 민주주의를 제대로 한 나라는 다 잘살게 된 거지요.

두 번째로는 민주주의가 경제정책에 어떤 기여를 했으며, 어떤 뜻이 있었는가 하는 것입니다. 제가 편향적으로 보는 것인지 모르지만 국가가 사람에 대한 투자, 즉 인적자본(human capital)에 대한 투자에 나섰다는 것입니다.

홍 교수님이 얘기하는 천민자본주의는 쉽게 얘기하면 이런 겁니다. 지금도 가난한 나라에 가면, 가난한 집 출신의 자녀는 태어나면서부터 자신의 인적 자본을 축적할 아무런 기회도 얻지 못하고, 어린 시절부터 노동현장에 나가 노동을 착취당합니다. 제레드 다이아몬드의『총 · 균 · 쇠』라는 책에 이런 얘기가 나옵니다. 서양에서는 산업혁명과 더불어 도시화가 급진전 되죠. 그런데 도시 인구가 자기 재생산이 지속적으로 이루어지기 시작한 것은 20세기 들어선 이후라는 거예요. 그 이전에는 워낙 인간들이 밀집해 살면서 공중위생이라든지, 영양 상태가 안 좋았기 때문에 도시 생활을 하면 질병에 걸릴 위험이 많았지요. 또 건강을 위해 필요한 지식이나 생활 습관을 교육받을 기회도 주지 않은 채 노동을 착취했습니다. 따라서 도시 인구가 유지될 수 있었던 것은 농촌에서 지속적으로 인구가 유입되었기 때문이지, 자체적으로는 도시 인구를 유지할 수 없었다는 것입니다. 적어도 19세기 말까지 도시경제는 '사람'이라는 가장 근본적인 자원을 파괴하는 경제였던 겁니다.

이러한 문제를 해결한 것이 바로 민주화입니다. 제가 개인적으로 사용하는 용어대로 말하면 '천민자본주의'에서 '개혁 자본주의'로 가는 과정에서 국가가 보건위생, 교육 등에 투자하고 아동 노동도 금지한 것이죠. 아동 노동을 금지할 때는 자본가나 일반 국민도 불평이 있었습니다. 자식들에게 일하지 못하게 하면 굶어 죽으란 말이나 다름없다고 생각했으니까요. 이런 불만을 없애기 위해 학교 급식이 생겨났지요. 이런 과정이 점점 고도화되어 결국 복지국가가 탄생한 겁니다. 보건, 복지, 기초교육 같은 것들을 정부가 하게 되면서부터죠. 그것은 경제 성장에도 엄청난 도움을 주었습니다. 민주화를 통해 이루어진 인적자본의 축적이 생산성향상을 낳고 경제성장을 견인하는 효과를 가져 온 것입니다.

세 번째는 경제안정화를 위한 정부의 역할입니다. 두 번째 단계에서 한 걸음 더 나간 것인데, 이른바 '케인시안'이지요. 케인스주의는 1930년대 대공황을 겪으면서 받아들여졌습니다. 대공황은 자유방임 시장의 실패를 극명하게 보여주었죠. 시장이 실패하자 정부가 직접적인 개입을 시도하게 되는데, 경제학자 케인스가 이에 대한 이론적 뒷받침을 해준 것입니다. 시장이 실패했을 때는 정부의 개입이 필요하지만, 관료시스템 자체가 가지는 한계 때문에 문제가 발생하기도 합니다. 정부의 개입이 지나치거나 잘못되었을 때 발생할 수 있는 갖가지 폐해 때문에 정부의 개입이냐, 시장의 자유냐를 놓고 논쟁을 하게 됩니다. 아까 말씀드렸다시피 미국에서의 논쟁은 바로 이런 틀 안에서 진행되었습니다. 하지만, 우리의 경우, 공정한 규칙 제정과 인적자본 형성에 대한 사회적 책임과 시장실패를 바로잡기 위한 정부 개입 등의 이슈가 한꺼번에 나타나고 있습니다. 그래서 규칙 제정과 인적자본 형성에 대한 논의가 필요한 동시에 정부의 역할에 대한 논의가 함께 이루어지고 있습니다. 이렇듯 동시다발적인 문제를 갖고 고민하고 있는 상황에서 신자유주의 이념이 갑작스레 우리 사회에 밀려들어 혼란과 불일치(miss match)가 발생하고 있습니다.

김상조 자본주의의 발전이란 시장이 지배하는 영역을 확대하고, 시장의 효율성을 높여가는 과정이라고 볼 수 있습니다. 자본주의 역사도 결국 시장과 국가의 역할이 어떻게 조합하면서 변천해왔느냐를 보여준다고 할 수 있습니다. 물론 이 문제가 영국을 제외한 다른 나라에서 얼마나 일반화될 수 있느냐는 경제사학자들이 다뤄야 할 문제입니다만, 국가가 시장에 직접 개입하던 시대를 지나 20세기에 들어오면서부터는 규칙 제정자(rule setter)와 규칙 집행자로 자신의 역할을 변화시킵니다. 다만, 시장이 해결할 수 없는 영역, 즉 유 교수님께서 얘기한 인적 자본 형성이라든지 사회보장제도 구축과 같은 분야에서는 국가가 선수(player)로서 직접 역할을 하게 됩니다. 결국, 국가는 시장의 규칙 제정자로서 기능하고, 다른 한편으로는 시장이 커버할 수 없는 영역에서 직접 선수로서 참여하는 것이 20세기 서구 자본주의의 발전 과정이었다고 볼 수 있습니다. 그 과정에서 많은 이슈가 발생했습니다. 자유주의 혁명과 이에 대한 진보진영의 반격, 또는 사회주의의 공격도 있었지요. 또 20세기 말에 와서는 신자유주의의 재반격이 이루어졌습니다.

서구 사회는 이런 역사적 흐름을 거치면서 각 시대의 사조가 남긴 유산들이 사회 안전판으로 기능을 할 수 있는 기본적인 구조를 갖췄습니다. 그런데 한국사회는 해방 이후 1980년대 말까지 서구사회의 중상주의적 국가개입이 전면화된 상황 속에서 갑자기 신자유주의를 수용하게 되었습니다. 그러니까 자유주의적 과제의 완성과 진보진영의 보완이라는 역사적 과정을 생략한 채 곧바로 신자유주의로 건너가 버린 것입니다. 다시 말하면 한국사회는 과거 중상주의적 잔재의 청산을 이루지 못한 상태에서 시장의 야만성, 즉 신자유주의 문제를 통제할 수 있는 국가의 공공성도 확립하지 못한 채 오늘날의 위기를 맞고 있는 것입니다. 이런 상황 속에서 노무현 정부라는 일종의 진보적 성격을 가진 정부조차도 자신의 역할을 제대로 정립하지 못했지요. 결국은 모든 과제가 다 실패해 버리고, 대통령은 가장 진보적이었지만 우리 사회는 역사상 가장 보수화되는 퇴행의 과정을 겪는 것이 아니냐는 생각이 듭니다.

● 천민자본주의와 정실자본주의

곽정수 한국경제에 대한 김 교수님의 진단을 '압축과 생략의 혼란'이라고 정리할 수 있을까요? 18세기 중상주의로부터 19세기 자유주의, 20세기 초·중반의 케인시안시대, 그리고 20세기 후반의 신자유주의에 이르기까지 각 패러다임이 모두 나름의 존재 이유가 있었다고 생각됩니다. 그러나 이러한 시대상황의 변화 속에서 스스로 해결책을 찾지 못하고 급작스레 새로운 단계로 넘어간 것이죠. 결국, 선진국은 과거 체제의 장·단점은 물론 새로운 시대를 연 역량들을 모두 자산으로 보유한 셈인데, 우리는 기존 체제의 장·단점이 제대로 소화가 안 되거나 아예 생략되었다는 것이지요. 이런 상황에서 전혀 생소한 체제가 밀려들면서 서로 실타래처럼 엉킨 모양새가 되어 버린 느낌입니다. 이 부분을 바라보는 데 있어서 약간의 시각 차이가 있는 것 같은데, 좀 더 구체적으로 논의해보죠.

홍종학 지금까지 논의된 내용에 대해서는 여기 계신 모든 분들이 대체로 동의하고 있다고 생각됩니다. 굳이 김 교수님과 저와의 견해 차이가 있다면 이렇게 정리할 수 있을 것 같습니다. 김 교수님은 서구사회가 백여 년에 걸쳐 이룩한 자본주의의 발전과정을 우리나라는 짧은 기간에 이룩했고, 논의과정 역시 단기간에 압축되어 있다고 말씀하신 것 같습니다. 그런데 저는 그중에서 중상주의적 관치가 서서히 해체되는 상황에서 시장 규칙의 확립이 안 된 우리나라의 상황이 서구 유럽의 19세기 후반 상황과 대단히 유사하다는 측면을 강조했습니다. 이 점에서 약간의 차이가 있는 듯합니다. 저는 신자유주의와 지금 한국 상황과의 가장 큰 차이를 이렇게 파악합니다. 서구는 이미 1950년대~1960년대에 사회보장제도와 시장의 규칙 제정이 되어 있었기 때문에 사회적 약자들이 시장에 진입했을 때 자신의 권리를 충분히 확보할 수 있었다는 것입니다. 대표적인 예로 집단소송제[3]를 들 수 있는데, 이를 통해 사회적 약자들도 힘을 모아 법 테두리 내에서 거대 세력에게 대항할 수 있었고, 이 때문에 시장에서 균형을 이룰 수 있었던 거지요. 그런데 우리에

---

3) 같은 집단으로 묶을 수 있을 정도로 이해관계가 밀접한 다수의 피해자 중에서 그 집단을 대표하는 대표당사자가 나와서 소송을 수행하고, 피해자 중에서 별도로 제외신고(opt-out)를 하지 않는 한 당연히 판결의 효력이 피해자 전체에 미치게 하는 집단구제(일괄구제) 제도이다. 영미법 계통을 따르는 국가들이 이 제도를 시행하고 있다. 1938년부터 집단소송제를 실시하고 있는 미국에서 제기되었던 고엽제소송, 자궁내피임기구소송, 유방성형소송, 석면소송, 자동차 관련 소송, 담배소송, 회계법인 어니스트 앤 영에 대한 분식결산책임소송 등이 집단소송의 형태로 제기된 대표적인 예들이다. 운용 방식은 나라마다 차이가 있어 독일에서는 개인이 아닌 시민단체만이 소송을 제기할 자격이 있고, 스칸디나비아반도 국가들은 국가가 시민을 대신해 기업이나 정부부처를 상대로 소송을 제기한다. 한국은 2003년말 상장기업의 주식과 관련된 불법행위만을 대상으로 하는 증권관련집단소송법이 제정되어 2005년 1월부터 시행되고 있다. 집단소송이 적용되는 불법행위로는 유가증권 신고서 또는 공개매수 신고서 등의 허위 또는 부실 기재, 분기별 보고서나 사업 보고서의 허위 또는 부실 기재, 미공개정보 이용과 시세조작 등이 해당된다. 분식회계에 대한 집단소송제는 2007년 1월부터 적용되었다.

게는 사회보장제도와 약자 보호제도가 없었습니다. 이런 규칙 제정이 안 되어 있는 상황에서 규제를 풀어버리면 결국 천민자본주의가 될 수밖에 없다는 것이 제 생각입니다.

김상조 그 점에서는 제 입장도 크게 다르지 않습니다. 홍 교수님이 말씀하신 것처럼 우리 사회에서 가장 부족한 부분은 주주 자본주의든 이해관계자 자본주의든, 시장이 제대로 작동하는 데 필요한 기본적인 사회제도나 규칙을 만들고 집행하는 능력이라는 것입니다.

유종일 최소한 도둑질하면 잡아간다는 규칙 정도는 확립되어 있어야 하는 건데 말이죠.

김상조 그렇지요. 그러니까 '남의 권리를 침해하면 그 부당이득 이상의

---

4) 주주(Shareholder)의 이익 극대화를 경영의 최우선 목표로 하는 미국식 자본주의. 대주주는 물론 이익배당과 시세차익을 노리고 투자한 소액주주를 크게 의식하고 경영하며, 따라서 자본시장에서의 주가변동이나 M&A 에 민감하게 반응한다. 실적을 강조함에 따라 임직원의 연봉이 성과급 위주로 책정되며 거액의 스톡옵션이 지급되기도 한다. 또한 노동시장의 유연화를 추구하여 해고가 자유롭게 이루어진다. 그 결과 부실기업과 사양산업의 구조조정이 신속하게 이루어지는 장점이 있으나, 경제의 불안정성이 높아지고 실업·비정규직 등 사회 양극화의 문제가 심각하게 발생할 가능성이 높다.

5) 주주만이 아니라 고객, 노조, 거래기업, 채권자, 지역주민, 정부에 이르기까지 다양한 이해 관계자(Stakeholder) 모두의 이익을 고려하는 독일, 일본식 자본주의. 기업 경영에 주거래은행이나 노조의 참여를 보장하는 법적·관행적 장치들을 갖추고 있다. 특히 유럽 대륙국가들에서는 노·사·정간의 사회적 대타협을 기초로 하는 경우가 많으며, 고용의 안정성에 강조점이 두어지고, 사회보장제도와 기업복지제도를 유지하기 위한 기업의 부담이 크다. 경제의 안정성과 사회통합 유지에 강점을 갖고 있으나, 최근 신자유주의의 확산에 따른 국제경쟁의 심화에 효율적으로 대응하지 못하는 문제점을 드러내고 있다는 비판을 받고 있다.

제재를 받는다.'는 단순한 원칙이 우리 사회에 확립되어 있지 않습니다. 그래서 어떠한 과제도, 어떠한 슬로건도 실패할 수밖에 없습니다. 이런 상황에서 시장만능주의가 들어오면 시장의 효율성이 높아지는 것이 아니라 천민자본주의가 되고, 국가의 통제를 강조하다 보면 공공성이 발현되기보다는 정실자본주의로 흐르게 되는 겁니다. 오늘날 서구에서 얘기하는 "국가냐? 시장이냐?"라는 문제를 우리 사회에 무작정 적용하면 서구에서 논의되는 의도와 달리, 천민자본주의나 정실자본주의가 된다는 것입니다. 그런 의미에서 한국사회에 기본적인 한계가 있는 거고, 그 한계가 바로 노무현 대통령과 참여정부의 경제 정책 실패로 지금 증명되고 있는 게 아닌가 하는 생각이 들거든요.

홍종학 저도 그 점에 동의합니다.

유종일 맞습니다. 그러니까 규칙 제정이 되어 있지 않은 상황에서 시장 확대를 통해 모든 걸 해결하거나, 규제를 풀어 모든 것을 시장에 맡기는 식으로는 천민자본주의로 갈 수밖에 없는 것이 시장 자체의 한계입니다. 또 국가를 통해서 푼다고 했을 때, 국가 자체가 가지는 민주성과 공공성의 부족 때문에 정실자본주의나 여러 가지 기득권 강화로 갈 수 있는 상황이라는 거죠. 따라서 우리 사회, 우리 경제의 문제를 풀려면 더 좋은 규칙 제정을 통해 합리적인 시장을 만들고, 국가 기구도 더 민주화하고 공공성을 강화하는, 그래서 관료들이 업계의 이익보다 국민 다수의 이익을 돌보게 하는 것이 필요합니다.

● 경제적 민주주의와 시민사회의 역할

김상조 진단과 대안을 연결해 본다면, 현재 한국사회의 미래에 대한 논쟁에는 굉장히 심각한 위험성이 내포되어 있습니다. 자꾸 국가 대 시장이라는 대립구도로 파악하다 보니 '국가나 시장이 제대로 작동하기 위한 기본 전제조건을 누가 어떻게 마련할 것인가'라는, 정말 중요한 문제가 논쟁에서 사라져 버린 겁니다. 시장의 합리성을 지키면서도 그것의 야만성을 통제하고, 다른 한편으로는 국가의 공공성을 높이면서도 국가가 갖는 자의성을 통제하는 역할, 그것은 시장도 국가도 할 수 없거든요. 결국, 그 역할은 시민사회가 맡아야 한다고 봅니다.

유종일 그것이 바로 민주주의의 핵심적 내용이죠.

홍종학 그것이 아까 유 교수님께서 말씀하신 민주주의인데, 정치적 민주주의와 구별해서 경제적 민주주의라고 할 수 있겠지요. 그러니까 우리 사회가 정치적 민주화는 이루었지만, 경제적 민주화는 아직 이루지 못했다는 진단이 내려지는 겁니다.

김상조 그래서 제가 하고 싶은 말은 우리 사회가, 특히 개혁 진보진영이 풀어가야 할 과제가 바로 시민사회의 성숙입니다. 그것을 사회적 자본의 축적이라고 부르든, 사회적 인프라 구축이라고 부르든, 시민사회의 성숙을 통해서 시장의 야만성을 통제하고, 국가의 자의성도 통제할 수 있는 대안을 만들어내야지요. 특히 개혁적 지식인들은 그것을 현실화할 수 있는 구체적인 방법까지도 고민해야 합니다.

곽정수 금융 감독기구의 전·현직 고위 간부들이 업자로부터 청탁을 받은 혐의로 기소된 사건이 있었지요. 아직 재판이 진행 중입니다만, 시장에서 반칙을 저지르는 선수를 감시해야 할 심판이 도리어 선수와 유착해서 부정을 저지르는 일은 있을 수 없죠.

김상조 그렇습니다. 공정위도 마찬가지지요. 나아가 검찰, 법원 다 마찬가지입니다. 지금 우리나라의 규칙 집행(enforcement) 기구가 다 부패해 있는 겁니다.

유종일 이건 사실 우리나라 지도층 자체가 안고 있는 문제지요.

곽정수 그러다 보니 현실적으로 해법을 찾기가 더 어려운 것 같아요. 예를 들어 금융 감독체계 개편의 해법을 물으면 갑갑해지거든요. 김대중 정부 시절 관치의 폐해를 줄이려고 독립적인 금융 감독기구로 금융감독원을 신설했습니다. 하지만, 금융감독원은 현실적으로 재경부나 금융감독위원회의 영향력 아래에서 독립성을 확보하지 못하고 있고, 시장 감시자로서의 역할도 제대로 못하고 있거든요. 그래서 금융 감독체계 개편방안을 얘기할 때 정부(금감위나 재경부)에 힘을 실어주기도 어렵고, 반대로 금감원이 제기하는 '정부의 낙하산인사를 차단하고 금감원의 독립성을 강화해 달라.'라는 주장도 선뜻 수용하기 어렵습니다.

김상조 감독기구를 비롯한 국가기구를 신뢰할 수 없다는 것이 우리 사회의 진보진영과 보수진영, 양쪽 모두에게 딜레마입니다. 그것을 어떻게 해결할 것인가라는 문제와 관련해서 본다면, 저는 결국 민주주의의 강화 이외에는 답이 없다고 생각하는데요.

홍종학 민주주의 핵심은 견제와 균형(check and balance) 아니겠습니까? 삼권 분립의 기본적 원리가 되기도 하지요. 시장에서도 경쟁을 통해 견제와 균형의 원리가 발현됩니다. 금융 감독도 한 기관이 독점해야 한다고 고집할 이유가 없거든요. 미국에서도 재무부, 중앙은행 역할을 하는 연방 준비제도 이사회, 증권거래위원회(SEC), 예금보험기구, 그리고 각 주 정부에서 독립적이고 경쟁적이며 때로는 협조적으로 금융기관을 감독하고 있습니다. 그런데 우리 국가기관들은 감독권한을 놓고 밥그릇 싸움을 하는 것이지요. 그러면서 감독 독점권을 계속 인정하니까 부패할 수밖에 없고요. 공정위도 마찬가집니다. 미국에서는 공정위가 한국처럼 독점적 권리를 갖고 있지 않습니다. 경실련에서는 오래전부터 제도적 허점을 보완하자고 주장해 왔습니다. 공정위의 전속고발권이 있는데, 공정위만이 공정거래법 위반에 대해 검찰에 고발할 수 있는 제도지요. 그러니까 공정위가 마음만 먹으면 기업을 봐줄 수도 있고 죽일 수도 있습니다. 절대 권력은 절대 부패하게 되어 있지요. 이것이 공정위가 가진 제도상의 허점입니다. 독점권은 견제와 균형, 경쟁의 원리와 배치됩니다. 그런데도 우리나라의 지도층이 이를 고집하고 있는 것은 민주주의에 대한 소양이 부족하기 때문이라고 판단할 수밖에 없습니다.

곽정수 국가기구의 신뢰성 부족과 함께 합리적 시장을 만들어가는 데 최대 장애가 되는 것은 흔히 '시장의 힘'으로 불리는 기업권력의 비대화인 것 같습니다. 이른바 '삼성공화국'으로 상징되는 기업권력 말이죠. 삼성은 막강한 자금력과 인적 네트워크, 정보력을 동원해서 시장의 규칙을 정하는 법과 제도들을 자기들 입맛에 맞게 바꿔버리죠. 기업권력은 비단 시장을 망가뜨리는 것은 물론이고, 민주주의 근간을 흔드는 엄청난 결과를 가져올 수 있습니다. 현대 자본주의 경제의 도덕적 비판자로 일컬어지는 미국의 경제학자 갤브레이스도 "기업권력을 통제하지 못하는 사회에 미래는 없다."라는 말을 했죠.

김상조 지금처럼 경제력이 소수 재벌에 집중된 상황에서 시장을 강화한다면 결국은 경제 권력을 가진 재벌의 독점적 의사결정권을 인정하고 강화하는 결과로 이어질 수밖에 없습니다. 또한, 국가의 공공성이 확보되어 있지 않은 상황에서 국가의 통제를 강조하다 보면 이 역시 일부 기득권 세력의 이익이 관철되는 방향으로 갈 수밖에 없는 것 아니겠습니까? 저는 경제 성장의 문제이든, 정치적인 민주주의의 문제이든, 결국은 거대기업과 국가가 가지는 의사결정권의 독점화 현상을 막아내는 게 관건이라고 생각합니다. 이 문제를 해결하려면 경제적, 정치적 의사결정과정에서 법적, 계약적 권리를 침해당한 사람들이 그 권리를 효과적으로 회복할 수 있는 장치를 계속 만들어 주는 수밖에 없다고 봅니다. 그러한 과정에서 시장도 합리화되고 국가도 민주화되는 것이지요. 불법부당행위로 인해 피해를 본 당사자가 직접 호소하고 손해를 보상받는 길을 만들어 주지 않은 상태에서 시장이나 국가가 스스로 진화하는 걸 기다릴 수는 없지요. 그것은 원천적으로 불가능한 얘기입니다. 결국, 시장과 국가를 통제하는 것 자체가 바로 개혁과 진보의 과제라고 생각해요. 누군가에게 맡겨서 시혜적으로 주어지기를 기대할 수도 없는 일이지요.

현재 벌어지는 논쟁을 지켜보면 매우 안타깝습니다. 전경련이 주장하는 요지는 대기업의 독단적 의사결정을 통해 이루어지는 투자와 성장의 떡고물을 중소기업과 노동자들이 그냥 받아먹으라는 것입니다. 또 일부 진보진영이 주장하는 국가에 의한 시장통제라는 것도 결국 한 사람의 대통령, 또는 일부 정치세력에 의한 위로부터의 제도 변화로 가져올 성과를 국민이 그냥 받아먹으라는 것입니다. 양쪽 모두 소수 의사결정에 의존한다는 의미에서 똑같은 함정에 빠져있다는 생각이 들어요. 지금 보수진영과 진보진영이 다 같이 내세우는 상생이나 사회적 합의라는 것도 결국은 권력을 가진 소수의 의사결정을 통해 이루어진 성과가 불특정다수 대중에게 확산하는 메커니즘을 전제하고 있다는 의미에서 모두 위험한 발상이라고 생각합니다.

결론적으로 우리 사회의 발전을 위해서는 '부르주아 과제냐?, 진보적 과제냐?' 라는 식의 서구적 잣대에 얽매이지 말고, 불특정 다수의 일반 시민들 또는 노동자, 대중들이 자신의 권리를 주장하고 그것을 합법의 테두리 내에서 획득하는 방법을 만들어 주는 게 가장 개혁적이고 진보적인 과제라고 생각합니다. 정보공개법이나 주민소환제의 활성화 등이 정치 민주화의 의미만 가진 것은 아닙니다. 또 포괄적 집단소송제도나 이중대표소송제도(double derivative suit)[6]의 도입을 미국식 자본주의화로 마냥 욕할 수는 없습니다. "권리 위에서 잠자는 자는 법의 보호를 받을 수 없다."라는 법언이 있지만, 자신의 권리를 보호할 합법적 수단 자체가 없어서 피해를 감수해야 하는 상황에서 무슨 개혁과 진보를 이야기할 수 있겠습니까?

홍종학 굉장히 어려운 과제입니다.

김상조 물론, 긴 시간이 필요한 과제지요.

● 신관치와 사이비 시장주의

홍종학 사실 굉장히 어렵고, 실제로 그렇게 되지 않았기 때문에 우리가 외환위기를 겪은 것 아닙니까? 우리가 고통스럽게 겪은 IT 거품이라든가, 카드 사태, 부동산 거품도 마찬가지지요. 시장이 제대로 되어 있지 않은 상황에서 마구 규제를 완화하고, 특히 재경부에서 경기부양을 최우선 과제로 여기기 때문에 그런 문제가 발생하는 것이지요. 시장이 어

---

6) 이사의 불법부당행위로 인해 회사에 손해가 발생했을 때, 회사는 이사에게 손해 배상을 청구할 권리가 있다. 그러나 이사가 회사를 지배하고 있는 상황에서 현실적으로 이사가 자기에게 책임을 물을 가능성은 없기 때문에, 주주가 회사를 대신하여 이사에게 손해배상을 청구하는 것을 대표소송제도라고 한다. 그런데 모회사가 지배하는 자회사의 경우 자회사는 물론 그 주주(즉 모회사)도 자회사 이사의 불법부당행위에 대한 책임을 추궁할 가능성은 더욱 떨어지기 때문에, 모회사의 주주가 자회사의 이사에게 직접 손해배상을 청구할 수 있도록 하는 것을 이중대표송제도라고 한다.

떻게 되든 경기가 부양되면 내버려뒀다가 나중에 기형적인 시장이 되어 커다란 문제가 생기면 직접 개입해서 시장을 망가뜨린단 말이에요. 아주 절망적이었던 것이 신용카드 사태 탓에 신용불량자가 400만 명이 되었을 때였습니다. 이런 상황이 발생한 것은 우리나라의 법제도가 채권금융기관에 유리하게 되어 있기 때문입니다. 이런 사태가 일어나지 않게 하려면 채권자와 채무자의 관계가 균형을 이루어야 합니다. 여기에는 두 가지 방법이 있습니다. 하나는 이자제한법으로 일정 한도 이상의 이자를 불법으로 만들어 더는 채무자를 괴롭히지 못하게 하는 거죠. 이것은 유럽식, 또는 우리가 과거에 했던 사전적 규제방식이라고 할 수 있습니다. 두 번째 방식은 미국식이라고 할 수 있습니다. 채권추심이나 파산법[7], 개인회생제도[8], 소비자 보호제도를 잘 갖추어 돈을 잘못 빌려주면 채권금융기관이 저절로 손실을 보게 하는 겁니다. 그런 대출을 '약탈적 대출'이라고 하는데 미국에서 쓰이는 그 개념을 제가 국내에 소개하기도 했습니다.

그런데 우리나라는 이자율 규제는 풀고 소비자 보호 장치는 전혀 없

7) 자본주의 경제에서는 채무를 제대로 상환하지 못해 파산하는 기업과 개인이 발생하기 마련이다. 이들 파산 기업과 개인들의 채무를 효율적으로 정리함으로써 채권자들을 보호하는 한편, 채무자들이 새롭게 경제활동을 시작할 수 있는 기회를 부여하는 효율적인 파산제도를 갖추는 것이 매우 중요하다. 과거 우리나라에서는 파산법, 회의법, 회사정리법 등 3개의 법률로 파산제도가 운영되어 오다가, 2005년 3월 31일 채무자 회생 및 파산에 관한 법률로 통합되었다.

8) 재정적 어려움으로 인해 파탄에 직면한 개인채무자로서, 장래 계속적으로 또는 반복하여 수입을 얻을 가능성이 있는 자에 대하여 일정정도의 채무 탕감 등 이해 관계인의 법률 관계를 조정함으로써 채무자의 효율적 회생과 채권자의 이익을 꾀할 목적으로 2004년 9월 23일부터 시행된 제도이다.

는 상황이었습니다. 이 때문에 우리 금융시장은 완전히 고대 바빌로니아시대의 금융으로 퇴행해버린 것입니다. 바빌로니아시대에 노예 중의 삼분의 일은 전쟁포로가 아니라 빚을 못 갚아서 노예가 되었다는 얘기가 있습니다. 사실 신용카드 사태가 났을 때 채무자들은 금융 면에서 보면 전부 노예나 마찬가지였습니다. 채권금융기관이 무한정 괴롭혀도 방어할 수단이 전혀 없으니까요. 그 이후 저희 시민단체들이 강력히 요구하여 만들어 놓은 것이 파산법입니다. 그때 시민단체에서 파산법을 강력히 요구했는데 그걸 받아준 것은 재경부가 아니라 대법원이었습니다. 미국에 유학한 경험이 있는 대법원 판사들이 우리의 요구를 수용한 거죠.

대법원에서 규칙을 만들 때 저도 회의에 참석했었는데, 당시 끝까지 반대한 쪽이 재경부였어요. 재경부가 가진 시장의 개념이 문제였습니다. 그들은 우리가 지금 생각하는 시장과는 전혀 다른 시장을 시장이라고 생각하고 있다는 느낌이 들었어요. 자기들한테 유리한 규제는 될 수 있으면 남겨두고, 자기들한테는 필요하지 않으면서 특정 이익단체에 이익이 되는 규제들은 다 풀어버린단 말이지요. 당시 400만 명이 피해를 보았을 때 제가 '약탈적 대출'이라는 얘기를 그렇게 떠들고 다녔는데도 언론에서는 거들떠보지도 않았습니다. 오히려 돈을 빌리고 갚지 않는 것은 채무자의 '도덕적 해이'라고 주장하기도 했습니다.

유종일 하하 맞아요.

홍종학 신문 대부분이 그렇게 몰고 갔지요. 채권자와 채무자의 권리관계에서 '약탈적 대출'이라는 것은 채권자가 신용평가를 제대로 하지 않은 상태에서 돈을 빌려준 것이 채권자의 책임이라는 것입니다. 미국에서 제가 놀란 것이 있습니다. 검찰청이나 지방자치단체, 금융 감독기구, 심지어 주한미군 방송인 AFKN까지 웹사이트나 방송을 통해 약탈적 대출을 조심하라는 경고를 반복하고 있다는 사실이에요. 우리 정부와는 아주 대비되는 점이죠. 상황이 악화하였을 때 정부가 약탈적 대출을 받으면 안 된다고 경고해줘야 함에도, 지금 재경부는 전혀 다른 소리를 하고 있습니다. 이자율을 제한하거나 채무자 보호를 강화하면 금융기관들이 돈을 안 빌려주는데, 그러면 돈을 빌려야 하는 사람들은 어떻게 하라는 것이냐고 되묻습니다. 재경부는 이런 것이 시장이라고 생각합니다. 갚을 수 없는 사람한테 돈을 빌려주는 것은 정상적인 금융행위가 아닌데도 말이지요.

유종일 경제라는 것이 국민을 먹고살 수 있게 만들자는 거 아니겠습니까? 그런데 신용카드 정책이 많은 사람을 파탄에 빠뜨렸고, 금융시장 전체의 불안정과 위기를 조장하지 않았습니까? 신용카드 사태는 정부의 역할이 얼마나 중요한지를 잘 드러내 주었습니다. 금융시장이 안정성을 유지하고, 금융이 모든 사람들의 경제활동을 도와주는 방향으로 기능 할 수 있게 되려면 무작정 자유방임에 맡기면 안 되고 적절한 규칙 제정과 감독이 필요하다는 것을 잘 보여준 사례입니다. 금융 감독기구가 단기적 경기부양을 노리고 무분별하게 규제를 완화하여 신용카드가 남발되었고, 그 결과 엄청난 문제가 불거졌습니다. 그럼에도, 사후 처리하는 과정에서 가장 졸렬한 관치를 해버렸습니다. 규제를 완화하여 시장의 자율성을 존중하려면 뒤처리까지 시장에 맡겨 무책임한 기업이 문을 닫도록 하고, 상대적으로 책임 있는 경영을 한 기업은 그나마 소생의 기회를 주는 메커니즘이 작동하도록 해야 했습니다. 그런데 힘없는 서민들한테 피해가 돌아갈 때에는 채무자들의 도덕적 해이를 강조하면서 손 놓고 있다가 신용카드사들이 망할 위기에 처하니까 구제 금융을 남발했습니다. 이게 정말 졸렬한 관치금융 아닐까요? 이러니까 제대로 된 시장도 아니고, 제대로 된 공공통제도 아니지요. 두 가지가 모두 엉터리였기 때문에 단순히 시장이 솔루션이라고 얘기할 수도 없고, 정부가 솔루션이라고 얘기할 수 없는 상황이었습니다.

그런데도 최근 은행계열이나 전업사 할 것 없이 카드회사들이 또다시 공격적으로 마케팅에 나서고 있습니다. 첫 달은 무이자 현금서비스를 제공하는 식으로 소비자를 현혹하여 빚을 내서 주식에 투자하게 합니다. 이건 정말 아니라는 생각이 듭니다. 신용카드 회사들이 지난번 카드채 사태에서 도대체 뭘 배운 건지 모르겠어요. 감독당국이나 카드회사들이나 아무도 책임을 지지 않고 넘어가니까 최소한의 교훈도 얻지 못하고 넘어가는 거 아닐까요?

홍종학 한마디 덧붙이자면 이런 주장에 대해 "카드회사들이 감자를 하고 주주들도 손해를 보지 않았느냐?"라고 반론을 펴는 사람도 있습니다. 물론 그것은 사실이지만 진짜 시장원리에 어긋나는 것은 카드채 처리 과정이었지요. 카드 채권은 투자의 위험성 때문에 시장금리보다 2~3% 높았습니다. 그런데도 금융기관들이 카드 채권에 투자한 금액이 많아 위기에 처하자 정부가 구제해준 겁니다. 투자 위험 때문에 높은 이자를 받아 이익을 챙겼는데, 막상 위기가 닥치니까 원금은 물론 이자까지 다 보상받은 셈입니다. 이것은 정상적인 시장이 아니지요.

김상조 규칙 제정뿐만 아니라 규칙 집행의 공정성도 상당히 중요한 과제지요. 이 문제에 관해서는 아마 곽 기자께서 요즘 고민이 많을 텐데요.

곽정수 예, 기억하시겠습니다만, 2004년 당시 정부의 카드채 사태 처리방식을 놓고 '신 관치' 논란이 벌어졌습니다. 정부가 규칙 집행자로서의 공정성을 준수하기는커녕 제 입맛대로 관치의 칼을 휘두른 거죠. 그 중 압권은 재경부가 국민은행 회계처리 잘못을 이유로 김정태 행장을 무리하게 중징계해서 행장 연임을 막은 것입니다. 김 행장은 정부가 금융시장 안정을 내세워 은행 공동지원을 통해 카드회사 살리기를 주문했을 때, 부실만 키울 수 있다며 시장원리에 의한 처리를 주장한 장본인입니다. 당시 시장에서는 정부의 결정에 고분고분하지 않은 김 행장을 제거해서 제2, 제3의 김정태가 나타나지 못하도록 하려는 것이라는 해석이 유력했어요. 노무현 정부가 카드채 사태와 그 앞서 터졌던 SK 사태를 처리한 과정을 보면, 과거와 전혀 달라진 게 없었습니다. 정부 스스로 '실패에 대해서는 반드시 책임을 묻는다.'는 시장경제 원리를 무시한 것입니다. 노 대통령은 2002년 말 대선후보 초청모임에서 '외환위기 이후 추진해온 재벌구조와 관치금융의 개혁에 대한 의지 퇴색이 새로운 한국경제의 문제점'이라고 말한 적이 있습니다. 그런데 개혁의 칼을 쥔 대통령이 스스로 개혁의 대상이 된 셈이죠. 또 시장주의자로 자처하던 이헌재 경제부총리는 "시장은 어린애들 놀이터가 아니다."라고 강변했습니다만, 결국 시장원리에 배치되는 결과를 낳았습니다. 우리 사회에는 겉으로는 시장을 내세우지만 자기 기득권을 유지하는 데만 관심이 있는 반시장주의자, 사이비 시장주의자가 적지 않은 것 같습니다.

● 경제 개혁과 정치 개혁

유종일 규칙을 지키는 문제, 공정한 규칙 집행에 대해 얘기했는데, 이것이 바로 김상조 교수가 얘기했던 민주주의의 핵심 중 하나죠. 규칙을 만들고 집행하는 정부의 공정성을 믿을 수 없다는 건 참으로 비극적인 상황이 아닐 수 없습니다. 어떻게 하면 이 문제를 해결할 수 있는가, 적어도 개선할 수 있는가가 관건인데, 그래서 '감시와 견제'가 필요한 거지요. 시민단체의 활동도 그렇고, 언론도 그러한 기능을 해야 하는 거고요. 이런 분야에서 열심히 감시와 견제활동하시는 분들이 많이 있습니다. 그러나 솔직히 우리 언론의 상당수, 심지어는 시민단체까지도 과거보다 도덕적 권위나 신뢰성이 많이 상실되어 가는 게 사실이죠. 그래서 어디에서 희망을 찾아야 하는지 굉장히 어려운 국면에 있다는 생각이 듭니다.

감시와 견제의 메커니즘 외에도 공적인 권력을 가진 사람들, 그리고 공적인 분야에서 영향력을 행사하고 있는 소위 지도층의 책임도 중요합니다. 그러나 우리나라 지도층이 가진 윤리의식 내지는 공적인 책무에

관한 의식수준이 너무너무 천박합니다. 조선시대부터 식민지시대, 군
사독재를 뒤돌아보면 그 권력의 정당성에 여러 가지 한계가 있습니다
만, 청문회 같은 걸 해보면 참 남부러울 것 없이 많이 가진 사람들이 왜
그렇게 치사한지 목불인견이 아닐 수 없습니다. 이미 충분히 가지고 있
음에도 조금 더 가지려고 애쓰는 모습은 누구나 할 것 없이 똑같습니
다. 이런 모습을 보는 평범한 국민의 심정은 어떻겠습니까? 그래서 권
력의 공공성에 대해 회의를 갖게 되지요.

이제는 좀 바뀌어야 합니다. 아까 천민자본주의에서 개혁 자본주의로
변화하는 것에 대해 잠시 언급이 있었습니다만, 미국의 예를 들어볼까
요? 록펠러(John Rockefeller) 같은 사람은 천민자본주의의 대표적인 악
덕자본가였다고 할 수 있습니다. 그런데 시대가 바뀌자 곧바로 자신의
신념과 모습까지 확 바뀌버리지 않았습니까? 우리나라 지도층에서도
그런 사람이 좀 나와야 하겠다는 생각이 듭니다.

한 가지만 더 얘기를 하자면, 궁극적으로는 다수의 일반국민이 의사결
정 과정에 참여하여 권력에 대한 감시와 견제를 할 수 있어야 합니다.
그래서 '참여정부'라는 것이 우리의 시대적인 과제를 압축적으로 표현
한 것이었지요. 하지만, 역설적이게도 일반국민의 참여가 배제되고, 국
민은 설교를 듣는 대상으로 전락해버리고 말았습니다. 참여, 개혁, 진
정성, 좋은 말들을 다 더럽혀놓고 말았죠. 정말 안타까운 일입니다.

김상조 사실 개혁과제가 너무나 많고 어려워서 모든 것을 한꺼번에 해
결할 수는 없을 것입니다. 결국, 개혁과제의 우선순위를 정하는 정치적
과정이 개혁의 성패를 좌우하는 중요한 문제인 것 같아요. 오늘 시장에

관한 얘기를 하면서 반복적으로 논의되는 것은 결국 경제개혁의 과제가 동시에 정치개혁의 과제라는 사실입니다. 즉, 시장의 성숙과 동시에 민주화가 필요하다는 얘기죠.

곽정수 정치를 배제한 채 경제만 잘될 수는 없다는 말씀이시죠? 결국, 우리는 시장과 정부를 모두 개혁해야 하는 이중과제를 안고 있는 셈인데요. 그런 면에서 개혁의 우선순위라고 할까, 아니면 개혁의 전략이라고 할까, 그것들에 대해 얘기해 볼까요. 김상조 교수님이 평소 강조하시는 '개혁의 도미노'에 관한 얘기가 될 것 같은데요.

김상조 그렇습니다. 홍 교수님도 시민단체 활동을 하시면서 기업 측으로부터 이런 얘기를 자주 들으셨을 겁니다. "우리 사회에 썩은 데가 기업뿐인가? 정치가 더 썩지 않았는가? 왜 시민단체는 기업의 발목만 잡고, 정작 중요한 정치개혁에는 목소리를 잘 내지 않는가?" 사실 정치와 경제라는 게 동전의 양면이기 때문에 어느 쪽이 더 중요한 과제인가라는 식의 질문은 일종의 우문이지요. 하지만, 정치와 경제 분야의 핵심 주체들에 대한 평가와 보상이 어떻게 이루어지느냐에 따라 개혁의 순위를 정할 수는 있다고 생각해요.

그런 면에서 보면 정치 분야는, 특히 정치인들에 대해서는 4년이나 5년마다 한 번씩 이루어지는 선거에 의해 평가가 이루어지고, 그 선거라는 것도 지역주의 같은 매우 비합리적인 기준에 의해 좌우됩니다. 그러니까 정치인들의 인식과 행동을 변화시키는 것은 굉장히 어려울 수 있어요. 정치인들에 대한 평가 기회가 간헐적으로만 존재하고, 그 평가

의 기준도 비합리적이기 때문이죠. 그에 비해서 경제, 특히 기업은 다
르죠. 재계에서도 흔히 얘기하는 것처럼 날마다 시장에서 평가받고, 그
평가에서 성공하지 못하면 도태될 수밖에 없습니다. 따라서 기업에 대
한 시장의 평가는 짧은 주기 내에 이루어지고, 평가 기준도 일정한 정
도의 합리성과 객관성을 갖고 있다는 거죠. 결국, 정치인들의 인식과
행동의 변화보다는 기업인들의 인식과 행동을 변화시키는 것이 훨씬
더 효과적일 수 있다는 것이 제 생각입니다.

규제자와 피 규제자가 서로 담합해서 만들어 내는 독점적 지대를 서로
나누어 갖는 것이 부패라고 한다면, 규제자를 바꾸어서 부패 문제를 해
결할 수도 있고 피 규제자를 바꿔서 부패 문제를 해결할 수 있겠죠. 그
러나 앞서 말씀드린 평가의 주기와 기준이라는 보편적 관점에서나 한
국사회의 현실 역관계라는 특수성 측면에서나, 독점적 지대를 만들어
내는 기업의 투명성과 책임성을 높이는 방식으로 접근하는 게 정경유
착이나 부패 문제를 해결하는데 훨씬 더 효과적일 수 있습니다. 그런
의미에서 우리 사회의 개혁의 첫 번째 도미노는 경제개혁 또는 재벌개
혁이라고 저는 생각합니다. 정치개혁이 중요하지 않다는 것이 아니라
경제개혁을 통해서 정치적 민주화의 길로 가는 '도미노 쓰러뜨리기 전
략'이 더욱더 효과적일 수 있는 거죠. 그것이 제가 경제시민운동을 하
는 주된 이유이기도 하고요. 결국, 소수 재벌의 경제적 의사결정권 독
점에 대해 시민이나 노동자, 대중이 적극적인 감시와 자기 권리 주장을
통해 경제 개혁을 이끌어내는 것이 곧 정치적 민주화의 길로 가는 가장
효과적인 방법이라고 생각합니다. 그런 방식으로 시장의 효율성을 높이

면서 다른 한편으로 민주성도 강화하는 방향이 필요하다고 생각합니다.

홍종학 굉장히 중요한 말씀입니다. 결국, 민주주의나 시장이나 그 기본 원리는 '견제와 균형'이거든요. 지금 김 교수님 말씀하신 것에 공감하는 것은 1987년 체제가 바로 그런 경우라고 생각되기 때문입니다. 당시 기업인들은 당시의 정치체제를 못 견뎌 했어요. 이런 체제하에서는 기업을 경영하기가 어렵겠다는 생각을 했던 겁니다. 넥타이 부대들이 끼어든 것도 그런 생각에 대한 공감대가 형성되지 않았는가 생각 되고요. 지금 말씀하신 측면에서 보면 당시의 경제 발전이 정치 민주화를 가져온 대표적인 사례로 보입니다. 그걸 계기로 새로운 체제를 정착시켜야 했는데 그러지 못했기 때문에 우리가 20년 동안 시행착오를 반복하고 있는 것이 아닌가 생각됩니다.

어떤 면에서 보면 다른 나라들도 대개 그런 과정을 겪었습니다. 미국도 그렇고, 유럽도 그렇고 논쟁과 혼돈 속에서 대공황을 겪으면서 외부적인 충격이 오니까 정신이 든 거지요. 제가 그 부분을 관심 두고 보다가 놀란 것이 뉴딜 정책을 펴면서 법을 하루에 하나씩 만들었던 것입니다. 당시 법 제정의 연원을 거슬러 올라가 보니 대개 30여 년 동안 논의되어 쌓여 온 것들이었습니다. 당시 개혁적 그룹의 주장이 시장에서 인정을 못 받고 있다가 공황이 터지니까 그제야 사람들이 깨닫게 된 겁니다. 그래서 새로운 그룹이 전면에 나서게 되고, 그들이 주장했던 것들이 법으로 만들어진 것입니다. 너무 빨리 법을 제정하는 바람에 시행착오도 있었지만요.

유종일 경제개혁이 먼저냐 정치개혁이 먼저냐, 이런 개혁의 우선순위를 정하는 게 그리 쉬운 문제는 아니라는 생각이 듭니다. 중국은 혁명 과정에서 홍전논쟁, 즉 정치 우선이냐 경제 우선이냐 하는 논쟁을 벌였지 않습니까? 반드시 이게 맞고 저건 틀린다는 식으로 얘기하긴 좀 어려울 겁니다. 그런데 적어도 현 단계 한국 상황에서는 경제개혁이 이루어지지 않으면 정치 역시 진정으로 바뀌기는 어렵겠다는 생각이 듭니다. 이 내용은 제가 작년도 『창작과 비평』에 발표했던 글에서 참여정부의 경제정책 실패를 분석하면서 결론적으로 얘기했던 것입니다.

홍종학 제 얘기도 경제개혁을 통해 정치개혁을 하는 것이 더 효율적일 수 있다는 것입니다. 먹고사는 문제에서 피해를 보는 사람들이 적극적으로 나서야 경제적 민주주의가 달성되고, 이것이 절차적 민주주의에 불과한 정치적 민주주의를 진정으로 작동하게 하는 열쇠입니다.

곽정수 홍 교수님이 결론의 중요한 부분을 정리해 주셨네요. 덧붙이자면 우리는 합리적 시장을 만들고, 정부를 공정한 규칙 제정자와 집행자로 바꾸어야 하는 이중의 개혁과제를 안고 있다는 것입니다. 또 개혁의 방향이나 전략과 관련해서는 시장이나 정부 어느 한 쪽에 일방적으로 힘을 실어주는 방식은 위험하고, 국민이 시장과 정부에 대한 감시와 견제, 의사결정 참여, 권리의식 발휘 등을 통해 적극적으로 개혁에 나서야 한다는 것입니다.

제2부

재벌과 성장

제2장

재벌 중심 성장주의의 종언

● '기업하기 좋은 환경' 논리의 허구

곽정수 대선 때마다 재벌문제는 핵심 쟁점이 되어 왔습니다. 이는 역대 정권이 집권 초에는 재벌개혁의 기치를 내걸었다가도 집권 말기에 가면 개혁후퇴라는 악순환을 되풀이해 온 것과도 밀접한 관련이 있는 것 같습니다. 그런 점에서 "김대중 정권에서 이완된 재벌개혁 원칙을 다시 바로 세우겠다."라고 공약한 노무현 대통령도 예외가 아니라고 할 수 있습니다. 재벌의 경제력 집중을 억제하는 동시에 소유 지배구조 개선을 위해 도입한 출자총액제한제[9]가 대폭 완화되었고, 금융자본과 산업

9) 재벌의 경제력 집중 억제와 지배구조 개선을 위하여 재벌의 계열사에 대해 순자산의 일정 비율 이상으로 다른 회사의 주식을 보유하지 못하도록 제한하는 제도로서, 경제민주화에 대한 국민적 요구가 분출되었던 1987년에 처음 도입되었다. 외환위기 직후인 1998년에 재계의 경영권 방어 수단 요구에 따라 폐지되었다가, 1999년 김대중 대통령의 '5+3 원칙' 천명에 따라 부활하는 등 재벌개혁정책의 상징적 조치로서 파란만장한 변천을 겪었다. 자산 6조원 이상인 재벌의 모든 계열사에 적용되다가, 출총제가 기업투자 침체의 주범이라는 재계의 주장이 거세지면서 최근 자산 10조원 이상인 재벌의 계열

자본의 분리라는 큰 원칙도 흔들리는 상황입니다. 문제를 복잡하게 만드는 것은 한국경제에서 재벌이 가진 이중적 성격 때문입니다. 재벌은 한편으로 한국경제를 주도하는 성장 동력이 되고 있지만, 또 다른 측면으로는 국가경제의 건전하고 지속적인 성장을 저해하고, 경제구조를 왜곡하기도 합니다. 우선 재벌 중심의 성장을 계속하는 것이 가능한지, 또 바람직한지를 포함해서 재벌개혁이 왜 필요한가 하는 부분부터 말씀해 주시죠.

유종일 지금 재계가 주장하는 것은 경제 살리기, 일자리 창출입니다. 그러려면 기업이 투자해야 하고, 그렇게 하려면 '기업하기 좋은 환경'이 필요하다고 주장합니다. 기업인들은 우리 사회에 만연된 반 기업 정서가 기업의 투자의욕을 꺾고, 정부의 과도한 규제와 전투적 노동조합이 경제성장의 걸림돌이라고 말합니다. 그뿐만 아니라 '대안연대' 같은 쪽에서도, 물론 상당히 다른 각도에서 제기하는 것이지만, 지금 투자가 저하되어 경제성장이 부진하기 때문에 기업의 투자의욕을 고취시켜 줘야 한다고 말합니다. 그런 차원에서 우리의 경제시스템이 기업의 경영권을 보호하고 기업이 좀 더 적극적으로 투자할 수 있는 여건을 뒷받침해야 한다고 주장합니다. 이런 얘기들이 만연하다 보니까 일반 서민도 기업을 비판하는 교수들을 못마땅한 시선으로 보고 있습니다. 시장의 현실도 모르면서 고담준론이나 나누고, 자꾸 기업을 못살게 굴어 투자의욕을 꺾는 게 아닌가 하는 의구심이 들고 있습니다. 경제성장이 안

사 중 자산 2조원 이상인 계열사로 그 적용대상이 축소되었으며, 출자한도도 순자산의 25%에서 40%로 대폭 완화되었다. 이로써 출총제는 사실상 폐지된 것과 마찬가지가 되었다.

되고 일자리 창출이 안 되면 서민들만 피해본다고 생각할 수 있습니다.

바로 그 점이 논쟁의 중요한 포인트라고 봅니다. 두 가지만 애기하고 싶습니다. 예를 들어 일본 소비자들은 워낙 까다로워서 일본제품이 소비자 만족도가 높다고 말하지 않습니까? 기업을 불편하게 만들어야 그만큼 더 튼튼하고 경쟁력 있는 기업이 된다는 것이지요.

조금 더 이론적으로 애기하면 이렇습니다. 기업은 결국 이윤 획득을 위해 투자를 합니다. 똑같은 제품을 생산하는데, 노동자 임금을 삭감한다든지, 국가에 낼 세금을 줄인다든지, 환경규제가 완화되어 전보다 오염처리 비용이 덜 들게 된다면 원가절감이 되고 수익성도 올라가지요. 그렇게 되면 '기업하기 좋은 환경'이 되어 투자가 늘어날 수 있습니다. 하지만, 이와는 다른 방법도 있지요. 제품의 품질을 높이고 디자인도 더 멋지게 해서 제품가격을 높인다든가, 기술혁신이나 공정개선 또는 직무교육 등을 통해 생산성을 높이는 것입니다. 이런 방식으로 투입비용에 비해 높은 부가가치를 생산하여 수익성을 올리는 방법입니다. 이러면 세금도 많이 내고, 월급도 더 많이 주고, 환경도 더 깨끗하게 보전하면서 돈을 벌 수 있습니다. 즉 기술이 개발되고, 창의적인 아이디어가 나오고, 노동자의 역량이 향상되고, 조직이 혁신되면 생산성이 오르고, 돈도 더 벌 수 있는 것입니다. 진정한 성장은 후자처럼 기업을 경영해서 투자가 확대되는 것입니다. 저는 이를 '혁신에 입각한 투자'라고 부르는데, 우리 기업에는 이런 면이 부족한 게 문제입니다.

우리가 성장 동력을 다시 회복하려면 혁신역량을 키우고, 혁신에 대한 보상을 제대로 해주고, 투기나 로비처럼 비합리적인 방법으로 돈 버는 길은 차단하는 것이 필요합니다. 앞에서 이야기한 대로 소위 '기업하기 좋게' 해서 일시적으로 투자 의욕을 고취할 수 있다는 것도 분명히 맞는 얘깁니다. 그러나 그게 어디까지 가느냐는 거지요. 세금 다 깎아줍니까? 규제 다 없애버립니까? 세금이고 규제고 다 없어진 다음에는 또 무얼 해줍니까? 그게 안 되는 거잖아요. 그러니까 그런 식의 투자유인책, 경기부양책은 일시적인 효과에 그칠 수밖에 없습니다. 그런데도 정부와 재계는 자꾸 그런 게임만 하고 있어요. 그런 식으로 하면 우리 경제가 성장 동력을 제대로 회복할 수 없습니다.

● 대기업은 자본파업을 벌이고 있는가?

홍종학 저는 그 문제에 대해 할 말이 참 많습니다. 일전에 여당에서 '민생대책위원회'인가를 만들어서 도와달라고 해서 회의에 참석한 적이 있습니다. 호텔 같은 서비스업이 일자리를 많이 만드는데, 세금 때문에 수지타산이 맞지 않아 서울 근방에는 투자를 못 하겠으니 세금을 낮춰달라는 겁니다. 제가 기가 막혀서 "부동산 가격을 잡아서 땅값을 낮추면 금방 수지타산이 맞는데, 그렇게 특혜와 편법으로 경쟁력이 살아나겠느냐?"라고 말했습니다. 유 교수님 말씀대로 근본적으로 경쟁력을 키울 생각은 하지 않고, 그저 특혜만 바라는 거죠.

제일 안타까운 것은 자료에 근거해서 논의해야 하는데 자료를 모두 왜곡해 놓은 점입니다. 제가 몇 년째 우리나라 대기업의 투자가 매우 많이 늘어나고 있다고 주장해 왔는데, 믿지 않는 눈치입니다.

유종일 그건 사실입니다.

홍종학 자료를 제시해줘야 하는데 불행하게도 대기업과 중소기업으로 투자 규모를 나누어 놓은 통계가 거의 없어요. 유일하게 산업은행 통계가 있고, 그다음에 설비투자를 보여주는 몇 가지 자료들이 있습니다. 산자부에서 나온 자료는 약 200대 기업 정도를 포함하고 있는데, 대부분 대기업이지요. 또 전경련에서 내놓은 600대 기업에 대한 자료에도 대기업들이 상당히 많습니다. 전경련 자료에는 대기업과 중소기업을 일부 나누어 놓았죠. 그 외에도 가장 널리 알려진 한국은행 국민소득계정상[10] 설비투자 부분이 있습니다. 이런 통계를 종합해 보면 대기업 투자는 엄청나게 좋다는 것을 알 수 있습니다. 산업은행 자료를 보면 IT산업 같은 경우는 2003년도 54.7%, 2004년도에는 72.8%까지 증가했습니다. 전년대비 설비투자가 70% 증가한 나라는 흔치 않습니다. 특정산업 전체에서 말이죠.

대기업과 중소기업을 구분했을 때 제조 대기업의 경우 설비투자가 20%, 30%씩 증가했습니다. 오히려 투자가 증가했기 때문에 2005년 이

---

10) 국민경제를 하나의 거대기업으로 보고 국민소득을 기업회계에 준하는 계정방식으로 통괄한 것이다. 이를 위해서 국민소득 계정에서는 경제활동을 생산 · 처분(소비) 및 자본형성의 3분야로 구분한다. ①생산이란 생산요소의 결합으로 이루어진 최종생산물의 산출을 의미하며, ②처분이란 생산요소에 분배되는 소득을 소비하였는지 또는 저축으로 순연되어 있는지를 나타내며, ③자본형성이란 소비되지 않고 남아 있는 최종생산물을 장래의 생산활동에 사용하기 위하여 축적(투자)하는 것을 말한다.

후에는 상대적으로 대기업 투자가 줄어든 겁니다. 상황이 이런데도 한국은행 국민소득계정 통계상의 설비 투자가 굉장히 낮다는 얘기가 나오는 이유는 중소기업 투자가 초토화되고 있다는 뜻입니다. 난감한 것은 정부 문서에는 이런 문제가 드러나 있지 않다는 것입니다. 대통령보고서에서도 이 얘기가 거론되는 걸 보지 못했어요. 관료들이 설비투자를 못하고 있는 중소기업이 포함된 국내 총생산 설비투자 통계를 가지고 대통령한테 보고를 하면서, 설비투자가 굉장히 나쁘니까 대기업에 대해 규제를 완화해야 한다고 보고하는 겁니다. 반면에 2004년도 산업자원부 보도자료를 보면 현실을 정확하게 지적하고 있습니다. 대기업 투자 통계와 한국은행의 국민소득계정 통계 사이에 괴리가 있고, 이것은 중소기업의 투자가 줄어들었기 때문이라고 밝혀 놓았습니다. 그런데도 대통령 앞에서는 대기업에 대한 규제를 완화해야 한다고 보고한단 말이에요. 이건 대통령을 속이는 것과 같습니다.

기업의 설비투자 증감율

조사기관	구 분	2001	2002	2003	2004	2005	2006	2007(예상)
산업은행 (2,828기업, 2006년부터 3,598기업)	전 산업	△13.2	△4.5	12.1	29.7	11.8	7.1	6.8
	제조업	△12.7	△0.7	24.8	43.2	7.4	5.8	0.8
	대기업	△13.3	△3.4	27.4	45.9	△3.6	△5.9	△14.6
	중소기업	△0.2	44.0	△3.4	3.8	20.0	16.3	12.5
	IT산업	△32.4	△9.2	54.7	72.8	8.7	5.2	1.1
	비IT산업	10.7	5.4	6.4	16.7	△9.8	11.1	△2.0
	비제조업	△13.7	△8.6	△3.4	8.5	19.0	9.1	15.3

전경련 (600대기업)	전 산업	△10.1	3.2	12.4	18.7	12.8	10.4	2.1
	제조업				33.5	16.6	7.9	△0.3
	비제조업				2.3	7.4	14.5	5.8
산자부 (200대기업)	전 산업	△4.9	2.8	19.1	23.1	14.8	13.0	6.8
	제조업			32.5	32.5	16.0	8.8	△1.3
	비제조업			△3.2	2.4	11.7	26.7	29.6
한국은행	국민계정상 설비투자	△9.0	7.5	△1.2	3.8	5.7	7.6	
통계청	설비투자	△8.4	8.8	△2.3	3.7	6.3	7.4	

출처: 각 기관

대기업은 투자를 엄청나게 하고 있고 중소기업은 초토화되고 있는데, 대기업에 대한 규제를 더 완화해서 무엇을 하겠다는 것인지 모르겠습니다. 규제를 완화한다고 해서 이미 투자를 한 대기업이 더 투자하지는 않을 겁니다. 또 중소기업이 투자하지 않는 이유는 내수 부족 때문입니다. 이것도 설문조사 결과에 명확하게 나타나 있습니다. 내수 부족은 일종의 악순환입니다. 저소득층의 소득이 떨어지니까 내수가 줄고, 그러니까 양극화도 더 심해지는 것입니다. 소득이 양극화가 되니까 저소득층 소비는 자꾸 줄어들 수밖에 없습니다. 고소득층의 소비는 한정되어 있기 때문에 중소기업 제품에 대한 수요는 점점 줄게 되어 중소기업이 설비투자할 수 없는 상황이 반복되는 것입니다. 게다가 이런 사실조차 언론에 보도되지 않고, 정부보고서에도 포함되어 있지 않습니다. 제가 이런 얘기를 하면 즉각 이런 반론이 제기됩니다. 기업의 내부유보자금, 현금자산이 엄청나게 많아서 그 자산을 끌어내어 투자로 연결하려면 규제를 완화해야 한다고 말입니다.

세계 100대기업의 현금성 자산

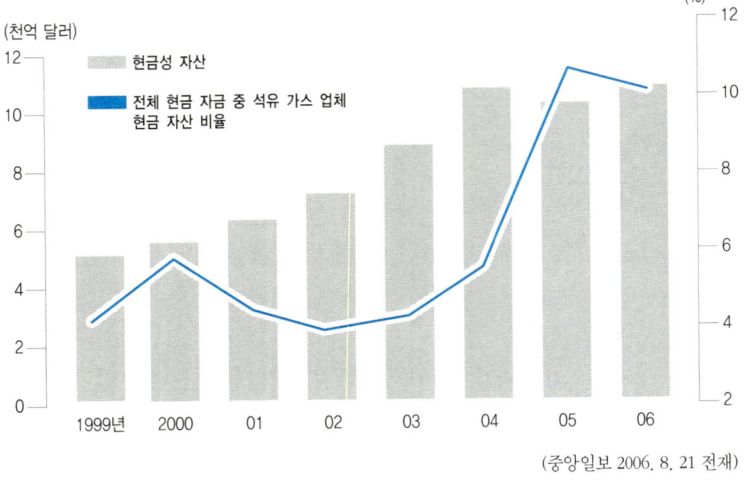

(중앙일보 2006. 8. 21 전재)

작년 6월에 톰슨 파이낸셜이라는 조사기관의 조사결과를 〈파이낸셜 타임즈〉에서 보도한 적이 있습니다. 세계 100대 기업의 현금보유자산을 조사했는데, 엄청나게 많은 현금 자산을 갖고 있었지요. 100대 기업이 무려 1조 1천억 달러를 가지고 있다는 것입니다. 우리 돈으로 1,000조 원이니까 평균적으로 10조 원 이상을 현금으로 보유하고 있다는 것이지요. 기사내용을 보면 세계 100대 기업의 현금성 자산 보유규모는 1999년도에 5천억 달러 정도였는데 5년 만인 2004년에 1조 달러를 넘어서고, 2005년에 조금 줄었다가 2006년에 다시 늘었습니다. 여러 가지 이유가 있겠지만, 대기업의 현금보유자산이 증가한 것은 전 세계적인 현상이라고 볼 수 있습니다. 규제를 완화하지 않아서 현금보유자산이 증가한 것이 아니라는 사실이 명확하게 드러난 것이죠.

아직 우리가 갈 길이 멀다고 생각이 되는 것이 바로 이런 점입니다. 합리적으로 논의하려면 객관적인 자료를 바탕으로 진행해야 하는데, 그 전제부터 이루어지지 않는 겁니다. 엄연한 사실을 왜곡하고 나서 모든 것을 실적이 나쁜 국민소득계정 통계만 가지고 논의하니까요. 상황이 이 지경이니까 2006년도에는 전경련에서조차 현실을 반영한 보고서를 내놓았습니다. 이 자료는 대기업 통계와 한국은행 국민소득계정상 설비투자의 차이점을 보여주고 있습니다. 그러면서 최근 대기업 설비투자는 증가하는데 중소기업의 설비투자가 이루어지지 않아 그렇다는 것입니다. 전경련에서조차 이렇게 얘기할 정도인데, 언론에서는 완전히 묻혀 버리고 말았지요. 이런 경우를 당하면, 정말 맥이 빠집니다. 공부할 맛이 나지 않아요.

경제학자들도 반성할 점이 많습니다. 경제학자들이 언론의 입맛에 맞게 헛소리를 하는 것입니다. 틀린 보도를 하는 언론을 교정해 줄 책임이 있는 학자들이 그걸 재생산하면서, 참여정부의 반기업정책 때문에 기업이 투자를 안 한다는 헛소리를 하고 있단 말이죠. 그런 주장을 하는 경제학자를 만나서 제가 산업은행 통계를 들이대며 얘기하면, 금시초문이라는 겁니다. 그러니까 관료, 언론, 경제학자가 모두 한목소리로 헛소리를 하는 거예요. 그야말로 재벌의 이익을 대변하기 위해 관·언·학

연합체가 거짓 정보를 가지고 거대한 선전선동을 하는 셈이지요.

올해에는 대통령 선거가 있고 내년에는 새로운 정부가 들어서는데, 작년부터 대기업의 설비투자 증가율이 줄어들고 있습니다. 아마 올해 하반기부터 재계와 언론이 다시 설비투자와 규제완화라는 오래된 노래를 큰소리로 다시 틀지 않을까 싶습니다. 너무 자조적인가요?

유종일 한 가지만 더 얘기를 하면 재벌개혁을 열심히 추진했다는 지금, 외환위기 이전보다도 재벌에 대한 의존도가 더 높아지는 매우 역설적인 상황이 벌어졌다는 사실입니다.

● U자형 기업 분포, 심화해 가는 재벌의존형

김상조 빈약하지만, 우리나라에서 나오는 여러 통계자료를 봐도 기업이 양극화되었고, 외환위기 이후에 더욱 심화하였다는 것을 확인할 수 있습니다. 우리나라의 기업규모별 고용 비중이나 부가가치 비중 등에 대한 통계자료를 정리해 보면 우리나라는 U자형입니다. 상시고용 19인 미만인 영세기업의 비중이 엄청나게 높아졌습니다. 1990년대 초와 비교하면 최근 영세기업의 고용 비중과 부가가치 비중은 2배 가까이 늘었고, 기업체 수 비중은 20년 사이에 거의 3배 늘었습니다. 그에 비해 우리나라 경제의 중추역할을 할 수 있는 이른바 상시고용인 20-49인의 소기업, 50-299인의 중기업, 300-499인의 중견기업의 비중은 점점 줄어들고 있습니다. 반면 500인 이상의 대기업 비중은 계속 늘어나고 있어서 기업규모별 분포가 U자형이 되고 있고, 이 U자형의 골짜기가 점점 깊어지는 추세입니다.

언젠가 토론회에서 이런 얘기를 했더니, 민족주의적 성향을 가진 진보 진영의 한 인사가 "그게 자본주의의 기본적인 패턴 아니냐?"라고 질문하더군요. 다른 나라도 그런 것 아니냐는 의미의 질문이었는데, 절대 그렇지가 않습니다. 우리가 선진국이라고 부르는 나라들의 기업규모별 분포를 보면 정확하게 거꾸로 된 형태예요.

유종일 중간규모의 기업이 많지요.

김상조 예. 중기업 또는 중견기업이 그 나라의 생산과 고용에서 큰 비중을 차지하고 있고, 영세기업이나 대기업들은 상대적으로 비중이 작습니다. 그것이 우리가 추구하는 경제구조 개혁의 중요한 목표 가운데 하나이자 성장과 고용의 문제를 해결하는 기본적인 방향인 겁니다. 그런데 지금 재계나 정부가 주장하는 재벌 중심의 투자 확대를 통한 이른바 떡고물 전략, 적하효과(Trickle down effect)[11] 전략은 U자형의 구조를 점점 더 심화시키는 결과를 낳을 수밖에 없습니다.

경실련에서 재작년에 발표한 프로젝트 보고서에 의하면, 현재 스웨덴의 50대 기업을 설립연도별로 살펴볼 때 1970년 이후에 설립된 기업이

---

11) 말 그대로 '넘쳐흐르는 물이 바닥을 적신다'는 뜻이다. 미국의 제41대 대통령인 부시(George Herbert Walker Bush)가 재임 중이던 1989년부터 1992년까지 채택한 경제정책이다. 정부가 투자 증대를 통해 대기업과 부유층의 부를 먼저 늘려주면 중소기업과 소비자에게 혜택이 돌아감은 물론, 이것이 결국 총체적으로 국가의 경기를 자극해 경제발전과 국민복지가 향상된다는 이론이다.

하나도 없어요. 그만큼 스웨덴은 사회적으로 안정된 구조로 되어 있지만, 다른 한편으로는 이것이 경제의 활력을 떨어뜨리는 요인이 되고 있습니다. 이런 경직성이 스웨덴 경제의 심각한 문제점이거든요. 그런데 스웨덴은 인구가 1,000만이 안 되는, 이른바 강소국입니다. 반면 우리나라는 남한만 따져도 인구가 5천만, 북한까지 따지면 거의 8천만이 됩니다. 따라서 소기업으로 시작해서 중기업으로, 중견기업으로, 대기업으로 성장하는 경제 활력을 만들어 내지 않은 상태에서 앞으로 경제발전과 고용문제를 과연 해결할 수 있겠느냐는 것에 대해서 의문이 들 수밖에 없습니다. 굳이 통계자료를 들먹이지 않더라도 우리가 쉽게 떠올릴 수 있는 것이 1970년대 기업의 성장 신화입니다. 지금은 다 망했지만 1970년대에는 대우를 비롯해서 율산, 제세, 명성 등 신설기업들의 성장신화가 즐비했지요. 새로운 기업들이 설립되어 이른바 30대 재벌로 곧바로 진입하는 수직 이동의 활력을 눈으로 확인할 수 있었습니다. 그러나 1980년대를 지나 특히 외환위기 이후에는 신설 기업이 우리가 주목할 만한 정도의 대기업으로 성장한 사례를 찾아보기 어렵습니다.

홍종학 아마 제일 큰 기업이 NHN이지요.

김상조 예. 1999년에 IT 붐이 일었을 때 다음커뮤니케이션을 비롯한 수많은 기업이 나타났습니다. 하지만, 지금은 거의 사라져버리고 한두 개 기업만이 대기업으로 성장할 수 있었습니다. 결론적으로 한국경제가 가진 중요한 문제점 중의 하나가 소수 대기업의 시장장악이 너무나 심화하였다는 것입니다. 그래서 새로운 기업이 성장을 거듭해서 고용과

부가가치 창출의 중요한 부분을 담당하는 경제의 다이내믹스를 상실한 게 아닌가? 우려될 정도입니다. 이런 상황에서 대기업 위주의 성장전략이라는 게 과연 우리의 경제 환경에 맞는 올바른 전략인가 하는 것에 대해 지극히 의문을 가질 수밖에 없습니다. 문제는, 이러한 대안적 논리가 참여정부의 실패나 능력부족에 따른 것인지는 모르지만, 대중적인 설득력을 어느 순간에 잃어버렸다는 것입니다. 대신 대기업 위주의 성장전략, 즉 박정희식의 성장전략이 아직도 유효한 것처럼 강력하게 선전되고 있는 거죠.

● 내수와 고용이 함께 창출되는 '동반성장'

곽정수 김 교수님이 재벌의 '나 홀로 성장'에 대해 말씀하셨는데요. 재벌이 잘해서 좋은 실적을 거두는 것은 전혀 나무랄 일이 아니죠. 문제는 재벌의 성장이 고용의 질 악화, 중소기업 등 다른 부문의 희생 등 국가경제 전체로서 상당한 대가를 치른 결과라는 것입니다. 바로 노무현 정부 들어 경제 전체가 어렵다고 했는데, 사실 재벌은 최고의 실적을 거둬왔거든요. 한국경제를 대표하는 재벌의 실적이 좋은데 한국경제는 왜 좋지 않은가 하는 점에 재벌 위주 성장전략이 갖는 핵심적인 문제가 있는 것 같습니다.

유종일 국민은 재벌 위주의 성장에 대해 이중적인 태도를 가진 것 같습니다. 재벌 위주의 성장이 문제가 있다는 걸 인식하고 있으면서도, 다른 한편으론 그래도 재벌밖에 없다는 인식이죠. 그래서 대기업이라도 성장할 수 있도록 도와줘야 되는 것 아니냐는 의식이 저변에 깔려 있습니다. 지금까지 재벌이 경제성장을 견인한 것을 경험했고, 중소기업들이 변변치 않으니 대기업밖에 기대할 게 없다는 것이지요. 사실 우리가 사는 집부터 매일 사용하는 제품들이 거의 재벌기업에서 만든 것들이니 잠재의식 속에 재벌의 중요성이 각인된 겁니다.

그런데 재벌기업들이 세계시장에서 경쟁력을 갖추고 더 성장해야 한다는 인식과 우리 경제가 재벌 위주의 성장방식을 지향하고 있다는 것은 구별해야 합니다. 대기업이 세계적인 경쟁력을 갖추는 것은 전혀 반대할 일이 아니고, 오히려 국가 경제를 위해 좋은 일입니다. 그러나 재벌 위주의 성장이란 것은 재벌기업들이 중소기업들을 희생시켜가면서 특혜를 누리고, 이를 바탕으로 성장하는 것은 의미합니다. 이런 식의 성장은 지속하기 어렵습니다. 내수기반도 갖추고 고용도 충분히 창출되는 '동반성장'을 이루기는 더더욱 어려운 일입니다. 지금 재벌기업들은 꾸준히 성장하고 있지만 고용은 늘어나지 않고 있습니다. 오히려 고용은 줄어들고 있지 않습니까? 누누이 얘기했습니다마는 재벌기업의 성장이 내수로 연결되지 않고 있습니다. 이것이 문제입니다.

중소기업이 고용창출을 많이 하기 때문에 중소기업 발전이 소득분배를 개선하는데도 도움이 되고, 또 지역균형 발전을 위해서도 중요합니다. 더군다나 중소기업은 혁신의 주역입니다. 몸집이 무거운 대기업보다 중소기업이 발 빠르게 혁신하는 경우가 많지요. 이런 혁신적 중소기업이 많아야 경제활력이 생깁니다.

그리고 대기업들이 만들어내는 최종 생산품에 들어가는 수많은 부품은 대부분 중소기업에서 만듭니다. 만약 중소기업이 기술력을 갖추고 튼튼하게 발전하지 않으면 어떻게 되겠습니까? 아마 대기업들은 국외로 눈을 돌려 글로벌 아웃소싱을 추진할 것입니다. 그렇게 되면 근거리에 튼튼한 부품산업을 가진 경쟁기업에 비해 경쟁에서 불리해질 수밖에 없습니다. 따라서 재벌 위주의 성장만을 계속하려 해서도 안 되고, 할 수도 없습니다. 지속 가능한 동반성장을 위해 중소기업이 중요하다는 것은 두말할 나위가 없어요.

● '기업집단법' 제정과 하도급 피해 대책

김상조 저는 대-중소기업 관계에 대한 발상의 근본적인 전환이 있어야 겠다는 생각을 합니다. 이와 관련하여 재벌규제 체계의 전환, 그리고 중소기업 육성정책의 전환에 대해서 말씀드리고 싶은데요. 첫 번째로, 재벌규제 체계의 전환에 대해 말씀드리면, 최근 공정거래법 개정을 통해 출총제가 사실상 폐지되고 지주회사제도도 부실해졌습니다. 재벌에 대한 사전적 규제수단으로서 공정거래법 유효성이 크게 훼손된 셈이죠. 물론 사전적 규제가 갖는 정치적 자의성과 경제적 비효율성을 고려하면, 재벌에 대한 규율체계의 중심을 사전적 규제에서 사후적 규율로 전환할 필요가 있습니다. 작년에 노무현 대통령도 이걸 강조한 바 있고요. 그러나 현재 재벌의 경제력 집중 현상, 그리고 이에 따른 정치적 · 사회적 지배의 폐해를 고려할 때 사전적 규제의 조건 없는 폐지나 완화는 대단히 위험한 결과를 가져올 거라고 판단합니다. 그런데 지금 우리나라의 분위기는 이른바 '기업하기 좋은 경제 환경'을 만들려고 상법 등에 의한 사후적 규율은 전혀 보완하지 않은 채 출총제 등의 사전적 규제만 폐지하고 있습니다. 한마디로 재벌에 대한 규율의 공백 상태를 만드는 거죠.

현재 우리나라에서는, 선수는 기업집단임에도 경기규칙은 개별법인만을 대상으로 하는 경향이 나타나고 있습니다. 법체계와 현실 사이의 괴리가 심각하게 벌어지는 것이지요. 외환위기 이후의 기업지배구조 개선 조치는 개별법인, 특히 개별 상장법인 차원에 집중되었을 뿐이거든요. 그러나 재벌은 기업집단(group of companies)입니다. 따라서 재벌의 지배구조를 개선하고 경제력 집중을 억제하려면 개별법인 차원을 넘어서는 새로운 원칙이 확립되어야 한다는 것이 제 신념입니다. 그 새로운 원칙은 '지배하는 자(controlling person)는 그 지배권에 상응하는 책임을 부담한다, 기업집단을 지배하는 자의 책임은 개별법인의 범위를 넘어선다.'는 것입니다. 이러한 원칙이 회사법, 금융법, 경쟁법에 일관성 있게 제도화되어야 하며, 감독기구와 사법기구에 의해 엄격하게 집행되고, 궁극적으로는 노동법과도 정합성을 가져야 해요.

물론 기업집단 문제에 접근하는 방식은 나라마다 다릅니다. 미국은 개별법인을 회사법 체계의 중심으로 하면서도, '법인격 부인의 법리'[12](piercing the corporate veil doctrine)나, 이중대표소송제도(double derivative suit), 증거개시제도(discovery)[13] 등의 판례법을 통해 예외적이지만 매우 효과적인 구제수단을 제공하고 있습니다. 반면 독일은 아예 기업집단(콘체른) 자체를 회사법상의 주체로 인정하고 있어요. 그룹경영에 따른 외부효과를 그룹 내부화하는 것을 합법화한 것이죠. 물론 그 전제조건은 그룹경영의 편익에 상응하는 법적인 의무를 동시에 부과하는 것입니다. 예를 들어 독일은 노동자대표가 감독이사회에 참여하는 공동결정제도를 시행하고 있는데, 자회사 노동자로서는 자회사보다는 실제 의사결정이 이루어지는 모회사에 참여하는 게 더 중요하겠죠. 실제 독일의 공동결정법에는 자회사 노동자의 대표가 모회사 감독이사회에 참여하는 게 보장되어 있습니다.

기업집단에 대한 법체계 중에서 미국식이 좋은지 독일식이 더 좋은지는 선험적으로 결정할 수 없습니다. 다만, 분명한 것은, 우리나라는 미국식도 아니고 독일식도 아니라는 거예요. 기업집단의 문제에 대해 소

12) 주식회사가 발전한 미국에서 발전된 이론으로써 회사의 대주주가 사실상 회사(법인)의 실소유자일 때, 대주주가 자신의 채무를 회피하려고 법인을 이용할 경우, 이 회사의 법인성을 부인하여 회사의 채무를 대주주에게 지게 하는 것이다. 주식회사의 경우, 주주가 유한책임을 지기 때문에 주식회사가 자본이 없을 경우, 채무자는 달리 채무를 변제받을 방법이 없어지게 된다. 이때 주식회사가 사실상 대주주와 동일한 인격으로 볼만한 사유가 깊고 또한 대주주가 회사의 채무를 변제할 능력이 됨에도 채무를 변제하지 않는 것은 사법상의 대원칙인 신의성실의 원칙에 반하는 것으로, 이 경우 회사가 갖는 채무를 대주주에게 갚게 하는 것이다. 우리나라 민법에는 규정이 없고, 판례에서 아주 조금만 제한적으로 인정하고 있다.

13) 피고인 또는 변호인이 공소 제기된 사건에 관한 서류 또는 물건의 열람, 등사 등을 신청할 수 있도록 하는 것으로, 이에 상응하여 검사도 피고인 또는 변호인에게 증거 개시를 요구할 수 있다. 상대방의 방어권을 보장하고 추후 이루어질 증거조사 절차를 실질화하기 위한 것이다.

액주주든, 채권자든, 노동자든, 중소 하도급업체든, 이해관계자가 자신의 권리를 주장할 수 있는 합법적 수단이 전혀 없습니다. 이것이 지난 10년 동안의 재벌개혁 노력, 그게 얼마만큼의 의지를 갖고 추진했는가는 의문이지만, 하여튼 재벌개혁 조치가 실질적인 효과를 낳지 못한 근본 원인 중 하나라고 생각합니다. 그래서 저는 재벌의 지배구조 개선과 경제력 집중 억제를 위해서는 보다 적극적으로 기업집단 관련 법체계를 개선하는 노력, 즉 가칭 '기업집단법'의 제정이 필요하다고 봅니다. 일단 단기적으로는 공정거래법·상법·금융관련법 등 개별 법률에 산재해 있는 기업집단 관련 조항들을 단일 법률로 통합함으로써 그룹 계열사 간의 관계와 지배주주와의 관계에 대한 규율을 체계화하고, 이후 장기적으로는 독일처럼 기업집단 자체를 법적 권리와 의무의 주체로 인정하는 것은 물론, 하도급거래나 하도급기업의 노사관계 등 준 내부적 조직(quasi-internal organization)에 대해서도 그에 상응하는 법적 권리와 의무를 부여하는 방향으로 발전시켜야 한다는 것입니다.

특히 하도급거래나 그 노사관계에서 기업집단의 권리와 의무를 부여하는 것은 중소기업의 발전을 위해서 매우 중요합니다. 물론 현행 공정거래법이나 '하도급거래 공정화에 관한 법률' 상의 규정조차 위배하는 대기업의 횡포, 그리고 이를 내버려두는 공정위의 직무유기가 중소기업 발전의 중대한 장애물로 지적되고 있습니다. 그러한 지적은 옳지만 동시에 우리나라 공정거래법상 경쟁촉진제도의 근거가 되는 미국 반독점법의 한계를 인식할 필요가 있습니다. 미국의 반독점법은 매우 좁게 정의된 시장에서의 불공정 거래행위나 지배력 남용행위만을 문제 삼을 뿐이지, 이업종 간 혼합결합(conglomerate)에 의한 경쟁제한 효과, 즉 재벌의 경제력 집중 문제는 아예 관심의 대상이 아닙니다. 그리고 지배력 남용행위에 대한 규제도 아주 좁은 의미의 효율성만을 기준으로 판단합니다. 따라서 미국식 반독점법의 엄격한 집행만으로는 우리나라 재벌의 문제, 그리고 하도급 중소기업의 문제를 해결하는 데 근본적인 한계가 있어요. 그래서 경쟁법·회사법·금융법은 물론 하도급법·노동법 등을 모두 포괄하는 기업집단에 대한 통합법이 필요하다는 것을 재차 강조하고 싶습니다.

곽정수 김 교수님께서 지금 언급하신 문제는 매우 중요한 것 같습니다. 현실적으로 한국경제에서 주도적 역할을 하는 것은 기업집단(재벌)인데, 그에 관한 시장의 규칙이 제대로 정비되어 있지 않다는 말씀인데요. 한 가지 사례를 들자면 재벌그룹의 사령탑 역할을 하는 구조조정본부를 꼽을 수 있겠네요. 현실적으로는 엄연히 그룹 총수를 최정점으로 해서 수많은 계열사 전체를 지휘하는 본부 역할을 하는데, 법적으로는 실체가 없는 조직이지 않습니까? 그러다 보니 구조조정본부에서 내린 주요한 의사결정이 사후에 법적으로 문제가 되어도, 현실적으로는 책임을 묻기가 어려운 것이죠. 무슨 유령조직도 아니고……. 결국 김 교수님이 지적하신 규율의 공백과 권한과 책임의 불일치 문제인데요. 홍 교수님 견해는 어떠신가요?

홍종학 김 교수님의 '기업집단법' 제정의 제안에 동의 합니다. 다만, 저는 하도급 문제에 좀 더 집중해 보고자 합니다. 현재 한국에서 하도급 문제의 핵심을 좀 자극적으로 표현하면 이른바 소위 '빨대 효과'라고 합니다. 대기업이 경비절감을 모두 중소기업과 노동자들한테 떠넘겨서 하도급 기업들이 버텨내기 어려운 겁니다. 대기업들은 막대한 수익을 올리고 있는데도, 하도급 기업들이 죽겠다고 아우성을 치고, 그마저도 일감이 부족한 중소기업들은 그것이라도 좋으니 하도급이라도 했으면 좋겠다고 아우성치는 게 부정할 수 없는 현실이죠. 이런 문제를 하나하나 풀어야죠. 그러면 이 하도급에서 공정 경쟁이 이루어지도록 우리가 얼마나 노력했는가? 김 교수님은 공정거래법에 한계가 있다고 하셨는데, 그 점을 부정할 수는 없습니다. 다만, 저는 미국의 공정거래법 같은 수준의 법제도가 집행되면 많은 문제가 해결되지 않을까 생각합니다.

일부 하도급 기업과의 문제는 '회사기회 편취'와 관련이 있습니다. 그러니까 중소기업이 잘 나갈 수 있는 분야에 대기업이 계열사를 만들어 시장에 진입한 후 몰아주기를 하는 것입니다. 그러면 도저히 경쟁이 안 되지요. 마찬가지로 국가와 시장이 지금 공정경쟁을 못하게끔 저해하고 있잖아요? 국가가 중소기업을 이상한 방식으로 지원하기 때문에 IT 기업 같은 경우에는 정부지원금을 받지 못하면 생존할 수 없게 되어 있습니다. 이런 상황에서는 아무리 훌륭한 기업이라도 시장에서 도태될 수밖에 없습니다. 또 대기업과 재벌이 회사기회 편취라는 것을 통해 문어발식으로 사업을 확장해 나가는데, 이러한 기업들과 중소기업이 경쟁하기는 굉장히 어렵습니다. 일시적으로 중소기업이 기술력이 좋다 할지라도, 경제상황이 나쁠 때 대기업에서 계열사를 지원한다면 경쟁 자체가 성립되지 않습니다. 대표적으로 팬택 앤 큐리텔 같은 기업은 경제 사정이 안 좋으니까 그냥 주저앉아 버리는 거지요.

유종일 몇 년 전 안철수 씨가 우리나라 IT 업계의 문제점을 지적하는 글을 써서 화제가 되었던 적이 있었죠. 재벌들이 총수 일가의 소유로 되어 있는 SI 업체들을 하나씩 끼고 있는데, 이들이 그룹의 물량을 높은 단가에 받으니까, 공공입찰 같은 데서 저가에 수주한다는 겁니다. 그리고서 중소 소프트웨어 업체에 하도급을 주면서 단가를 더욱 낮추니까, 마진이 너무 박해서 임금을 충분히 주기 어렵고, 교육 훈련과 연구개발 투자도 어려워진다는 얘기였죠.

곽정수 홍 교수님 이나 유교수님 말씀은 현재 재벌 위주의 한국경제 체제에서는 중소기업이 설 자리가 마땅치 않다는 것인데요.

홍종학 조금 심하게 이야기하면, 중소기업의 숨통을 막는 거지요. 도저히 커 나갈 수 없도록 말입니다.

곽정수 정도의 차이는 있겠지만 그런 측면을 부정할 사람은 많지 않을 것 같습니다. 문제는 대책인 것 같아요. 재벌의 폐해를 줄이면서 중소기업의 기를 살려줄 수 있는 정책으로 무엇이 있을까요? 김 교수님께서는 '기업집단법' 제정이 필요하다고 말씀하셨는데, 많은 시간이 필요할 것 같고요, 당장 집행해서 효과를 낼 수 있는 대책은 없는지요?

홍종학 의지의 문제라고 봅니다. 의지만 있다면 얼마든지 효과를 발휘할 대안이 이미 전문가들에 의해 많이 제시되어 있습니다. 그렇게 어렵지 않습니다. 독립 중소기업이 공정하게 경쟁하고 있는가를 하나하나 따져보면 되는 거죠. 대기업 계열사와 경쟁하는 독립 중소기업을 보면, 지금은 공정한 경쟁이 전혀 이루어지지 않고 있습니다. 삼성 임원이 현대에서 만든 자동차를 사면 뉴스가 되는 게 현실 아닙니까? 이 부분에서는 공정위가 적극적으로 나서야 합니다. 계열사와의 모든 거래에 대해 경쟁을 저해하는 요소가 있는지 심사해서 엄벌해야 합니다. 정확하게는 독립 중소기업이 재벌의 계열사와 같은 조건으로 경쟁하고 있는가를 엄격하게 심사하자는 겁니다. 공정위 한 기관의 감독으로는 부족하다고 봅니다. 공정위의 전속고발권을 폐지하고 검찰이 수사에 착수할 수 있도록 해야 합니다. 그리고 피해를 본 중소기업이 직접적으로 손해배상을 청구하되, 손해액보다 훨씬 큰 금액의 손해배상을 받을 수 있도록 하는 '징벌적 손해배상제'를 제도화하자는 것입니다. 경쟁을 저해했다는 것을 판명하기 어려운 대신, 명백한 법 위반 사항에 대해서는 처벌을 강화하자는 원리지요.

김상조 공정거래법 집행의 전반적인 개선방안을 중소기업 부문에 적용한 것이군요.

홍종학 그렇습니다. 현재 공정거래법이 제대로 집행되지 않고 있습니다. 앞서 말한 대로 시장의 규칙을 제대로 준수하는 관행이 자리 잡지 못한 것입니다. 따라서 대기업과 중소기업 간의 불공정 거래에 대해 공정위가 더 적극적인 자세를 취해야 하고, 그 첫걸음은 대기업과 계열사의 내부거래를 철저히 심사하는 데서 시작해야 한다는 것이지요.

두 번째 해결방식은 더 쉽습니다. 현재 계열사와의 거래가 문제가 되지 않는 경우에도 대기업-중소기업 간 협상력의 차이에 의해 불공정 거래가 이루어지고 있습니다. 예를 들어 상당수의 중소기업이 하나의 대기업에만 납품하는, 이른바 '전속거래'를 하는 경우가 많은데, 이러면 대기업은 중소기업의 생사여탈권을 가진 것과 같습니다. 이것은 매우 중요한 문제입니다. KDI에서 중소기업을 전문으로 연구하는 김주훈 박사의 보고서를 보고 제가 동감한 것입니다만, 상당수의 대기업은 독립 중소기업이 다른 기업과 거래하는 것을 억제하고 있습니다. 이 문제는 국가가 나서서 없애 주어야 하도급 거래의 정상화를 꾀할 수 있습니다. 그뿐만 아니라 중소기업이 하도급을 통해 중견기업으로 성장하고, 나중에는 대기업으로 성장할 수 있습니다. 이는 우리 중견기업의 허약하고 기형적인 형태를 없애기 위해 매우 중요한 정책입니다.

대기업의 입장에서는 관련 기술을 전해주면서 호랑이를 품 안에 키우는 것이 되니까 최대한 중소기업의 성장을 억제하려 하겠지요. 하지만, 국가 경제 전체로 보면 대기업의 이런 태도는 성장을 저해하는 요인이 됩니다. 따라서 미래의 경쟁자를 억제하려는 재벌의 욕구를 적절히 통제하여 경쟁이 촉진되도록 하는 것이 공정거래법의 중요한 입법 취지가 되어야 합니다. 하지만, 이런 미래지향적인 사고가 아직 우리 사회에는 잘 알려져 있지 않지요.

유종일 대기업의 부당한 납품단가 인하 요구나 여타 부당한 행위에 대해 중소기업이 속수무책으로 당하는 것은 협상력의 차이 때문이고, 그 문제의 핵심은 대기업의 수요 독점이라는 지적은 매우 정확한 지적입니다. 중소 부품업체가 발달하여 있는 독일이나 일본의 중소기업은 과도한 납품단가 인하 요구를 쉽게 거부할 수 있습니다. 국외 시장을 포함하여 다수 업체에 납품하고 있기 때문이죠. 하도급 문제에 관해서는 법적인 제제와 단속도 필요하지만, 더욱 근본적인 해결책은 수요 독점 문제의 해소입니다. 대기업이 이를 강요하는 것을 철저히 막아주는 한편, 중소기업의 기술력을 높여 세계 시장으로 진출하는 것이 필요하지요.

● 새로운 중소기업 육성정책

곽정수 역대 정권들은 출범 초에 이구동성으로 중소기업의 육성을 강조했습니다. 하지만, 성과는 크지 않았던 것 같아요. 당사자인 중소기업들로서도 현실적으로 대기업 위주의 현 경제구조 속에서 자생력과 경쟁력을 갖는다는 것이 결코 쉬운 일은 아니겠지요. 앞으로 정부의 중소기업 정책이 어떻게 바뀌어야 할지, 새롭게 요구되는 중소기업 정책은 어떤 내용이 돼야 할지 말씀해주시죠.

김상조 현재의 중소기업 육성정책은 자금, 인력, 기술 등 이른바 3대 생산요소에 대한 지원에 집중되어 있습니다. 이들 생산요소 시장이 매우 불완전한 것이 현실이기 때문에 정부의 적극적 개입을 통해 '시장의 실패'를 보완해야 한다는 것은 두말할 필요도 없습니다. 그러나 생산요소의 공급 확대만으로 중소기업의 발전이 이루어지기 어렵다는 것도 분명한 사실이에요. 예를 들어, 경제규모에 비해 중소기업 금융지원 규모(보증·융자·투자 포함)는 우리나라가 다른 나라보다 훨씬 큽니다. 재경부가 발표한 자료를 보면, 2002년 기준으로 우리나라의 중소기업 금융지원 규모는 GDP의 6.6%인데 비해 미국은 0.2%, 프랑스는 0.5%에 불과합니다. 요약하면, 금융지원 규모가 부족하다기보다는, 전달 메커니즘의 문제 때문에 정작 자금이 필요한 중소기업에 제대로 지원되지 못하는 것이 현실입니다.

홍종학 우리나라의 중소기업 금융지원 규모가 오히려 크다! 그것 참, 재미있고 주목해 봐야 할 통계네요.

김상조 앞서도 말씀드렸지만, 우리나라 중소기업은 창업 이후 영세기업이 소기업으로, 그리고 중기업을 거쳐 대기업으로 성장할 확률이 매우 낮습니다. 중도에 탈락하여 영세기업으로 퇴적되는 악순환을 반복하는 경우가 많습니다. 중소기업에 대한 자금·인력·기술 지원정책이 효과적으로 작동하려면 무엇보다 중소기업의 경영관리에 필요한 기본 인프라가 확충되어야 합니다. 즉 중소기업이 정부의 지원을 받을 수 있는 '기업다운 틀'을 갖추는 것이 급선무라고 할 수 있죠. 재경부가 실시한 〈중소기업 실태조사 보고서〉(비공개)를 본 적이 있는데, 조사대상 중소기업의 90% 정도가 외부 경영자문이나 법률자문을 받아본 적이 없다고 합니다. 사실 중소기업에 필요한 회계·세무·법률·경영컨설팅 등의 사업서비스는 비싼 수수료를 주고 간헐적으로 받는 전문서비스를 말하는 게 아닙니다. 주기적으로 중소기업주와 대면하면서 기업경영 내용을 파악하고, 기본적인 자문을 수행하는 일상화된 서비스가 필요하죠.

이탈리아는 대기업은 크게 주목받지 못하고 있지만, 사업자 등록도 안 되어 있는 무명의 중소기업들은 세계적인 경쟁력을 갖추고 있습니다. 그 이유가 바로 중소기업에 대해 이런 일상적 경영서비스를 제공하는 체계가 잘 구축되어 있기 때문이라는 논문을 본 적이 있습니다. 하여튼 중소기업에 대한 사업서비스 제공은 높은 외부효과를 갖는 것이기 때문에 시장기능에만 맡겨서는 공급이 충분치 못합니다. 따라서 중소기업에 대한 회계·세무·법률·경영자문 등 경영 인프라의 상당부분은 정부에 의해 공공재로서 공급되어야 한다는 것이 제 생각입니다. 중소기업이 최소한의 경영관리 틀을 갖출 때만이 자금·인력·기술 등의 생산요소 지원이 소기의 성과를 거둘 수 있을 겁니다. 정말 발상의 전환이 필요한 대목입니다.

홍종학 김 교수님이 말씀하신 것을 통계를 보면 확연히 알 수 있습니다. 한국개발연구원 김주훈 박사의 보고서에 들어 있는 통계를 인용해보죠. 우선 우리 대기업과 중소기업 간 노동생산성 격차를 보면 1988년을 정점으로 지속적으로 하락합니다. 1988년에는 50% 중반 대에 이르던 것이 2002년도에는 34.5%까지 떨어집니다. 더욱 문제가 되는 것은 이러한 격차가 외국보다 아주 심하다는 것입니다. 지금 김 교수님이 말씀하신 이탈리아 같은 경우는 중소기업의 생산성이 높아 대기업의 65.2%에 이르고 있습니다. 이를 볼 때 우리나라의 대기업과 중소기업 간 생산성 차이가 극심하다는 것을 한눈에 알 수 있습니다.

이 통계는 엄청난 의미를 지니고 있습니다. 앞에서 제가 국내 중소기업의 설비투자가 초토화되었다는 표현을 사용했습니다만, 여기에 국내 중소기업의 노동생산성이 대기업의 35%에 불과하다는 것을 함께 놓고 보면 한마디로 한국의 중소기업이 철저히 버림받았다는 것을 알 수 있지요. 곽 기자님이 지적한 대로 역대 정부는 물론 대통령 출마자들도 너나 할 것 없이 중소기업의 중요성을 강조했는데, 이런 상태라면 무언가 크게 잘못되었다는 것이 확연히 드러납니다. 아마 이런 통계를 매일 언론에서 보도해 주면, 국민이 진실을 알게 될 텐데 대기업 규제완화만 이야기하고 있으니 한심하지 않을 수 없습니다.

대기업과 중소기업 간 노동생산성 격차(대기업=100%)

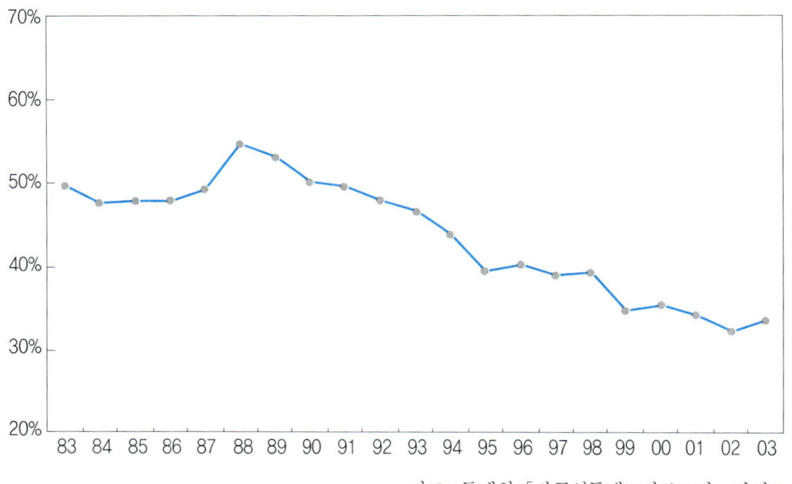

자료 : 통계청, 「광공업통계조사보고서」, 각년도

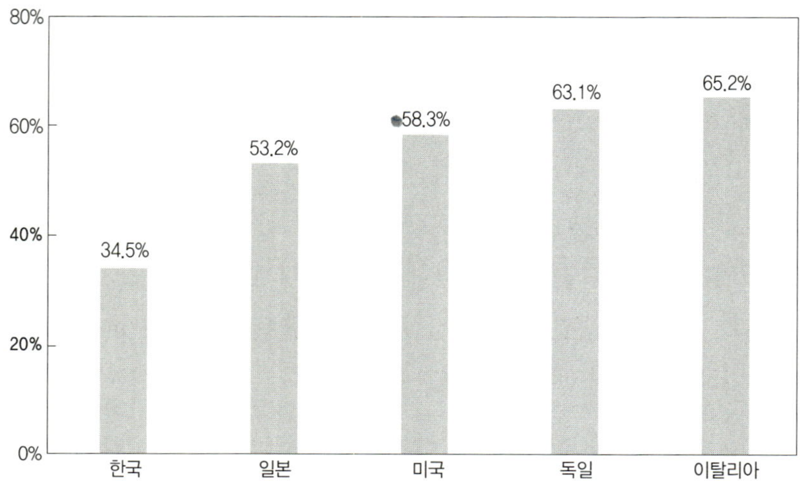

출처 : 김주훈 (2005), 〈중소기업의 구조조정과 혁신능력의 제고〉/
〈혁신주도형 경제로의 전환에서 중소기업의 역할〉, 김주훈 편, 한국개발연구원, p48

● 금융 인프라 개선, 혁신 클러스터, 평생학습

유종일 중소기업의 경영 관리 인프라를 지원해야 한다는 김 교수님의
말씀, 그리고 국내 중소기업의 생산성이 대기업의 35%로 추락하고 있
다는 홍 교수님의 지적, 잘 들었습니다. 그동안 우리나라의 중소기업
정책은 보호와 지원 위주로 되어왔는데, 이게 별로 실효성이 없었지요.
근본적으로 중소기업이 발전할 수 있는 시장여건을 조성하고 중소기업
의 경쟁력을 강화하는 정책이 아니라 금융지원 등 일시적인 미봉책 위
주였기 때문입니다. 이런 식의 중소기업 지원은 경쟁력이 없는 기업의

퇴출을 지연시키고, 이들이 출혈적인 가격경쟁에 나서서 다른 기업들까지 어려워지는 경우도 많거든요. 그래서 중소기업의 퇴출과 구조조정을 원활하게 하는 방향으로 중소기업 정책이 변화해야 할 필요가 있습니다. 특히 금융부문에서 중소기업의 구조조정과 퇴출 지원 기능을 강화할 필요가 있어요. 중소기업의 파산을 촉진할 수 있도록 신용대출을 활성화해서 기업을 경영하다가 잘못되면 온 집안이 망하는 일이 없도록 해줘야 합니다. 또 부실대출의 장기화에 대한 사전심사를 강화하고 은행들의 자발적 선별기능 확충을 유도하는 등 은행이 상시적인 구조조정 기능을 수행할 수 있도록 하고, 구조조정 펀드를 활성화하도록 규제를 완화하고 정크본드시장을 정비할 필요가 있습니다. 중장기적으로는 전반적인 금융 인프라의 개선을 통해 위험배분 기능을 강화함으로써 위험도가 상대적으로 높지만 성장 가능성도 높은 중소기업으로 자금이 적절하게 공급될 수 있도록 해야 합니다. 이를 위해서는 파생상품 시장 활성화, 장기채시장 및 자산담보부증권(ABS)시장 육성, 신용평가사에 대한 신뢰도 제고, 기업정보의 공적기능을 위한 정부의 역할 제고 등 금융시장 인프라를 발달시켜야 합니다.

중소기업의 경쟁력 강화를 위해서는 중소기업의 기술혁신과 기술확산에 필요한 제도적·문화적 기반을 조성하는 것이 중요합니다. 이것이 소위 혁신 클러스터(cluster) 정책인데요, 가치 연쇄를 구성하는 기업들이 생산 군락을 이루고 이들 기업의 네트워크에 대학, 연구기관, 전략적 기업서비스, 중개기관, 고객 등이 연결되어 혁신시스템의 구성요소로 구축된 것을 말하는 겁니다. 대기업은 독자적인 R&D 시스템을 구축하고 있기 때문에 중소기업이나 중견기업의 혁신역량을 키우려고 클러스터 정책을 추진하는 겁니다. 중소와 중견기업 간의 네트워크를 형성하여 기술혁신의 시너지 효과를 높이고 산·학·연 네트워크를 활성화하여 중소기업에 부족한 지식과 연구개발의 공급자로 활용하는 거죠. 이러한 클러스터 정책의 핵심적인 특징은 상향식 정책결정입니다. 중앙에서 사전에 확정된 정책의 집행이 아니라, 지역 네트워크에서 협의에 의하여 주요 사항을 결정하는 거죠. 우리나라에서도 이러한 클러스터 정책이 국민의 정부 이래 추진되었지만 현실적으로 많은 난관에 부딪힌 것이 사실입니다. 지역의 기획능력 부족, 중앙으로부터 단기적인 지원을 증대시키려는 도덕적 해이, 산업기반과 연구기반의 현실을 무시한 고위기술 분야에 대한 집착, 연구개발의 중심이 되어야 할 대학들의 배타주의나 여타 이해갈등 조정의 어려움 등등 많은 문제점이 나타났지요. 하지만, 클러스터 정책의 요체는 장기간의 학습과정을 거쳐 지역의 혁신주체들이 스스로 혁신활동에 참여하도록 유도하여 지속 가능한 혁신역량을 구축하는 것이니만큼 인내심을 가지고 지속적으로 정책을 추진해야 하고요, 특히 대학들이 변화할 필요가 있습니다.

앞으로 대학들이 새로운 산학협동 모형을 개발하여 기존의 인력과 연구 개발 방향을 획기적으로 전환해야 합니다. 기존의 산학협력은 주로 지식을 창출하는 대학이나 연구소가 중심이 되어 수요자의 요구와는 상관없이 대체로 공급자 중심으로 추진되었으며, 이런 형태의 산학협력에서 대학의 역할은 주로 연구개발과 이론 교육이 중심이 되었죠. 하지만, 새로운 산학협력 방식에서는 산업체의 요구를 우선으로 반영하는 수요자 중심 철학이 요구 되고요, 산학협력 방식도 연구개발뿐만 아니라 실용화와 상품화, 그리고 현장 실무 중심의 교육까지 가야 합니다. 새로운 산학협력 방식에 따라 지역대학과 산업체가 공동으로 이공계 대학의 맞춤형 교과과정을 개발하는 것도 필요합니다.

그리고 중소기업이 대기업보다 생산성이 매우 떨어지는데, 이 문제를 해결하도록 중소기업 노동자들의 평생학습을 통한 인적자본 축적과 생산성 제고가 필요합니다. 현재 중소기업 고용은 저생산성과 저임금 및 고용 불안정 등 질 낮은 고용의 비중이 과다한 것이 현실이죠. 교육훈련을 통해 생산성 향상 → 기업경쟁력 강화 → 기업이윤 증가 → 임금과 고용안정성 증가의 선순환 메커니즘이 작동하도록 해야 합니다. 그런데 대다수 중소기업은 교육훈련에 시간과 비용을 들일 여력이 부족한 실정이기 때문에 중소기업 노동자의 평생학습을 위해서는 정부-대기업-중소기업 간의 협력체제가 필수적입니다. 정부는 고용보험금을 활용하여 중소기업 평생학습조를 지원하는 방안을 마련해야 할 겁니다. 현재 고용보험법상의 고용안정 및 직업능력개발사업은 효과가 미미한 임금 보조금적 성격의 사업이 과다하고, 중소기업의 교육훈련 참여율이 매우 저조하며, 고품질 훈련이 잘 이루어지지 않고 있거든요. 따라서 중소기업 학습조직화 지원사업을 대폭 강화하여야 합니다. 대기업이 협력업체의 평생학습조 도입을 지원하도록 인센티브를 부여할 필요도 있고요. 또한, 대학을 학문연구중심대학과 직업교육중심대학으로 재편해서, 직업교육중심대학은 무상교육을 확대하고 평생교육기관으로서 기능과 역할을 대폭 높이도록 할 필요가 있습니다.

● 뉴 패러다임, 사람과 중소기업에 길이 있다

곽정수 중소기업 육성 정책에 대해 좋은 의견을 많이 말씀해 주셨습니다. 김 교수님께서는 중소기업의 경영관리 인프라 확충 지원을 말씀해 주셨고, 유 교수님께서는 금융 인프라를 개선해서 중소기업의 구조조정을 촉진하고 투자 위험의 부담을 줄여줘야 하고, 기술지원을 위한 혁신 클러스터의 추진과 인적 자본 축적을 위한 평생학습의 필요성을 말씀해주셨습니다. 그리고 홍 교수님은 언론이 중소기업 문제에 대해 좀 더 적극적으로 관심을 기울이지 않는 것을 질책하셨는데요. 솔직히 언론보도가 지나치게 대기업 위주로 편중됐다는 지적이 언론계 안에서도 제기되고 있는 게 사실입니다. 신문과 방송사의 수입에서 대기업 광고가 지나치게 높은 비중을 차지하는, 현실적이고도 구조적인 요인들이 깔려 있기 때문이지요. 하지만, 국가경제라는 것이 몇몇 스타선수도 중요하지만, 경제 전체의 기반이 되는 나머지 대다수 선수의 수준이나 역량도 그에 못지않게 중요한 것 아니겠습니까? 저를 포함해서 모든 언론 종사자들이 반성해야 한다는 말씀으로 듣겠습니다.

홍종학 방금 제시한 사실과 전체 고용시장에서 중소기업이 차지하는 비중이 88%나 된다는 것을 함께 고려하면, 답은 명확해집니다. 유 교수님 말씀대로 재벌 위주의 성장은 지속 가능하지도 않을뿐더러, 우리 경제의 성장을 위해서는 즉각 종식되어야 합니다.

자, 만약 국내 중소기업의 생산성이 이탈리아처럼 대기업의 65%에 달한다고 가정해봅시다. 그게 꼭 불가능한 것은 아니죠. 우리나라 인적

자원의 자질로 보았을 때 이탈리아보다 떨어질 게 없잖아요? 그러니까 중소기업이 노력하고 정부가 뒷받침을 잘해서 이탈리아를 쫓아가면, 중소기업의 노동생산성은 현재 대기업의 35% 수준에서 거의 두 배가 되는 겁니다. 다시 말하면 중소기업에서 고용하고 있는 우리나라 노동자 88%의 노동생산성이 2배가 된다는 것을 의미합니다. 한 마디로 어마어마한 겁니다.

사실, 이것은 유한킴벌리 문국현 사장의 주장입니다. 문국현 사장은 경제성장률 8%~10% 달성도 충분히 가능하다고 주장합니다. 이때의 성장은 중소기업의 고용이 대폭 늘어나고, 중소기업 종사자들의 임금이 크게 상승하는 성장입니다. 그래서 재벌 위주의 고용 없는 성장, 양극화를 심화시키는 성장에 비해 성장과 분배를 동시에 달성할 수 있는 성장이라는 겁니다. 저는 이 논리에 적극적으로 동의합니다. 이러한 미래를 실현하기 위해 우리 사회가 더욱 깊은 고민을 해야 한다고 봅니다.

중소기업의 고용비중 및 대기업과의 임금격차 추이

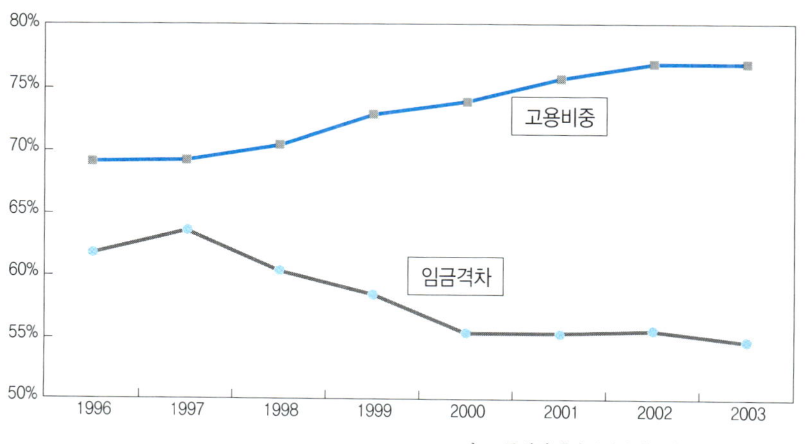

자료: 통계청, 「광공업통계조사보고서」, 각년도

곽정수 참신한 제안입니다. 사실 문국현 사장의 지론이 우리 경제의 성장전략을 기존의 재벌 위주에서 대기업과 중소기업의 쌍발엔진 체제로 전환하자는 것입니다. 그러려면 정부가 중소기업 지원을 위해 적극적으로 나서야 하겠지요. 앞서 홍 교수님도 말씀하셨지만, 그렇게 해서 중소기업의 경쟁력이 높아지면 일자리 확충 문제도 저절로 해결된다는 것입니다. 정말 눈이 확 띄는 얘기가 아닐 수 없습니다. 문국현 사장은 참여정부 초기 대통령자문기구인 '사람입국 경쟁력위원회 위원장'을 맡은 적이 있습니다. 그 위원회의 주도로 '뉴 패러다임 센터'를 출범시켰죠. 뉴 패러다임 모델은 종업원들의 교대 조를 기존의 2조나 3조에서 4조로 늘리는 것이었습니다. 이를 통해 노동자들의 과로 체제를 없애고, 일자리도 늘리고, 늘어난 휴식시간 중 일부를 학습으로 돌려서 개인과 회사의 역량을 동시에 높이는 사람 중심의 경영혁신 모델이거든요.

홍종학 구체적인 정책에 대해 얘기해보죠. 지금 여러 가지 이야기가 나오고 있습니다. 문국현 사장은 정부가 혁신엔지니어(process engineer)를 양성해서 중소기업에 공급하여 중소기업의 혁신을 촉진하자고 제안했습니다. 이 제안은 충분히 고려해 볼만한 가치가 있습니다. 경실련 중소기업 전문가들도 중소기업 지원에서 관료주의를 배격하는 방안에 대해 많은 논의를 해 왔습니다. 김 교수님 말씀대로 금융지원은 많이 하는데, 효율성은 제로에 가까운 현실을 극복해 보자는 것이지요. 이런 점 때문에 많은 분이 중소기업부 신설을 주장하고 있습니다. 따지고 보면 현재 재정경제부나 산업자원부, 정보통신부는 사실상 재벌을 지원

하는 성격이 강합니다. 그러니까 중소기업부를 만들어서 창구를 일원
화하자는 것입니다. 중소기업부는 그야말로 서비스센터의 입장에서 고
객인 중소기업에 '원스톱 서비스'를 지원하는 역할을 맡아야 합니다.

이 아이디어는 매우 단순하지만 대단히 중요한 의미가 있습니다. 기업
에서 고객을 대하는 자세로 국가가 중소기업을 대하자는 거지요. 현재
규제를 완화하는 데 있어 전경련은 대기업이 요구하는 것만 주장하고
있거든요. 그렇다면, 국가가 나서서 중소기업의 민원을 대행해 주는 거
예요. 국가가 중소기업을 대신해서 국가기관에 인허가를 신청하면 됩
니다. 사실, 별 아이디어라고 할 수도 없어요. 요즘 정부나 지방자치단
체가 외국인들로부터 직접투자를 유치하면서 이런 서비스를 제공한다
고 합니다. 그런데 왜 중소기업은 차별받고 있는가에 착안하면 이런 발
상은 쉽게 나올 수 있습니다.
또 중소기업에 대한 금융지원을 한 창구에서 모두 이루어지도록 하는
겁니다. 현재는 중소기업에 대한 금융지원이 정부 각 부처에서 생색내
고 자기 밥그릇 챙기는 방식으로 이루어지고 있습니다. 중소기업을 지
원한다면서 대기업을 지원하니까 중소기업에는 아무런 실속이 없는 것
입니다. 대신 정부 관료와 부패 고리를 맺은 컨설팅업체들 배만 불리고
있지요, 이러한 시스템은 반드시 개혁해야 합니다.
경실련에서 활동하는 군산대 이의영 교수가 주장하는 방식도 있습니
다. 중소기업의 국외 판로 개척에 국가가 적극적으로 나서라는 거지요.
이렇게 창구가 일원화되어 서비스 정신에 투철한 중소기업부가 제대로
작동하게 되면, 중소기업 지원을 위한 정책 혁신이 이루어질 수 있을

겁니다.

외국에도 좋은 제도가 많습니다. 예를 들어 정부가 구매나 관급공사를 계약할 때 중소기업을 우선으로 배려하는 것입니다. 하도급 같은 경우도 정부와의 계약을 통해 많은 부분을 해결할 수 있습니다. 현재 건설공사의 경우 대기업은 이름만 빌려주고 공사 대부분은 하도급업체가 담당합니다. 그러면서도 이익은 대기업이 다 가져가지요. 쉽게 말하면 대기업은 관료와 결탁해서 지대(rent)를 챙기는 거지요. 이 문제를 풀려면 부가가치 기준으로 중소기업에 일정 비율을 배분하거나 중소기업 부가가치 비율이 높은 컨소시엄에 가산점을 주는 방식으로 계약하면 됩니다. 이렇게 되면 대기업이 중소기업을 함부로 대하지 못하게 됩니다. 이런 것들을 국가계약제도의 개선을 통해 충분히 해결할 수 있는데, 관료들에게는 아무런 이득이 없어서 실현되지 않는 것이지요.

제3장

기업 권력을 통제하지 못하는 사회에 미래는 없다

● **외국에는 정말 재벌에 대한 규제가 없을까?**

곽정수 한국경제의 현 성장전략이 철저히 재벌 위주라는 분석이 있었는데요. 사실 외환위기 때는 30대 재벌의 절반 정도가 부실을 견디지 못하고 쓰러질 정도였습니다. 이후 구조조정 과정을 거쳐 지금은 다시 재벌들의 수익성이나 성장성, 재무구조 안정성 등이 모두 개선된 것으로 나타나고 있습니다. 그런데 문제는 재벌 혼자만 잘살면 뭐하냐는 것입니다. 상생이나 윈-윈의 패러다임이 중요하다는 것이죠. 삼성그룹은 국내 임직원이 20만 명에 달합니다. 또 그 밑에 딸린 중소협력업체나 거래업체들 식구까지 포함하면 100만 명이 넘는다고 합니다. 삼성이 이익을 많이 내면 임직원의 월급이 올라가겠지요. 그런데 그 몇 배가 되는 나머지 식구들은 혜택을 보지 못한다는 것입니다. 오히려 납품단가 후려치기 등으로 겨우 살아갈 정도라는 것입니다. 중소기업이 아무리 기술개발을 하고 생산성을 향상시켜 이익을 늘려도 결국 제자리라는 하소연이 많습니다. 그 수혜는 대기업 주머니로 들어가기 때문입니다. 이것이 재벌이나 대기업은 잘되는데, 중소기업은 제자리이거나 점점 자생력을 잃게 되는 근본 이유입니다. 이런 구조 속에서는 중소기업이 일본이나 독일처럼 세계적 경쟁력을 가진 중견기업으로 성장할 수 없죠.

흔히 재벌이 고용을 주도하는 것처럼 포장되지만, 그렇지도 않습니다. 우리나라 대기업들은 회사가 어려워서가 아니라 이익을 더 많이 내기 위해 직원들 목을 사정없이 잘라내는 풍토입니다. 또 그것을 잘하는 경영인이 유능하다는 평가를 받지요. 외환위기 직후 미국의 신용평가회사가 일본 기업에 대해 종신고용제를 없애지 않으면 신용등급을 떨어뜨리겠다고 위협하자, 당시 일본 경단련의 회장이 "경영자가 직원의 목을 자르려면 자신부터 할복해야 한다."라며 거부한 적이 있습니다. 한국 경영자들도 과거엔 이런 책임성이 있었는데, 지금은 사라졌어요. 결국, 재벌이 구사하는 경영전략은 국가 경제의 패러다임으로 계속 유지될 수 없겠죠.

이런 것들이 재벌 위주 경제체제의 정당성을 약화시키는 요인이라고 생각됩니다. 기업들은 '반기업 정서'가 팽배해 있다고 불만을 터뜨리지만 지금 국민 중에서 재벌 해체를 주장하는 목소리는 없어졌어요. 1990년대 중반만 해도 신문이나 방송에 재벌을 해체해야 한다는 주장이 공공연하게 등장했었는데, 그때와 비교하면 엄청난 변화지요. 이제 재벌들이 진정으로 바뀔 때인 것 같습니다. 현대자동차 그룹의 비자금 조성이나 두산그룹 총수 일가의 분식회계 및 횡령 등과 같은 불미스런 사건이 아직도 근절되지 않고 있습니다. 재벌들이 단기적인 시각에서 벗어나 자기 기업은 물론 국가경제 전체적으로도 지속 가능한 성장과 발전이 이루어지도록 노력했으면 좋겠어요. 그렇게 해야 국민의 신뢰도 얻을 수 있지요. 사실 신뢰를 얻지 못하는 기업이 성공할 수 있겠습니까?

홍종학 저도 한 가지 불만이 있습니다. 우리나라가 대기업과 재벌에 대한 규제가 많고, 외국에는 이런 규제가 없다고 주장하는 사람들이 있는데, 사실 그렇지 않습니다. 기업 또는 기업집단이라고 하는 것이 기본적으로 견제와 균형이 이뤄져야 하지요. 대기업, 기업집단 규제는 각국의 상황에 따라 조금씩 다른 방식으로 운용되고 있지요. 스웨덴은 스웨덴식으로, 독일은 독일식으로, 미국은 미국식으로, 영국은 영국식으로 운용되고 있거든요. 요즘 많이 언급되는 스웨덴 방식은 장점과 단점을 모두 갖고 있습니다. 견제와 균형이라는 측면에서 가장 중요한 것은 노동자가 경영에 참여하고, 성과를 나눠 갖는 것입니다. 그게 유럽의 방식이지요. 미국에서는 마치 재벌에 대한 규제가 없는 것처럼 주장하는데, 재벌에 대한 규제가 분명히 있습니다. 부시 대통령이 그 규제를 없애려고 했을 때, 캐나다 앨버트 대학의 랜딜 모크(Randall Morck)교수가 "그것은 뉴딜 정책을 시행할 때부터 역사적인 전례가 있는 것이다."라고 주장한 바 있는데 결국 포기했지요. 그 법에 따라 기업의 계열사에 대한 출자에 대해 이중과세를 합니다.

유종일 중과세의 방법을 이용해서 실질적으로 규제하거나 억제를 하는군요.

홍종학 이중과세 문제는 한국 재벌구조가 미국의 대기업과 다르다는 매우 중요한 사실과 연관되어 있습니다. 흔히 한국의 재벌이 미국 대기업의 1/10도 안 되는데 무슨 규제를 하느냐고 하는데, 그렇게 큰 미국 대기업은 한국 재벌처럼 복잡한 출자구조를 보이지 않는다는 것입니다. 미국에서 대기업 계열사는 대부분 100% 자회사인 경우가 많습니다. 이런 경우는 사실상 기업 내부의 사업부와 계열사가 거의 차이가 없지요. 따라서 전문가들이 이야기하는 '소유와 지배의 괴리' 현상이 발생하지 않죠.

대공황 이전에는 미국에서도 다층구조의 피라미드형 기업집단이 많았습니다. 결국, 최상위에 있는 자본가는 우리 식으로 이야기하면 재벌총수지요. 각 단계에서 소액 주주들의 자본을 이용하면서도 실질적으로 소액 주주들의 이익을 침해하면서 경영권을 행사할 수 있게 되지요. 자기 지분이 많은 계열사에 이익을 몰아주거나 손실을 보전하는 행위가 발생합니다. 요즘 김 교수님이 강력하게 그 폐해를 주장하시는 '회사기회 편취' 현상이지요. 총수로서 다층 구조의 계열사를 유지할 때 이런 유리한 점이 있는데, 이는 거꾸로 소액 주주들의 권익을 침해하고 경제의 효율성을 떨어뜨리게 됩니다. 그래서 계열사 유지비용을 크게 하자는 게 루스벨트 행정부의 기본적인 생각이었죠. 총수는 계열사의 배당으로 수익을 얻게 되는데, 만약 이 배당이 여러 층의 기업을 통해 총수에게 전달되는 과정에서 계속 과세를 하면 실질적으로 총수의 수익이 줄어들게 되어, 이런 구조를 유지하기가 어려워지는 것이죠.

 그러니까 증권시장에서 거래되는 기업의 대주주 지분을 사실상 최대 30%로 억제하는 결과를 낳는 것이지요. 대주주가 30% 미만의 지분만 가지니까, 소액주주들이 연합해서 주주총회에서 실질적인 의결권 경쟁을 할 수 있게 됩니다. 그걸 프락시 파이트(Proxy fight)라고 하지요. 그러니까 대주주라고 하더라도 다른 주주들의 도움이 없다면 지배권을 계속 행사할 수 없습니다. 그러다 보니 영국에서는 연기금의 입김이 굉장히 세진 겁니다. 대신에 재벌기업들이 근본적으로 태동하지 못하게 해놓은 것입니다.

제가 생각할 때 이러한 과정에서 집단소송제가 굉장히 중요합니다. 물론 계열사 출자에 대해서 중과세도 해야 하고요. 집단 소송제가 시행되면 계열사에 출자하는 것이 주주를 위한 것인지를 명확하게 보여줘야 하는 거지요. 그것이 바로 '회사기회 편취'하고도 관련이 되어 있는 것입니다. 재미있는 것은 외환위기 당시 재경부 차관이었던 강만수 씨가 자신의 책에서 '기차재벌'이라고 표현한 대목입니다. 그는 기차재벌을 해소하기 위해 노태우 대통령과 독대해서 한국에서도 계열사 출자에 대해 중과세하는 방안을 도입했다는 거예요. 미국에서 기업집단을 해체한 중과세를 도입했다는 것이죠. 그래서 찾아보니까 우리나라도 지금 상당한 중과세로 되어 있어요. 그게 법인세법 18조 2항인가에 들어가 있지요. 그런데 재미있는 것은 바로 외환위기 이후에 그것을 하나하나씩 서서히 무력화시켜 나간 겁니다. 강 전 차관은 자신의 책에서 이 점을 비판하고 있습니다. 정부가 재벌을 개혁하겠다고 외치면서 거꾸로 정책을 폈다는 겁니다.

유종일 그때 정부는 기업이 구조조정할 수 있도록 갖가지 규제를 완화해줬지요.

홍종학 출자총액제한제도도 무력화시켜 버렸습니다. 경제 관료들도 재벌을 그렇게 해체하는 방법이 있다는 것을 알고 있었어요. 그런데도 외환위기 이후에 재벌 개혁 논의에서 이 문제가 싹 빠져버렸어요. 기껏 나온 것이 계열분리 명령제였는데, 그마저도 재벌들이 집권세력에 "좌파다, 빨갱이다."라고 아우성치니까 조용히 들어가 버렸습니다. 세계 각국에는 분명히 재벌기업, 기업집단의 지배구조에서 견제와 균형이 이뤄지도록 규제하는 장치들이 갖추어져 있습니다. 우리나라에는 그런 장치가 없이 유일하게 출자총액제한제도와 금산법 정도가 있습니다. 그것조차도 지금 무력화시키면서 외국에는 그런 규제가 없다고 거짓말을 하고 있습니다. 외국에는 훨씬 강력하고 효율적인 규제가 있는데도 말입니다.

이제 우리나라도 미국의 규제든, 영국의 규제든, 혹은 스웨덴의 규제든 독일의 규제든 견제와 균형을 이루는 기본적인 원칙을 받아들여야 합니다. 지금 우리는 출자총액제한제도 같은 사전적 규제는 철폐하면서, 사후적으로도 선진국과 같은 규제가 없습니다. 그렇다고 해서 새로운 시스템을 마련하려는 노력도 없는, 그야말로 기가 막힌 상황이지요. 이런 상황에서 무슨 정상적인 기업이 되겠어요?

미국에서 루스벨트 대통령이 집권할 당시 백악관에서는 1월에 콘퍼런스를 열기 시작하여 6월에 '세금(Tax)으로 기업집단 문제를 해결하겠다고 밝히고, 공기업 쪽에서도 지주회사제도(public utility holding company · 공공기업지주회사)를 무력화시켰습니다. 당시 루스벨트는 지금 우리가 하는 애기와 똑같은 애기를 했습니다. 대재벌 기업집단은 모든 부를 차지하는 반면 중소기업, 노동자, 농민들은 못살게 되어서 대공황이 왔고, 이런 상황이 지속하지 않게 하려고 정부가 적극적으로 개입하겠다고 한 것입니다. 지금 우리도 비슷한 상황인데, 그걸 좌파로 몰아붙이며 비판을 하고 있으니 답답한 겁니다.

유종일 당시에는 루스벨트도 빨갱이라는 소리를 많이 들었습니다.

홍종학 그래서 지금 우리와 비슷한 상황이라는 거예요. 지금 벌어지는 논의를 빨갱이 논리라고 몰아붙이고 있잖아요. 루스벨트가 당시 개혁을 하지 않았다면 오늘의 미국이 있었겠어요?

유종일 미국이 바로 그런 개혁을 통해서 튼튼해진 것입니다.

홍종학 튼튼해졌을 뿐 아니라 그 당시의 규제가 지금도 살아있습니다. 그런데 재벌기업을 규제하자는 것을 좌파라고 몰아붙이면 미국 경제가 결국 좌파 경제란 얘기죠.

● 재벌 시스템은 계속 유효한가?

유종일 여기서 한 가지 짚고 가야 할 것이 있습니다. 제가 재벌 위주의 성장이 문제라고 지적했습니다만, 다른 의견도 있습니다. 대안연대에서도 이야기하는 부분이지만, 재벌이라는 게 후발 산업화 과정에서 장점이 많은 시스템이었다는 거죠. 무엇보다 내부 자본시장을 통해 사업 다각화를 쉽게 해주었다는 겁니다. 새로운 산업에 진출할 때 과감하게 위험을 무릅쓰고 투자할 수 있었던 것이 바로 재벌시스템의 장점이라는 거죠. 그 덕분에 오늘날 반도체산업 같은 것도 가능했다는 거죠. 그런데 자꾸 재벌을 개혁하겠다고 하면서 정부가 규제와 감시를 강화하니까 내부에 돈을 쌓아놓은 채 투자도 안 하고, 신규사업에 진출하는 데도 어려움이 있다는 주장을 하고 있어요. 이 얘기를 좀 해야 할 것 같아요. 재벌시스템이 과연 앞으로도 계속 유효한 것일까요?

곽정수 얼마 전 삼성그룹 구조조정본부(현 전략기획실)의 임원을 만나 재벌체제의 강점에 대해 질문한 적이 있어요. 그는 대략 네 가지를 꼽더군요.

첫째는 포트폴리오 매트릭스입니다. 예를 들어 10개 신사업을 추진해서 1~2개라도 성공하면 회사로서는 이득인데, 재벌은 이런 전략이 가능했지만 독립기업은 어렵다는 거죠. 기업의 신규사업 개발과 성공이 갈수록 어려워지는 상황에서 중요한 대목인 것 같아요.

두 번째는 구조조정이 쉽다는 것입니다. 사업의 기복이 심해 주력사업이 어려워지면 바로 구조조정을 해야 하는데, 여러 사업을 하는 재벌은 이것이 가능하지만, 사업 아이템이 적은 독립기업들은 주력사업이 어려워지면 바로 경영위기에 봉착한다는 것입니다.

셋째는 지식의 공유입니다. 한 부서에서 모은 지식을 다른 부서에서도 활용하는 시너지가 가능하다는 것입니다. 경영 인력도 마찬가지입니다. 이 회사에서 능력을 보이는 사람은 다른 회사의 최고경영자로 갖다 놓아도 잘한다는 것입니다.

넷째는, 공동자산의 활용입니다, 예를 들어 기술연구소, 디자인연구소, 경제연구소, 인력개발원 등은 기업경쟁력을 유지 강화하는 데 중요한 역할을 하죠, 그런데 독립기업은 이런 것을 운영하는 것이 거의 불가능하다는 겁니다.

한국 재벌들이 외환위기 이전에는 독립기업보다 효율성이 떨어졌는데, 지금은 더 높아졌다는 논문들도 나오더군요. 학계에서는 개발도상국이 선진국을 따라잡는 캐치 업(catch-up) 전략으로서, 재벌의 긍정적 역할에 주목하는 접근도 있는 것 같습니다. 재벌문제에 관해 누구보다 고민을 많이 하시는 김상조 교수님이 말씀해 주시죠?

김상조 대안연대는 재벌시스템의 일면적 효율성을 이야기하고 있는데, 그것 자체가 틀렸다고 주장할 경제학자는 많지 않습니다. 현대자본주의에서 경제활동의 중심 주체가 개별기업이 아니라 기업집단이라는 것은 우리나라뿐만 아니라 선진국이나 후진국이나 마찬가지입니다. 기업집단이 가지는 장점, 이른바 시너지 효과와 더 나아가서 위험공유(risk sharing) 기능에 대해서는 경제학자들은 모두 인정하고 있습니다. 문제는 위험공유라는 동전의 뒷면에 위험전가(risk transfer)라는 역기능이 있다는 겁니다. 실패했을 때 나타나는 손실을 누가 떠안느냐는 문제가 발생하지요. 좋은 말로 표현하면 위험의 공유이지만, 기업이 투명하게 경영되지 못하는 상황에서는 위험의 전가가 됩니다. 과거 우리 사회가 수직적인 권위주의 체제를 가지고 있었을 때에는, 이런 위험의 전가에서 나오는 피해보다도 성장의 효과 자체가 훨씬 더 컸기 때문에 사회적으로나 개인적으로 일정한 정도 용납될 수 있었고, 그것이 성장의 동인이 될 수 있었어요. 그렇지만, 우리 사회가 이미 권위주의 체제 단계를 넘어섰습니다. 특히 21세기에 들어오면서 위험의 전가를 통해 그 손실이 나에게 전가되었을 때는 어느 경제주체도 미래 성장의 효과를 기대하면서 인내하지 않는다는 겁니다.

인내의 중요한 부분을 담당하는 주체는 결국 금융기관입니다. 왜냐하면, 위험의 전가에 따른 부실채권의 부담이 대부분 금융기관으로 넘어가니까요. 그런데 대안연대에서는 "외환위기 이후 국내 금융기관의 인내자본으로서의 속성이 많이 사라졌기 때문에 위험을 추구(risk taking)하는 기업의 투자가 이루어지지 못한다."라고 얘기합니다. 그런 지적 자체는 옳다고 하더라도, 위험의 전가가 이루어지는 과정에 대한 통제가 이루어지지 않는 상황이 문제입니다. 이른바 도덕적 해이(moral hazard)가 만연한 상황을 이제 어느 누구도 받아들이지 않을 만큼 금융 시스템의 원리가 변했다는 것을 인식할 필요가 있을 것 같아요.

물론 재벌체제의 장점을 완전히 무시하고 모든 기업집단을 독립기업으로 만들자는 것은 절대 아닙니다. 다만, 그 기업집단의 장점 이면에 숨어 있는, 이른바 이익 향유의 주체와 손실 부담의 주체가 달라지는 문제에 관한 경제적 또는 사회적 통제장치를 어떻게 만들 것인가를 동시에 포착해야 한다는 거죠. 대안연대 주장에 내재한 위험성은 위험의 공유가 갖는 장점만 강조했지, 그것이 가져올 수 있는 폐해를 간과하고 있다는 겁니다. 대안연대는 개별 경제주체 간의 단기적 이해충돌이 벌어지는 현실을 은폐하고, 정부가 이를 권위주의적으로 조정하던 단계가 지났다는 사실을 간과하는 것입니다. 대안연대의 문제는 결국 재벌을 바라보는 관점의 문제가 아닌가 하는 생각이 듭니다.

유종일 이해관계의 권위주의적인 조정이 불가능해졌다는 것이 사실 외환위기의 한 측면이라고도 할 수 있을 겁니다. 96년 말 한보를 필두로 해서 97년 초에는 진로, 삼미 등 재벌기업들이 부도 사태가 나고, 급기야는 기아자동차의 부실이 불거진 것이 위기의 국내적 시발인데요. 그러면서 재벌도 망한다, 그러니 재벌기업들에 돈을 빌려주었던 은행들도 부실화되고 있다, 이러한 인식이 외국의 채권금융기관들 사이에 퍼지면서 자금을 회수하게 된 거죠. 물론 타이와 인도네시아에서 시작된 아시아금융위기의 전염이라는 측면도 있기는 하지만요. 그런데 과거 권위주의 시대처럼, 박정희 시대의 8·3조치나 전두환 시대의 산업합리화 정책처럼 정부가 강제적으로 국민 호주머니를 털어서 부실기업을 지원해주었다면 외환위기는 오지 않았을 겁니다. 이게 결코 바람직하다는 얘기는 아니고요. 하지만, 민주화의 결과 그런 비정상적인, 비민주적이고 비시장적인 방식으로 부실문제를 해결할 수 없게 된 거죠. 당시 기아 살리기 국민운동 같은 것도 있었지만 아무 소용이 없지 않았습니까? 다른 한편 부실문제를 처리하는 시장적인 메커니즘이 전혀 발달하지 않은 거예요. 그래서 정부는 부도유예협약이니 하는 미봉책을 가지고 시간을 끌면서 경제 기본(fundamental)이 튼튼하니 위기는 오지 않을 거다, 이런 주장만 하다가 사태가 악화일로로 치닫게 된 겁니다. 그래서 외환위기 이후 개혁의 중요한 축이 시장적인 방법에 의한 부실 처리 메커니즘을 확립하는 것이었다고 할 수 있습니다. 이제 다시는 과거로 돌아갈 수 없지요.

● 장하준 · 정승일의 재벌 인식은 국가사회주의와 유사하다

홍종학 대안연대에 계신 분들이 모두 같은 주장을 하는 건 아니죠? 대안연대가 너무 재벌에 대해 편향적이라는 비판이 일자 요즘에는 분위기가 조금 바뀌는 것 같습니다. 아무튼, 지금 논의는 주로 장하준, 정승일 두 분이 이야기한 것에 관한 것인데, 저는 개인적으로 이분들 주장을 이해하기가 어려워서 그동안 언급을 회피해 왔습니다. 이분들이 주장하는 것은 스웨덴식의 사회민주주의 방식 같은데, 실제로는 재벌 편향적인 주장을 많이 하기 때문에 국가사회주의에 굉장히 가깝게 느껴집니다.

이분들은 영미식 주주중심 모형보다 유럽식 이해관계자 모형이 우월하다고 주장하는 것 같아요. 개인적으로는 그런 주장에 충분히 공감할 수 있습니다. 또 이분들은 우리 경제가 이해관계자 모형으로 가기 위해 정치적으로 사회민주주의 방식을 선호하는 것 같습니다. 하지만, 중요한 것은 사회민주주의 방식을 정립하기 위해, 또 사회적 대타협이 성공하기 위해 무엇을 해야 하는가를 주장해야 하거든요. 그런데 난데없이 주주중심 모형의 폐해를 줄이기 위해 주주의 권리를 강화하는 정책에 비판을 쏟아낸다는 것이지요. 오히려, 무차별적으로 재벌 편향적인 정책으로 문제를 만들어낸 관료나 재계, 언론이 비판의 대상이 되어야 합니다. 그런데 주주중심 모형의 폐해를 줄이기 위한 대책을 비판하는 게 이해하기 쉽지 않습니다.

이분들의 주장대로 재벌에게 당근을 준다면 그에 걸맞은 통제수단도 동시에 가져야 합니다. 이것이 민주주의의 기본원리입니다. 만일 스웨덴 모델이라면 그 통제수단은 노동자들이 경영에 참여하여 감시하는 것입니다. 그렇게 해서 국가적으로 자원을 몰아줬는데 그 자원을 과연 국가와 성과를 공유하기 위해 사용하느냐, 아니면 개인의 사익을 위해서 사용하느냐를 통제해야 합니다. 그것이 통제되지 않는 상황이라면, 논리에 문제가 있다는 거지요. 어떤 경우든 통제를 받지 않는다면 모든 자원이 사익을 얻으려고 사용될 것입니다. 그러니까 스웨덴 모델이라고 하는 것도 바로 대기업 체제를 인정하는 대신 무거운 세금을 물리고, 경영 투명성을 보장하는 체제가 되었기 때문에 가능했던 것입니다. 문제는 국내 대기업들이 이걸 받아들이지 않을 거라는 사실입니다. 스웨덴 모델은 '잘츠요바덴(Saltsjobaden) 협약'에서 재벌들의 경영권을 보장해주는 대신 재벌들이 노동조합을 인정했기 때문에 노동자들이 수용한 것입니다. 당시 스웨덴은 노동조합 가입률이 85% 정도였지만, 현재 우리나라는 카운터 파트너 역할을 할 수 있는 노동조합 가입률이 10%밖에 되지 않습니다. 중소기업은 이른바 빨대 효과 때문에 이미 초토화되었는데, 이는 재벌의 협상력이 매우 높아졌다는 것을 의미합니다. 이런 상황에서는 재벌기업이 사회적 대타협과 같은 협상에 나올 이유가 하나도 없는 거지요.

곽정수 말이 나온 김에 잠깐 잘츠요바덴 협약을 짚고 갈까요. 그 협약은 1930년대 스웨덴의 극심한 노사갈등 속에서 일종의 타협 산물로 나온 거죠. 내용은 크게 두 가지입니다. 하나는 노사 대표가 분쟁을 자율적으로 처리하자는 것이고, 두 번째는 노사에게 각각 파업과 직장폐쇄의 권한을 인정하되 단체협상 기간에는 이를 금지한 것입니다. 노사에게 동등한 무기를 부여하면서도, 함부로 사용하지 못하도록 제한한 것이죠. 잘츠요바덴 협약은 1950년대 중앙단체 교섭과 동일노동 동일임금 원칙에 따른 사회연대 임금정책의 시행과 함께 스웨덴식 모델의 골간을 이루게 됩니다. 2006년 말 스웨덴 현지 취재를 갔을 때 노조 관계자에게 직접 들은 얘기인데, 잘츠요바덴 협약이 맺어지는 과정에서 스웨덴 최대 재벌인 발렌베리 가문이 막후에서 핵심 역할을 했다고 합니다. 스웨덴 국민 사이에 재벌에 대한 거부감보다 "발렌베리가 죽으면 스웨덴도 죽는다."라는 신뢰가 쌓인 것도 이런 역사적 과정과 무관치 않아 보입니다. 우리 재벌들에게는 타산지석이죠.

● 실효성이 끝난 대안연대의 재벌 중심 '대안'

유종일 우리 경제사를 보면, 정부가 주도하면서 압축적 산업화를 추진한 것 아닙니까? 박정희 정권 때, 정부는 재벌들에게 민간 기업이 투자하기에는 규모가 너무 크고, 위험이 큰 신산업을 추진하라고 독려했습니다. 그 대신 저리의 정책자금을 지원하기도 하고 갖가지 특혜를 주었습니다. 대만의 경우 국가 전략산업을 키울 때 모두 공기업을 만들어서 했습니다. 그런데 우리 정부는 기업들에 값싼 자금을 지원하면서 한편으로는 국가 산업발전을 위한 경제개발 5개년계획에 따라 '공공 목적에 복무하라.'고 요구한 측면이 있었습니다.

상징적인 사건은 5·16 직후에 박정희가 부정축재 환수한다면서 기업 총수들을 잡아넣고 처벌하면서, '가볍게 봐줄 테니 경제발전에 협조하라.'는 식으로 협상(deal)을 했던 것입니다. 이렇게 해서 재벌들은 민간 기업이라고 해도 반쯤 공기업적 성격을 갖게 되었던 거지요. 그래서 노태우 정부 때까지는 재벌이 자기 맘대로, '이건 사기업이니까, 내가 기업주니까, 내 맘대로 한다.'는 논리 자체가 성립되지 않았습니다. 재벌 기업도 정부가 규제하는 것을 너무나 당연하게 받아들였습니다. 그런데 갑자기 자유화, 규제완화 논리만 강조되고, 재벌이 그동안 어떻게 성장했고 국민경제에서 어떤 역할을 해야 한다는 부분은 없어져 버린 겁니다. 시장규율이 제대로 서 있는 것도 아니고, 시민사회의 감시기능이나 집단소송처럼 사후적인 견제장치가 활성화된 것도 아니고, 소비자 보호도 매우 미흡한 상태에서 말이죠. 이런 상태에서 정부에 의한 통제시스템마저 사라졌기 때문에 과잉투자를 비롯하여 갖가지 문제가 악화하였고 결국 외환위기까지 이어진 겁니다.

이렇게 보면 재벌의 역할을 중심축에 놓은 한국형 발전 모델은 이미 변질이 되어 버린거고 그 실효성도 끝났다는 겁니다.

김상조 대안연대가 주장하는 대안은 정부의 산업정책을 부활시키고 은행의 인내자본으로서의 속성을 강화하자는 것입니다. 이 전략에 대해 제가 의문을 갖는 이유는 은행의 역할 때문입니다. 이런 시스템이 제대로 작동하기 위한 가장 중요한 조건은 독일의 경우처럼 은행이 재벌의 경영상황에 대해서 사전적으로 협의하고 감시하는 구실을 해야 한다는 것입니다. 그런데 과연 우리나라 은행이 그런 능력을 갖추고 있느냐는 거죠. 독일의 은행들이 인내자본으로서의 속성이 있다고 할 때, 그 인내는 단순히 참고 기다린다는 수동적인 자세만을 의미하는 것이 아닙니다. 독일에서는 우리나라와는 달리 오히려 은행이 자본보다 협상력의 우위를 갖고 있고, 이를 기초로 기업경영에 대해 사전적으로 개입하고 있습니다. 통제할 능력이 있기 때문에 인내할 수 있지요. 은행에 그러한 역할을 기대할 수 없다면, 결국 장하준 박사 부류의 모델을 우리 사회에서 작동시키기 위한 가장 중요한 전제 조건은 바로 산업정책을 수행하는 관료에 대한 신뢰성일 거예요. 하지만, 이것도 의문입니다.

유종일 '능력' 과 '신뢰성' 이지요.

김상조 관료가 시장보다 뛰어난 능력을 갖추고 있고 국민에게 신뢰받는 존재라면 그러한 모델은 가능할 수 있을 것입니다. 대안연대나 장하준 박사가 구상하는 모델은 정부가 산업정책을 설계하고 은행을 통해 집행함으로써, 정부가 재벌을 비롯한 대기업의 경영에 사전적 조정자와 사후적 감시자 역할을 하는 시스템입니다. 그러나 이러한 시스템이 작동하기 위한 전제조건 중에 현실적으로 가장 결여되어 있는 것이 바로 관료시스템입니다. 한국의 관료시스템이 과연 시장보다 뛰어난 능력을 갖추고 있고, 국민적인 신뢰를 받을 수 있는 공공성의 담지자인가 하는 것입니다. 이 부분에서 장하준 박사 모델의 전제조건이 완전히 깨져버린다는 것을 알 수 있습니다.

유종일 그렇습니다. 초기 산업발전과정에서는 과거 다른 선진국들의 역사적 발전경험을 쉽게 참조할 수 있고, 또 가장 우수한 인재들이 경제관료로 진출했기 때문에 어느 정도 가능했습니다. 하지만, 지금은 완전히 상황이 달라졌어요.

김상조 예를 들면 외환위기 이후 우리가 경험한 산업정책의 사례는 딱 두 개뿐이라고 생각됩니다. 하나는 1999년 DJ 정부 시절의 벤처육성정책이고, 다른 하나는 노무현 정부의 영상, 문화, 게임 산업 육성정책입니다.

유종일 신성장동력 산업도 있지요.

김상조 예. 그렇군요. 어쨌든 우리가 알고 있다시피 위의 두 가지가 모두 실패했어요. DJ 정부나 노무현 정부에서의 산업정책이 실패한 원인은 결국 관료가 시장만큼의 합리성과 능력, 전문성을 가지지 못했기 때문입니다. 이런 상태에서 정부가 지원할 기업과 그렇지 않은 기업들을 점검하지 못하고, 지원이 멋대로 이루어졌습니다. 그 결과 눈먼 돈을 먼저 받아가는 식의 정책이 되어 버렸습니다. 그래서 산업정책도 실패하고, 사후적으로는 여러 가지 부패 문제가 사회적 이슈로 부각되었습니다. 결과적으로는 그 산업이 다시는 회생의 기반을 구축하기 어려울 정도로 몰락해 버리는 악순환이 반복되고 있습니다.

저는 한국경제의 현 발전단계에서 여전히 산업정책적 요소가 필요하다는 것 자체를 부정하는 것은 아니지만, 그것이 성공하려면 결국 국가기구, 특히 관료기구의 공공성이 확보되어야 합니다. 그것을 확보하지 못한 상태에서 산업정책적 요소를 당장 실현할 수 있는 대안으로 생각하는 것은 너무나 위험한 발상이라는 것을 다시 한번 강조하고 싶어요. 결국, 실태조차 파악하지 못할 정도로 많은 중소기업을 대상으로 하는 산업정책의 성공 가능성이 너무나 낮습니다. 이 때문에 조급증에 빠진 정부가 다시 대기업 중심의 산업정책으로 회귀하는 악순환이 반복되는 게 아닌가 하는 생각이 듭니다.

홍종학 김 교수님 말씀대로 국가기구, 관료기구의 공공성이 담보되지 않는다면 대안연대가 제시한 대안은 사회민주주의로 가는 것이 아니라 국가사회주의로 귀결될 것이라는 우려도 있습니다. 결국은 대안연대에서 가장 문제가 되는 것은 정치 상황을 너무 무시했다는 거지요. 예를 들어 스웨덴에서 이런 것이 가능했던 것은 결국 사회민주주의가 등장했기 때문이거든요. 사회민주주의 정부가 만들어진 상황이라고 한다면 재벌도 당연히 협상테이블에 나올 수밖에 없지요. 협상을 안 하겠다면 큰일이 나지요. 정부가 사기업을 모두 국유화하겠다고 할 수도 있으니까요. 그러니까 스웨덴 같은 경우도 사실은 정치적 상황이 변했기 때문에 가능했던 것 아니겠습니까? 사회민주주의가 등장하면서 덜컥 겁이 난 겁니다. 국유화를 받아들이기보다 사유재산을 유지하면서 사회적 협약을 통해 서로 주고받는 게 낫다는 계산이었죠.

유종일 바로 옆에서 볼셰비키 혁명도 일어나지 않았습니까?

홍종학 혁명이 있었기 때문에 상당한 압력으로 작용하게 된 거지요. 이 것을 이해하려면 당시 공산주의에 대한 자본가들의 두려움이 얼마나 극심했는지, 그 역사적 배경을 이해해야 합니다. 미국에서 루스벨트의 개혁도 어떤 의미에서는 공산주의라는 위협이 있었기 때문에 성공한 것이거든요. 그런데 이런 환경이 조성되지 않은 상황에서, 그리고 재벌의 이해관계보다 국민 개개인의 이해관계가 더 중요시되는 민주주의가 정립되지 않은 상황에서, 재벌이 자발적으로 사회적 협약에 협조한다는 것은 현실성이 떨어지죠.

김상조 최근 우리나라에서는 노사정간 사회적 대화 모델이 특히 개혁 진보진영에서 굉장히 유력한 대안으로 많이 강조되고 있습니다. 노사정간의 사회적 대화가 성공하는 데 필요한 조건들은 여러 가지가 있지만, 그중에서 가장 중요한 것 중의 하나가 바로 정부가 공정한 중재자로서의 역할을 다하는 것입니다. 그런데 공정한 중재자가 되려면 '네가 협력의 규칙 안에 들어오면 이익을 나눠주지만, 이것을 벗어날 때에는 그 이익보다 더 큰 벌칙을 줄 수도 있다.'는 원칙을 관철해야 합니다. 그런데 국가의 공정성, 특히 관료의 공정성이 갖춰져 있지 않으니까 모든 경제 주체들이 의구심을 갖게 됩니다. 특히 노사가 협력의 규칙 안에 들어오지 않고 규칙 밖에 있는 거죠. 그렇게 하는 것이 적어도 단기적으로는 더 유리하니까요. 그런 인센티브 구조가 계속 만들어지는 한, 사회적 대화가 형성될 수 없습니다. 단적인 예로, 김성호 법무부장관은 똑같은 자리에서 노동사회단체의 불법집회에 관해서는 엄단(zero tolerance)하겠다고 하면서, 곧바로 기업범죄에 관해서는 사면해 주겠다고 했거든요. 이렇게 규칙 집행 자체가 공정하지 않다고 인식되면 누구도 협력의 규칙 안에 들어오지 않겠지요. 협상력이 약한 노조가 협력의 규칙 안에 들어오지 않는 것은 당연합니다. 재계에서도 많은 것을 양보해야 하는 타협의 테이블에 나가기보다는 그 규칙을 만들고 집행하는 정부기구를 나의 편으로 만드는 게 훨씬 더 쉽고 효과적인 방법이라고 생각하는 거죠. 결국 정권을 보수화하는 쪽으로 재계가 노력하는 겁니다. 그러니까 지금은 어느 경제주체나 정부가 만든 규칙 안에 들어올 유인이 하나도 없는 것 아닙니까?

● OECD 국가 중 최저 노조 가입률과 최고 비정규직 노동자 비율의 의미

홍종학 사회적 대타협에 대해서 부정적으로 보는 것은 아닙니다. 꼭 필요한 측면이 있다는 것을 인정합니다. 하지만, 진정으로 사회적 대타협이 이루어지려면 각 참여자의 동기나 환경이 명확히 분석되어야 합니다. 그런 점에서 현재 막연히 부르짖는 대 타협론에 다소 문제가 있다는 점을 강조하고 있는 거지요. 이제 자연스럽게 노동자 애기가 나왔으니까 말씀을 드리자면 지금 우리나라 대기업 노동조합 가입률이 OECD 국가 중 거의 최저수준입니다.

김상조 그렇지요.

홍종학 노동시장과 관련해서 OECD 자료를 보면 정말 창피할 때가 많아요. 노동시장만 보면 우리나라는 후진국 중의 후진국입니다. 노동조합 가입률이 최저수준이라는 것도 특이합니다. 이것은 노동자들의 교섭권이 없다는 것을 의미합니다. 외국에서는 노조에 가입하지 않았더라도 단체교섭의 적용을 받는 노동자들이 상당수 있습니다. 단체교섭 적용범위(collective bargaining coverage)라는 통계를 보면 알 수 있습니다. 프랑스의 노조가입률은 10%도 안 되지만, 단체교섭의 적용을 받는 노동자는 90%가 넘습니다. 1936년 이래 노동부 재량에 의해 단체교섭의 적용범위를 넓히는 것이 가능하기 때문이죠. 우리나라에는 거의 알려지지 않은 사실입니다. 결국, OECD 국가 중에서 한국은 노조가입률도 최저이고, 단체교섭 적용범위도 최저수준입니다. 노동시장의 여건이 그야말로 부끄러울 정도입니다. 그런데도 언론에서는 한국의 노동시장이 가장 경직적이라고 헛소리를 늘어놓습니다. 정확한 정보를 전파해야 할 정부 관료들도 이런 이야기는 전혀 하지 않지요.
지금 우리나라는 노동조합에 가입된 노동자들은 10%이고, 그것도 상당수가 공기업 노조와 전교조가 포함된 상태에서 그렇습니다. 공기업 노조와 전교조를 빼면 실질적으로 제조업에서 노동조합 가입률은 더 떨어지죠. 현재 대기업들은 막대한 이익을 올리고 있습니다. 현대자동차가 상당히 어려운 상황이라고 하지만 하도급기업에서 빨대 효과를 통해 비용을 충분히 상쇄하고도 엄청난 이익을 올렸습니다. 그렇다면, 대기업 노동자들 처지에서는 그걸 나눠 가지자고 요구하는 게 너무나 당연한 겁니다.

OECD 노조가입률과 단체교섭 적용범위 2000(OECD Employment Outlook 2004)

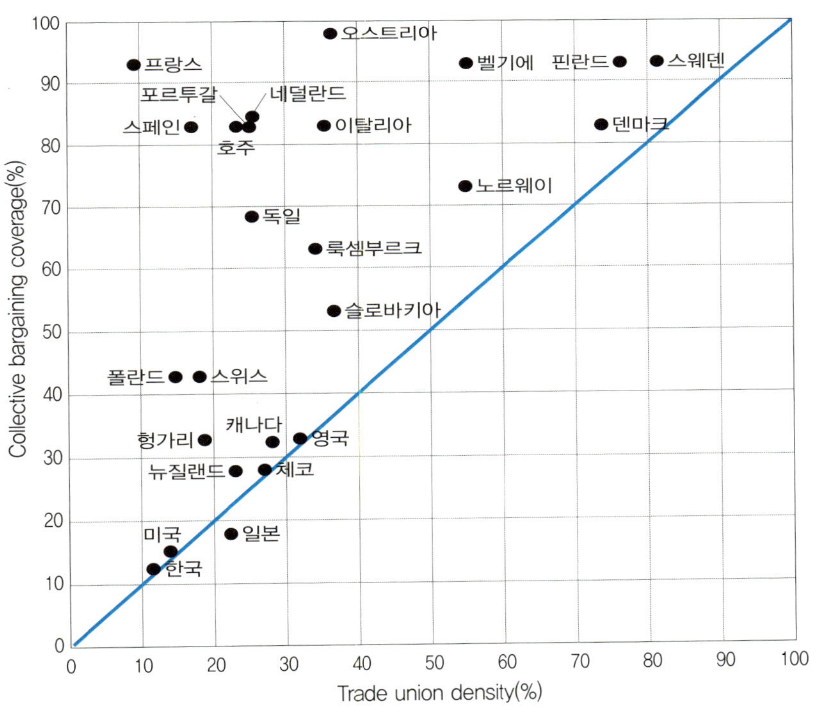

	노조가입률	단체교섭 적용범위
호주	24.5	82.5
오스트리아	36.5	97.5
벨기에	55.6	92.5
캐나다	28.1	32.0
체코	27.0	27.5
덴마크	74.4	82.5
핀란드	76.2	92.5
프랑스	9.7	92.5
독일	25.0	68.0
헝가리	19.9	32.5
이탈리아	34.9	82.5
일본	21.5	17.5
대한민국	11.4	12.5
룩셈부르크	33.6	62.5
네덜란드	23.2	82.5
뉴질랜드	22.7	27.5
노르웨이	54.3	72.5
폴란드	14.7	42.5
포르투갈	24.3	82.5
슬로바키아	36.1	52.5
스페인	14.9	82.5
스웨덴	81.1	92.5
스위스	17.8	42.5
영국	31.2	32.5
미국	12.8	14.0

유종일 경제학 용어로 렌트 쉐어링(rent sharing), 즉 지대 나눠 먹기라고나 할까요.

홍종학 대기업 노조의 행태를 노동자 전반으로 돌리는 것은 대단히 잘못된 시각이에요. 문제는 노동조합에 가입되어 있지 않은 90%의 노동자예요. 그러니까 중요한 것은 대기업과 대기업 노동자 대 중소기업과 중소기업 노동자라는 이해 상충 국면입니다. 대기업과 대기업 노동자 간의 이해 상충 국면은 나중 문제입니다. 특히 노동조합이 있는 기업 노동자들의 파업문제를 지나치게 강조하고 부풀리는 것은 본질을 호도하고 있는 거예요. 많은 경제학자도 노조의 경직성을 이야기하는데, 그런 노조는 5% 정도밖에 안 됩니다. 그런데도 그것만 강조하는 것은 무식하거나, 아니면 의도가 불순한 거지요.

지금 우리의 당면과제는 당연히 비정규직제입니다. OECD 국가 중에서 유례를 찾아볼 수 없을 정도로 비정규직이 많고, 노동조합 가입률은 최저 수준입니다. 이 문제를 외면하는 것은 분명히 잘못된 것입니다. 만약 진정으로 노사정 사회협약을 원한다면 가장 먼저 해야 할 일은 바로 비정규직 노동자들의 발언권부터 찾아주는 것입니다. 이들을 대변하지 못하는 노조를 상대로 하는 노사정 협약이 무슨 의미가 있겠어요? 그런 협약은 재벌총수와 대기업 노동자들이 담합을 위한 협약으로 전락할 가능성이 큽니다.

● 고용의 유연성과 기능의 유연성

유종일 노조의 경직성 문제와 비정규직을 일으키는 고용의 유연화 문제를 좀 더 얘기해 보겠습니다. 우리나라의 노동시장을 얘기할 때 너무 경직적이다, 그래서 유연화해야 한다고 하고, 또 노동조합이 너무 전투적이어서 외국인 투자가 안 들어온다고 하죠. 이게 부분적으로 그런 면이 있긴 하지만, 전체적으로 보면 전혀 그렇지가 않습니다. 노동의 유연성이라는 게 흔히 얘기하는 대로 고용의 유연성, 특히 기업이 손쉽게 해고할 수 있는 자유, 이것만은 결코 아닙니다. 임금의 유연성도 있고, 노동시간의 유연성도 있고요, 또 노동자가 그때그때의 필요에 따라 다른 직무를 수행할 수 있는 기능의 유연성도 있습니다. 우리나라 노동시장은 임금 유연성이나 노동시간 유연성이 매우 높아요. 외환위기 당시에 제가 세계은행 관계자와 이 문제에 관해 얘기하면서 그랬죠. 1998년도 임금조정을 보면 전 세계에서 유례를 찾기 어려운 임금 유연성을 보여줍니다. 환율이 급등한 여파로 소비자 물가가 7.5%나 증가했는데 제조업 상용근로자 기준으로 평균 명목임금은 3.1% 하락했습니다. 그러니 실질임금은 10.4%나 하락한 건데, 이 정도로 임금이 유연하게 조정되는 노동시장을 본 적이 있느냐고 했죠. 그랬더니 과연 놀랍다, 정말 유연하다고 하는 겁니다. 학자들 사이에 흔히 미국에서는 명목임금의 경직성이 나타나고 유럽에서는 실질임금의 경직성이 나타난다고 하는데, 우리나라는 둘 다 무지하게 유연한 겁니다. 노동시간의 유연성도 뛰어난 편입니다. 일이 많아지면 잔업을 쉽게 시킬 수 있으니까요. 고용의 유연성이 도마 위에 오르는 건데, 홍 교수님 말씀처럼 노동조합이 조직되어 있는 독점적 대기업이나 공공부문 등 극히 일부를 제외하고는 고용이 경직적이라고 볼 수 없습니다. 고용보호의 수준을 OECD 국가들과 비교해 봤을 때, 물론 주관적 평가라 평가가 조금씩 다르게 나오기도 합니다만, 결코 높은 수준은 아니죠. 거시경제적인 통계를 보아도 우리나라는 경기변동에 따른 고용조정이 잘 되는 편입니다.

사실 우리나라에서 가장 문제가 되는 것은 기능의 유연성이에요. 이거야말로 생산성에 직결된 거고 가장 필요한 유연성인데 이게 아주 부족합니다. 많은 기업이 당장 비용절감만 생각했지 기능 향상에 따르는 생산성 제고라는 방향으로 별로 노력하지 않으니까 이게 부족한 거죠. 기능의 유연성이 확보되려면 교육훈련에 충분히 투자하여 다숙련화(multi-skilling)가 되어야 하고, 또 노동조합에서도 전환배치를 받아들여야 합니다. 전환배치를 반대하는 노조도 문제라 할 수 있지만, 경영진도 그만큼 노조를 공격만 할 게 아니라 신뢰와 협력의 노사관계를 이룩하기 위한 노력과 투자를 해야 한다는 걸 강조하고 싶어요.

우리나라 노동운동이 너무 전투적이다, 그래서 외국인투자도 안 들어온다, 이런 얘기도 많이 하는데, 이것도 사실보다 매우 과장된 거죠. 홍교수님 지적대로 노동조합 조직률이 그렇게 낮은데 노조의 영향력이 얼마나 되겠습니까? 특히 외국인투자기업에서는 파업이 거의 없는 편입니다. 그런데도 인식이 아주 안 좋은 것은 우리나라에 지금 외국자본이 가장 많이 들어온 분야가 금융산업인데, 선진국에는 금융산업은 노동조합이 거의 없는데 우리나라는 금융산업 노조가 제법 강하거든요. 여기서 한국에 대한 인상을 잘못 가지게 되는 경우가 있고요, 또 우리나라 언론이 반노조 정서가 강해서 노조의 전투성이나 부정적인 면을 너무 과장해서 보도하는 것도 한몫을 하는 것 같습니다.

물론 우리나라 노사관계가 문제가 많고 앞으로 참여와 협력의 노사관계를 반드시 만들어나가야 합니다만, 이게 노동조합 탓만 한다고 되는 건 아니죠. 기업의 이니셔티브가 훨씬 중요합니다. 한 유명한 일본 기업인이 그랬죠. 노사관계는 경영자의 얼굴이라고.

곽정수 최근 들어 재벌 위주의 성장 패러다임에 대한 대안과 관련해 구체적인 시도들이 보이는 것은 반가운 일입니다. 이미 '중소기업시대포럼'이 만들어졌고, 최근에는 '희망포럼'에서 희망선언을 하기도 했습니다. 2007 희망선언의 핵심 골자는 중소기업의 경쟁력을 높여 일자리를 늘리자는 것입니다. 아직도 재벌 위주의 성장 패러다임에 대한 인식이 무척 공고한 데, 최근 그러한 움직임이 색깔이나 좌우의 차이 없이 공감하는 현상들이 보이는 것 같아요. 그래도 아직은 그 힘이 미약합니다.

부가가치 측면에서 대기업의 중요성을 많이 애기합니다. 특히 삼성그룹의 수출규모가 전체 수출규모의 20%를 넘고, 세금의 8%를 차지한다는 애기가 공공연히 회자하기도 합니다. 그런 애기를 들으면 대단하다는 생각이 들기도 하지만, 일자리만 놓고 보면 상황이 달라집니다. 2,200만~2,300만 개나 되는 국내 일자리 중에서 500인 이상 대기업, 금융기관, 그리고 공공기업의 일자리는 130만~140만 개밖에 안 되는 실정입니다. 나머지는 자영업자와 중소기업이 대부분을 차지하는 겁니다.

홍종학 대단히 중요한 것을 지적하셨어요. 재벌은 더는 우리에게 일자리를 만들어주지 않습니다. 재벌의 좋은 일자리는 소수 노동자에게만 돌아간다는 것을 알아야 합니다. 더욱이 외환위기 이후 좋은 일자리는 대폭 줄어들고 있어요. 이것을 우리가 명확히 인식해야 할 것입니다. 재벌 중심 체제가 더는 지속하여서는 안 된다는 당위성을 알려주는 자료지요.

제3부

역대 정부와 참여 정부 경제 정책

제4장

대통령과 경제관료,
누구를 위해 종을 울리나?

● 경제 개혁 의지가 없었던 참여정부

곽정수 노무현 정부의 경제정책을 둘러싼 평가는 시각에 따라 차이가 있을 것입니다. 그러나 전반적으로 높은 점수를 주는 사람들은 많지 않은 것 같아요. 애초 그를 지지해 대통령으로 뽑아준 사람이나 반대했던 사람들이나 모두에게 외면당하는 것은 상당히 특이한 일입니다. 대표적으로 성장과 분배만 보아도 그렇습니다. 임기 중 연평균 성장률은 4.3%로, 최악은 아니지만 만족할 수준은 아닙니다. 바로 1987년 이후 집권했던 4명의 대통령 중에서 가장 낮은 성적이에요. 분배도 더욱 악화했습니다. 양극화가 심화한 것이지요. 구체적으로 서민들의 삶으로 들어가면 집값 불안, 일자리 불안이 임기 내내 계속됐습니다. 다행히 2007년 들어 집값이 상대적으로 안정세를 보이고 있습니다만, 이미 너무 많이 올랐지요. 참여정부가 탄생하는데 일조를 하신 유 교수님께서 참여정부의 경제정책을 어떻게 평가하시는지 먼저 말씀해 주시죠.

유종일 제 평가보다 더 중요한 것은 국민의 평가겠죠. 얼마 전 어느 신문사에서 박정희 대통령 이후 역대정부의 경제 성적표를 내보니까 노무현 정부가 제일 나쁘더라는 기사를 낸 적이 있는데, 그건 좀 치사한 비교였다고 생각합니다. 어쨌든 다수 국민이 실패했다고 보는 것은 사실 아닙니까? 성장이 시원치 않았고, 그래서 고용창출도 매우 미흡했습니다. 더구나 양극화가 매우 심화하여 중간층 이하는 정말 삶이 어려워졌죠. 고용불안도 심각하고요. 더구나 집값이 한정 없이 뛰고 사교육비가 엄청나게 증가했기 때문에 가계가 느끼는 압박은 정말 큽니다. 야릇하게도 참여정부에 '참여'했던 인사들이 참여정부 평가포럼이란 걸 만들어 스스로 자신을 평가한다고 하던데, 국민이 잘못했다는데 스스로 잘했다고 우기는 건 좀 이상하죠. 그분들 논리는 국민이 당장 불만이 있더라도 참여정부가 의도적으로 경기부양하지 않았기 때문에 장기 성장을 위한 기틀을 잡은 것은 역사가 평가해 주리라는 것입니다. 정말 그렇다면 기다려보면 되겠죠. 그런데 정말 참여정부가 장기적으로 안정적인 성장을 위해서 기초를 닦았다고 보기도 어렵습니다. 경기부양을 하지 않았다고 하지만 일시적인 경기위축이 두려워서 제대로 된 부동산 대책을 막판까지 내놓지 못했던 것 아닙니까? 시장개혁 하겠다고 했는데 이것도 거의 된 게 없죠. 균형발전도 결국 기업도시다, 혁신도시다 해서 전국적으로 땅 투기 붐을 일으킨 정도고요.

김상조 한국경제, 더 나아가서 한국사회 전체가 산적한 개혁 과제들을 안고 있는데, 이 과제들을 해결하는 접근 방식을 두 가지로 나누어 볼수가 있다고 생각해요. 하나는 이를테면 러시아 같은 빅 뱅 전략, 그리고 또 하나는 중국 같은 점진적 전략입니다. 이 두 가지 전략 가운데 하나를 선택하는 것은 각 사회가 처한 개혁의 성격이나 환경에 따라 달라질 수 있다고 생각됩니다. 그런데 어떤 선택을 하든 중요한 것은 개혁의 도미노 쓰러뜨리기 전략에서 무엇을 첫 번째 도미노로 선택하느냐하는 것입니다. 그런 측면에서 본다면 노무현 정부는 과거 정부와는 굉장히 다른 선택을 했다고 생각됩니다. 특히 YS 정부와 노무현 정부를비교해 보면, YS 정부는 태생적 한계에서 비롯된 것이기는 하지만 개혁의 과제 중에서 부차적인 과제부터 먼저 접근하는 점진적 전략을 택했다고 볼 수가 있거든요. 그래서 취임하자마자 '신경제 100일 계획'이라는 경기부양책이 나왔죠. 그 결과 하나회 척결 등 중요하지만 조금 부차적인 개혁 과제에서 상당한 성과를 낳았음에도, 본질적인 개혁과제에 접근하지 못하고 한국사회의 붕괴를 자초했죠.

그에 비해 노무현 대통령은 2002년 대선캠페인 때부터 우리 사회의 기득권 세력에 대한 직접 공격이라는 빅 뱅 전략을 분명하게 선언했어요. 그것이 과거 정부와는 차별화된 노무현 정부의 이미지를 만들어 냈고, 그런 의미에서 불리한 여건을 딛고 대통령으로 당선되는 기적을 연출했다고도 볼 수가 있어요. 그런데 문제는 스스로 만들어 낸 개혁정부라는 이미지와는 전혀 동떨어진 경제정책을 폈다는 사실입니다. 저는 노무현 정부의 실패 원인이 거기에 있는 게 아닌가 하는 생각이 들어요. 노무현 정부는 집권 이후 4년이 지난 지금까지 정치개혁의 측면에서는 여전히 빅 뱅 식 접근을 계속 유지하고 있다고 생각됩니다. 그래서 한나라당과의 대연정 제안이라든지 중선거구제, 심지어 개헌논의에 이르기까지 정치적인 개혁 문제에 관해서는 지역주의에 기반을 둔 기득권 세력과는 타협하지 않겠다는 의지를 보였죠.

유종일 그걸 개혁이라고 해야 하나요? 대연정 같은 것은 개혁에 대한 배신으로 보이는데요. 또 노무현 정치의 밑바탕에는 영남 기반의 또 다른 지역주의가 있었던 게 아닌가 싶은데요.

김상조 정치 얘기는 잠시 미루기로 하죠. 어쨌든 급진적 개혁정부라는 이미지에 걸맞은 경제개혁을 추진한 것은 전혀 없어요. 경제개혁의 내용을 살펴보면 DJ 정부와 별 차별성 없이 그 연장선에 있을 뿐, 결코 급진적 개혁전략을 취하지 않았습니다. 문제는 빅 뱅식 개혁정부라는 이미지가 지지 세력과 반대 세력에게 굉장히 다른 효과를 미쳤다는 겁니다. 비판 세력으로서는 여전히 급진적 과격정부나 좌파정부라는 이미지가 고착되어 있고, 지지 세력으로서는 참여정부가 말로만 개혁을 외쳤을 뿐 실제로 한 일은 아무것도 없다는 실망만 안겨준 거죠. 이미지와 실제 정책 사이의 이런 괴리가 반대 세력은 응집시키고, 지지 세력은 분산시키는 결과를 낳았습니다. 결국, 모든 정책에 대해 국민의 신뢰를 잃어버리는 결과를 가져온 거죠.

사실 노무현 정부는 애초부터 실패의 씨앗을 안고 있었다고 생각합니다. 경제개혁이란 장기간이 소요되는 지난한 과제이고 성과를 낳으려면 개별 주체의 인식과 행동을 변화시키는 일관된 정책의 집행이 중요합니다. 그것을 국민에게 분명히 알려줌으로써 국민의 기대를 그 선에 맞춰줬어야 했습니다. 하지만, 그렇게 하지 못했습니다. 예컨대 7% 경제성장률 달성이라든지, 지역균형발전을 통한 경제 측면에서의 근본적인 변화가 그렇습니다. 이 과제는 장기간의 지난한 과제임에도 국민에게는 곧바로 가시화될 것 같은 기대를 부여한 것입니다. 그 결과 지지자들의 기대와 실제 정책의 괴리를 점점 확대시킴으로써 마침내 지지율이 10%대까지 떨어졌던 실패한 정부가 된 게 아닌가 싶습니다. 그러한 의미에서 최근 노무현 대통령이 기자회견에서 "경제는 누가 해도 다 마찬가지다."라는 발언을 한 것은 경제개혁 정책의 중요한 포인트를 아직도 인식하지 못하고 있다는 걸 보여주는 것이 아닌가 하는 생각이 듭니다.

경제개혁은 우리가 지난 30~40년 동안 해왔던 박정희식 개발독재 시스템에서 새로운 전환을 이루어내는 문제이기 때문에 10년이 걸릴지 20년이 걸릴지 모르는 장기적인 과제입니다. 따라서 신중한 설계와 집행이 필요한데도, 그 과정에 들어가는 사회적 비용을 어떻게 조정하고 통제할 것이냐, 또는 그 과정에서 필요한 각 경제주체의 역할에 대해 노무현 정부가 정확하게 인식하지 못했고, 비전을 제시하지도 못했습니다. 그런 상황에서 국민의 기대와 정책의 효과에 괴리가 생겼던 겁니다. 결국, 모든 것이 정부정책에 대한 불신으로 귀결되는 과정을 거쳐온 것이 아닌가 하는 생각이 듭니다.

홍종학 저는 참여정부 출범 100일을 기념하여 참여연대가 주최한 토론회에 참석한 적이 있습니다. 그때 저는 참여정부가 반드시 실패할 거라고 말했습니다. 참여정부가 출범한 초기라서 굉장히 민망한 얘기였는데, 그때 제가 발표한 요지는 "지금 김대중 정부와 김영삼 정부가 실패했다고 그러는데, 왜 실패했는지도 모르면서 어떻게 참여정부를 성공시킬 수 있겠느냐?"라는 것이었습니다. 김영삼 정부와 김대중 정부의 실패를 기록한 백서가 없다는 사실을 지적한 것이었습니다.

 하지만, 그런 것도 없이 참여정부가 출범했던 것이지요. 노무현 정부가 갖고 있는 역량이나 상황을 고려했을 때, 김대중 정부에서는 개혁을 추진하기가 얼마나 좋았습니까? 외환위기로 경제가 위기 상황에 처해 있었으니까요. 노무현 정부는 일단 그 위기에서 벗어났기 때문에 사람들이 개혁에 싫증을 내기 시작했습니다. 개혁을 추진하기에는 상황이 훨씬 더 안 좋았던 거죠. 그래서 제가 이런 얘기를 했습니다.

"김영삼 정부나 김대중 정부보다 상황이 훨씬 안 좋은데, 참여정부가 성공하겠다는 무슨 비책이 있는가? 아마 당신들은 반드시 실패할 것이다. 실패하지 않으려면 지금이라도 빨리 백서를 만들어라."

그런 분들이 이제 와서 엉뚱한 얘기를 하고 있습니다. 경기부양책을 쓰지 않았다고 말하는 거죠. 제가 보기엔 훨씬 더 질 나쁜 경기부양책을 썼어요. 그게 바로 가계부채 문제입니다. 가계부채 문제가 노무현 정부에서 공식적으로 100조 정도 늘어났다지만, 비공식적으로 대부업체 등 통계에 안 잡히는 것이 얼마인지 아무도 모릅니다. 정확한 규모는 파악되지 않고 있지만 가계부채를 100조, 200조 그냥 풀어버린 거예요. 이것은 김영삼 정부에서 썼던 경기부양책보다 훨씬 나쁜 경기부양책입니다. 그런데도 대통령 자신은 그것을 모르고 있습니다. 가계부채 문제가 우리 경제를 얼마나 파탄에 이르게 하는가를 모르는 건지 아니면 모르는 척하는 것인지는 모르겠지만, 한심할 정도입니다. 정부는 김대중 정부의 신용카드 문제를 물려받았다고 얘기하는데, 그러면 노무현 정부 들어서 그 문제를 인식하고 해결했나요? 오히려 증폭되었습니다. 그러면서도 참여정부는 아무런 책임 없는 것처럼 얘기하는데, 인식이 잘못된 것이지요.

OECD 국가의 1인당 GDP와 1인당 가처분소득 증가율, 1994-2003

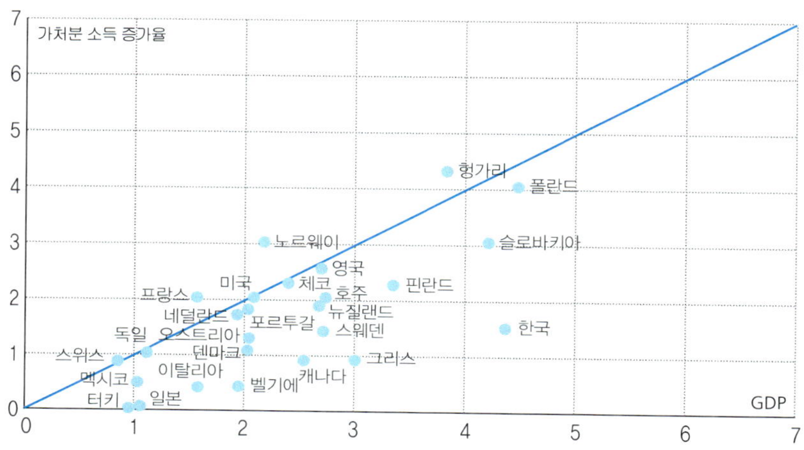

자료 출처 : Boarini, Romina, Asa Johansson and Marco Mira Drcole (2006), Alternative Measures of Well-being, OECD, ECO/WKP 476.

경제성장률이 OECD 국가의 평균보다 높았다는 것을 내세우는 것도 맞지 않는 거예요. 우리나라에서는 국내총생산(GDP)[14] 성장률이 크게 중요하지 않습니다. 왜냐하면, OECD 국가 중에서 국내총생산(GDP) 증가율과 가처분소득증가율[15]이 가장 괴리가 나는 국가가 한국이기 때문입니다. 2003년 이전에도 그랬어요. OECD자료를 보면 한국만 이 괴리율이 심각한 상황입니다. 경제성장률을 보면 OECD 국가 중에서 한국이 높은 편에 속하지만, 가처분소득증가율을 보면 중간 정도입니다. 따라서 참여정부의 경제 성적표에서는 가처분소득의 증가율이 중요합니다. 그게 아니라면 최소한 국민총소득(GNI)[16]의 증가율이 중요한 것이지 국내총생산(GDP) 성장률이 중요한 게 아닙니다. 그 괴리가 커졌기 때문에 민생이 어려운 거지요. 보세요. 2005년도의 경우 국내총생산 증가율은 4.2%였지만 국민총소득 증가율은 0.7%입니다. 또 국민총소득 증가율의 추세를 보면 참여정부에서 명백히 하락세를 보이고 있어요. 이건 큰 문제가 아닐 수 없습니다.

14) 국내에서 일정기간 내에 발생된 재화와 용역의 순가치를 생산면에서 포착한 총합계액. 국민총생산(GNP)이 국민에 착안한 통계인 데 비해 GDP는 국토 내에서의 생산에 착안한 통계이다. 외국인이 한국에서 생산한 것은 GDP에는 계상되지만 GNP에는 포함되지 않는다. 한국인이 외국에서 생산한 것은 GNP에는 포함되지만 GDP에는 포함되지 않는다. 한국인의 해외소득과 외국인의 국내소득과의 차액이 해외순소득이라면, GDP의 계산은 GNP에서 해외순소득을 공제한 것과 같다.

15) 국민소득 통계상의 용어로, 자유롭게 소비 또는 저축으로 처분할 수 있는 소득. 개인소득에서 소득세를 제하고 이전소득을 더한 것을 말한다.

16) 실질국민총소득과 명목국민총소득이 있다. 실질국민총소득은 실질국내총생산(GDP)에서 교역조건의 변화에 따른 실질무역손실과 실질국외순수취요소소득을 더해 산출한다. 국외순수취요소소득은 한 나라의 국민이 국외에서 벌어들인 국외수취요소소득에서 국내의 외국인이 생산활동에 참여함으로써 발생한 국외지급요소소득을 차감한 것을 말한다. 명목국민총소득은 명목국내총생산에 국외순수취요소소득을 더하여 산출한다.

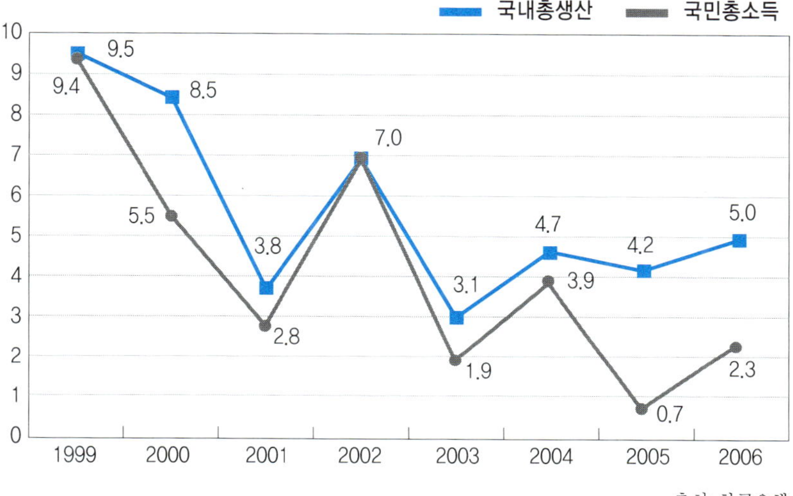

그런데도 대통령이 자신들에게 유리한 통계만 갖다 쓰니까 안타까운 겁니다. 지도층이 그런 통계만 접하니까 민생의 어려움을 느끼지 못하는 겁니다. 통계를 정확하게 보면 지금 민생이 얼마나 파탄나고 있는지, 가계부채에 짓눌리고 있는지 알 수 있습니다. 소득증가율은 거의 증가하지 않고, 국민총소득(GNI)이나 가처분소득 증가율이 굉장히 낮은 상황에서 양극화가 진행되었다고 하는 얘기는 절반 이하의 국민은 오히려 경제상황이 악화하였다는 것을 보여주는 것입니다. 이런 면에서 보면 참여정부의 경제정책은 당연히 실패했다고 말할 수 있습니다. 그러나 이 실패는 참여정부만의 실패가 아니라 김영삼 정부와 김대중 정부가 했던 실패를 계속하고 있는 것입니다. 앞서 제가 김영삼 정부와 김대중 정부에 대한 실패 백서가 없다고 지적하고, 이전 정부의 실패

원인을 깨닫지 못하면 참여정부 역시 실패할 것이라고 말한 것도 이런 맥락에서였습니다.

● 양극화와 중산층의 붕괴

유종일 저는 무엇보다도 중산층의 붕괴가 심각한 문제라고 봅니다. 정확히 기억은 나지 않지만 얼마 전 국민을 대상으로 한 여론조사에서 "당신이 중산층이라고 생각하느냐?"라는 질문에 그렇다고 대답한 사람이 30% 정도밖에 안 되었던 자료를 본 적이 있습니다.

홍종학 상당히 줄어든 수치 아닙니까?

유종일 굉장히 줄어든 수치지요. 그전에는 여론조사 대상의 70%~80% 가 중산층이라고 생각했거든요. 주관적인 평가가 무슨 의미가 있느냐고 하겠지만 사실은 굉장히 중요한 문제입니다. 고용 불안정성, 청년 실업, 사교육비, 집값 상승 때문에 노심초사하다 보니 소득이 늘었어도 생활이 훨씬 빡빡해지고 불안정해진 것입니다. 그뿐만 아니라 부의 편중현상이 심화하면서 많은 사람이 상대적 박탈감을 느끼게 되었거든요. 그래서 중산층이라고 답한 사람의 비중이 현격하게 줄어든 거죠. 저는 이것이 참여정부 실패의 핵심이라고 봅니다.

이미 지적되었습니다만 참여정부의 경제정책에 대한 평가는 경제성장이 충분했는가? 경제성장과 국민소득 증가의 괴리가 적정한가? 일자리는 적정하게 창출되고 있는가? 등을 따져봐야 하겠지요, 하지만 모든 면에서 다 부족해 보입니다. 또 양극화도 갈수록 심화하고 있고요. 말로는 양극화 대책도 많이 세우고 동반성장을 이루겠다고 했는데, 실제로는 양극화가 더 심화하였습니다. 심지어 정부가 가장 쉽게 접근할 수 있는 조세정책 같은 데서도 양극화를 심화시키는 방향으로 진행되었습니다. 법인세, 소득세, 특소세 등에서 부유층에게 압도적인 혜택이 돌아가도록 세율인하를 단행했습니다. 반면에 서민층이 상대적으로 많이 부담하는 유류세나 주류세, 담뱃세 같은 것은 많이 올려버렸습니다.

거시경제 관리에 있어서도 이미 지적된 가계부채 문제가 심각합니다. 또 그동안 환율을 방어한다고 외환시장에 개입해서 결국은 수출 대기업에 보조금을 지급한 거나 마찬가지 아닙니까? 심상정 의원이 밝혀낸 바로는 외평채 기금의 손실규모가 작년 한 해에만 7조 원이 넘었고, 작년 말까지 누적손실액이 무려 26조가 넘었다는 것 아닙니까? 올해 들어서는 외국에 펀드 투자해서 거둔 주식 매매차익에 대해서는 세금을 안 매기겠다고 해서 국민이 개인적으로 위험을 안고 외환시장에 개입하게 하였습니다. 이건 아주 위험한 겁니다.

YS 정부로부터 노무현 정부에 이르기까지 민주화된 정부는 과거 개발독재 하에서의 경제 성장을 넘어 다음 단계의 경제성장을 이룩하고, 국민의 삶의 질을 높이는 데 필요한 새로운 시스템을 만드는 경제 민주화에 완전히 실패했습니다. 그 이유는 경제개혁에 대한 의지가 부족했기 때문이라고 봅니다. 아까 김상조 교수께서 '선거공약에서는 기득권 세력에 대한 강력한 직접공격을 내세우는 빅 뱅식 개혁을 내세워 놓고 실제 선택은 전혀 달랐다.'고 말씀하신 바 있습니다. 그렇다면, 왜 실제 선택이 달라졌을까요? 제가 보기엔 처음부터, 인수위원회를 구성할 때부터 경제를 개혁하려는 의지가 없었던 것 같아요. 돌이켜보면 노무현 대통령은 후보 시절부터 경제개혁에는 별 관심이 없었습니다. 경제는 안정으로 가고 사회분야에서 개혁하겠다는 생각을 원래부터 하고 있었어요. 실제 참여정부 시작할 때부터 성장 지상주의와 관료 의존주의, 그리고 재벌중심으로 방향을 잡았습니다. 그렇게 하다 보니 결국 경제성적은 형편없이 나오고 만 거예요. 정말 필요했던 개혁을 전혀 하지 못했으니까.

경제개혁은 다음 정권으로 미루고 정치개혁과 사회개혁에 치중하자는 게 무조건 틀렸다고 할 순 없습니다. 그것은 하나의 판단일 수 있습니다. 어쨌든 원래부터 그런 생각이었기 때문에, 선거 당시 나왔던 경제개혁의 레토릭은 선거용이었던 측면이 강했습니다. 그리고 사회정책 분야에서 개혁한다고 했으나 결국 경제관료 위주로 정부가 운영되었기 때문에 그것도 하고 싶었던 만큼 잘하지를 못했어요. 그래서 사회정책 분야에서 도와주고 지지했던 많은 사람이 실망하여 돌아서는 일이 벌어졌습니다.

그나마 정치개혁이 가장 가시적인 성과라고 할 수 있는데, 이것도 개인의 특수한 경험 때문에 굉장히 왜곡되어 있어요. 예를 들어 중선거구제를 지역감정을 극복하는 길이라고 생각한 거지요. 거의 모든 정치학자들이 반대하는 제도인데 말이죠. 그럼에도, 중선거구제를 강력히 주장한 것은 자신이 부산에 나와서 낙선했는데, 만약 두 명을 뽑았으면 당선이 되었겠죠. 영남에서 한나라당 아닌 사람들이 당선되는 게 민주화라고 생각하는 겁니다. DJ가 자기가 대통령에 당선되면 민주화라고 생각하는 것하고 똑같은 겁니다. 그런 식으로 개인의 한계가 그대로 국정에 반영되었기 때문에 결국 민주화가 제대로 안 되었다는 얘기입니다. 정치적 민주화, 형식적 민주화는 잘되었는데 사회경제적 민주화가 안 되었다는 식의 진단도 있습니다만, 저는 정치적 민주화도 제대로 되지 않았다고 봅니다. 정책결정 과정에서의 진정한 민주적 논의, 참여, 정책의 투명성, 집행의 공정성, 공권력에 대한 신뢰, 이런 것들이 아직 멀었잖아요?

● 노 대통령의 경제 개혁 공약은 사기였다

곽정수 노무현 후보의 경제공약을 직접 만들었던 분의 말씀인 만큼 대통령도 상당히 아프겠는데요. 노무현 대통령이 후보 시절이나 인수위원회 시절에 국민에게 내걸었던 경제개혁 공약이 현재 어떻게 되었는지 좀 더 구체적으로 살펴볼까요?

김상조 노무현 대통령의 발언 중에서 경제개혁에 관련되어 가장 대표적인 언급은 "나는 최초로 재벌개혁에 성공한 대통령이 되겠다."라고 했던 부분입니다.

유종일 맞습니다. 강력한 재벌개혁에 대한 공약을 내세웠지요. 선언적인 것뿐만 아니라 구체적으로 세 가지가 있었어요. 그중에 제일 중요했던 게 금산분리를 강화하는 거였는데, 결과적으로 금산법이 어떻게 되었습니까? 이게 개혁포기의 상징적이고 대표적인 예죠.

곽정수 나머지는 출자총액제한제 같은 재벌규제를 시장의 감시기능이 확립될 때까지 유지하는 것, 그리고 편법상속과 탈세를 막기 위한 상속증여세 완전포괄주의 도입, 증권시장의 투명성을 높이고 재벌 지배구조 개선을 위한 증권관련 집단소송제 도입 등이 있었죠.

유종일 예. 그중에서 상속증여세 포괄주의는 실천했지요.

홍종학 노무현 후보는 2002년 대선 당시 경실련의 대선 토론회에도 참석했습니다. 그때 우리는 노무현 후보가 재벌개혁과 시장개혁에 대해 어느 정도 생각을 가졌는지 알아보기 위해 질문을 준비했습니다. 그때 노무현 후보가 토론회에 와서 모두 연설을 했는데, 우리가 질문할 내용에 관한 것을 모두 얘기하더군요. 더는 질문할 게 없을 정도였습니다. 출총제, 금산분리를 하겠다고 얘기를 해버리니까 모두 놀랐지요. 그래서 경실련에서는 재벌개혁 중에서 상당히 중요한 과제 중 하나인 '공정위의 전속고발권 폐지' 문제를 질문했습니다. 현재는 공정위만이 공정거래법 위반에 대해 형사고소를 할 수 있는데, 공정위가 독점권을 가질 게 아니라 누구든지 검찰에 고발하면 수사할 수 있게 하자는 내용이었습니다. 그렇게 되면 그다음에는 민사소송도 활성화될 수 있어서, 이해

당사자의 감시를 통해 재벌에 대한 통제가 가능해지지요. 이 안은 지금
도 경실련에서 주된 안건으로 갖고 있는데, 사회적으로 크게 논란이 되
지 않고 있었어요. 그러던 차에 노무현 후보가 재벌개혁에 대해 너무나
전향적인 얘기를 하니까 그 안건도 질문에 포함한 겁니다. 질문을 해놓
고 노무현 후보 표정을 보니까 잘 못 알아들으신 것 같았어요. 하지만,
대답은 걸작이었지요. "아, 그것 재벌개혁에 대해서 좋은 겁니까? 그러
면 받겠습니다." 당시에는 그 정도로 강력한 수준에서 공약했습니다.
재벌개혁과 관련되어서는 전향적으로 모든 안건에 대해서 검토하고 받
아들이겠다는 의지의 표현이었습니다. 노무현 후보가 대통령에 당선되
자 재벌들은 겁을 먹었습니다. 하지만, 대통령은 재벌개혁에 대해서는
거론도 하지 않았습니다.

유종일 지금 와서 보면 그 당시에도 노무현 후보의 마음속에는 실제로
재벌개혁에 대한 의지가 별로 없었다는 생각이 듭니다. 저는 당시에
도 노무현 후보가 경제개혁에는 마음이 별로 없다는 것을 어느 정도는
감지하고 있었어요. 후보 시절 "경제는 안정으로, 사회는 개혁으로 간
다."라는 말을 여러 차례 했고, 또 삼성경제연구소의 보고서를 들고 다니
면서 괜찮은 내용이라고 다른 사람에게 읽어보기를 권하기도 했습니다.

곽정수 지금까지 논의된 내용을 보면 김 교수님, 홍 교수님은 노무현 정
부가 국민에게 제시한 정책목표들을 제대로 이행하지 않았다고 하셨
고, 노무현 후보시절 공약 입안에서 핵심역할을 하신 유 교수님은 노무
현 후보가 처음부터 그런 의지가 없었다고 하셨습니다. 결과적으로 모

든 게 '대국민 사기극'이었다는 거 아닙니까? 그게 사실이라면 정말 허탈해질 수밖에 없습니다. 국민도 유 교수님 말씀을 들으면 마찬가지 아닐까요? 노무현 대통령이 처음에는 개혁하려고 했는데 실제 현실의 벽에 부닥치고 힘이 부치다 보니까 후퇴나 타협했다는 것과, 처음부터 전혀 개혁의지가 없었다는 것은 전혀 의미가 다른 거 아닙니까? 지금까지 일반적으로는 노 대통령은 개혁의지는 있었지만, 정책추진 과정 속에서 변질했다는 시각이 많았던 것 같은데요.

● 인사의 실패, 정책의 실패

유종일 저는 그렇지 않다는 견해입니다. 예를 들어 고건 씨를 총리로 선택해야 할 이유가 어디 있었습니까?

곽정수 사회적 통합을 위한 일종의 전술적 선택이었다고 볼 수도 있지 않겠습니까? 그리고 한 가지 의문이 드는군요. 노무현 대통령의 경제개혁 공약이 대국민 사기였다면, 그게 대통령 개인의 책임인가요?

유종일 개인의 책임이 매우 크다고 봅니다.

홍종학 중요한 것은 개혁의지가 어느 정도 강하냐의 문제인데, 대통령이 그 문제를 우리만큼 심각하게 고려하지 않았을 가능성도 있습니다. 본인은 선택을 할 수밖에 없는 처지였으니까요. 우리가 보기에 제일 안타까운 점은 지금 참여정부의 경제 관료들이 과거 김영삼 정부나 김대중 정부에서 일하던 사람들과 전혀 차이가 없다는 것입니다. 만약에 개혁의 의지가 있었다면 그렇게 전혀 차이가 없는 관료들을 핵심에 등용했겠느냐 하는 것이죠. 출범 초창기부터 김진표 장관을 임명하고, 그다음에 이헌재 장관을 임명하고, 그다음에는 김진표 장관과 함께 현재의 권오규 부총리가 청와대 경제보좌관으로 들어갔지 않습니까? 과연 이 그룹이 어떤 개혁의지를 갖추고 있었겠습니까? 우리가 보기에 이런 분들은 김영삼 정부와 김대중 정부에서 경제정책의 핵심 역할을 맡았던 박재윤, 강경식, 홍재형, 강봉균, 이헌재, 진념 같은 분들과 아무런 차이가 없습니다.

곽정수 그 부분에서 제가 노무현 대통령을 변호하자면, 말씀하신 것은 맞지만 몇몇 핵심적인 자리에는 개혁적 인사를 과감하게 기용했습니다. 서울시립대 교수 출신인 강철규 공정거래위원장과 경북대 교수 출신인 이정우 청와대 정책실장, 한국금융연구원 박사 출신인 이동걸 금감위부위원장이 대표적이죠. 노무현 대통령은 경제개혁을 강조하면서 관료 출신인 김진표 씨를 경제부총리에 앉힌 것에 대해, 경제는 자신이 직접 챙길 것이기 때문에 걱정 안 해도 된다고 설명했죠. 물론 약속이 지켜지지는 않았지만요.

유종일 저로선 개인적으로 너무나 참담한 과정이었기 때문에 별로 얘기하고 싶지 않습니다만, 많이 생각을 한 부분이지요. 저는 대통령의 책임이 매우 크다고 봅니다. 이게 꼭 대통령 개인에 대한 평가가 중요해서 그런 게 아니라, 우리의 민주주의와 시스템의 문제점에 대한 진단 차원에서 하는 말입니다. 저는 대통령한테 권력이 너무 집중된 것이 큰 문제라고 생각하기 때문에 이런 얘기를 하는 겁니다. 권력이 너무 집중되어 있기 때문에 대통령이 생각하는 대로 많은 부분이 결정되는 겁니다. 김진표 씨를 경제부총리로 앉히는 게 뭘 의미하는지 모를 정도로 대통령이 바보는 아니잖아요? 김진표 씨가 부총리로서 처음 추진한 일이 법인세 인하였어요. 이건 대선에서 한나라당 이회창 후보가 주장하던 거고, 노무현 후보는 열심히 반대하던 사안입니다. 그런데도 결국 법인세를 인하했죠.

소위 개혁적 인사 몇 명을 기용한 건 별 의미가 없다고 봅니다. 개혁적 인사 몇 사람을 기용해서 안정과 개혁의 균형을 이룬다고 했지만 관료들이 장악한 시스템 속에 소수 인원이, 그것도 핵심적인 자리가 아니라 견제는 하되 집행권은 없는 자리에 앉힌다고 해서 뭐가 균형되겠습니까? 유일하게 집행권을 가졌던 사람이 강철규 공정거래위원장인데, 그것은 공정위 업무의 특수성 때문이지요.

● 왜, 부동산 정책은 실기했나?

아까 논의로 돌아가면 노무현 후보가 경제정책에서 제일 크게 내세운 것 중 하나는 재벌개혁이었고, 그에 못지않게 강하게 주장했던 것이 부동산 투기 근절이었습니다. 2002년에는 부동산 가격 폭등이 굉장히 중요한 이슈였죠. 당시 대선 과정에서 20분 동안 연설하는 TV정책연설이 있었는데, 상당히 중요한 기회였죠. 노무현 후보는 한 번의 연설 기회를 온전히 부동산에 관해서만 얘기했습니다. 당시 대통령에 당선되면 부동산투기라는 건 없다고 강하게 얘기했습니다. 그런데 결과가 어떻게 되었습니까?

곽정수 보유세와 양도세를 강화하고, 고가 주택을 대상으로 종합부동산세를 새로 도입한 것 등이 모두 부동산 투기를 막기 위한 정책이 아니었나요?

유종일 실기했고, 집값이 이미 너무 뛰지 않았습니까?

곽정수 집값 상승을 잡지 못한 것은 결과적인 것이고, 보유세 현실화나 종합부동산세 도입은 역대 어느 정부에서도 못했든 일 아닙니까? 물론 부동산시장 안정과 투기 근절을 위한 정책 의지가 있었음에도 집값 상승을 막지 못한 것은 보수적인 경제 관료들을 주요 요직에 기용한 대통령의 책임이 크죠. 대표적으로 이헌재 부총리가 이정우 청와대 정책실장의 부동산 정책에 대해 계속 제동을 건 것은 국민도 어느 정도 아는 얘기고요.

유종일 부동산정책은 경제정책, 사회정책, 주택정책 등과 오버랩된 부분입니다. 그래서 노무현 대통령이 재벌개혁보다는 부동산 정책에 상대적으로 더 의지가 있었던 거지요. 그런데 결과적으로 집값을 잡지 못한 이유는 2003년부터 경제 관료들이 부동산 가격이 낮아지면 주택담보대출 때문에 금융기관이 부실화될 우려가 있으니 연착륙을 유도해야 한다고 주장했기 때문입니다. 그래서 정부는 시장에서 예상했던 것보다 훨씬 약한 대책을 계속 내놓은 겁니다. 그러다 보니 시장에서는 정부의 부동산 정책이 별거 아니라는 생각이 만연했고, 다시 투기가 일어나게 된 거죠. 노 대통령이 토지공개념을 얘기했을 때 부동산 시장이 움찔한 적도 있었는데, 관료들이 다시 물 타기를 하는 바람에 흐지부지됐습니다. 그러니까 시장에서는 토지공개념까지 얘기했는데도 별것 아니라는 판단을 하게 되고, 다시 부동산 가격이 치솟았죠. 결론은 개혁을 제대로 하려면 개혁을 추진할 사람들한테 맡겨야 한다는 겁니다. 개혁은 대통령이 주관하고 집행은 경제 관료들에게 시켜서는 안 됩니다.

홍종학 참여정부의 부동산 정책에 대해서는 저도 할 말이 많습니다. 단적인 예를 하나만 들어보면, 2005년도 8·31대책을 만들 때 청와대는 급박한 상황을 인식하고 제대로 대책을 마련하겠다는 의지를 표명했습니다. 사실인지 모르겠지만 당시 대통령은 비서관 회의에서 필요하다면 국민투표를 하거나 개헌이라도 해서 부동산을 잡겠다는 얘기까지 했다고 들었습니다. 그래서 이번만큼은 제대로 하겠다는 생각이 들어 당시 정문수 보좌관을 만난 적이 있습니다. 시민단체 사람들 여럿이 함께 만났는데, 저는 그때 공공주택을 값싼 가격에 무주택자에게 공급하고, 소득이 있는 사람에게만 주택담보대출을 해주어서 투기를 근본적으로 막아야 한다는 주장을 했었지요. 요즈음은 담보가치가 아니라 소득 상환능력에 따라 대출해주는 총부채 상환비율 규제(DTI)[17]로 잘 알려졌지만, 당시에는 저만 주장하던 이슈였습니다. 제가 약탈적 대출과 관련된 문헌을 찾다가 알아낸 것이거든요. 2006년 11월에 알아보니까 주택금융공사에서 20년 만기로 1억 5천만 원의 보금자리론을 대출받으면 한 달 원리금 상환액이 110만 원 정도였습니다. 이 정도를 정상적으로 상환하려면 월 소득이 300만 원이 되어야 합니다. 월 소득 300만 원이면 사실상 서울에서 변변한 아파트 한 채 구입하기 어렵거든요. 30평대 아파트가 10억 원이 넘는다면 봉급생활자들은 살 수 없다는 계산이 명확히 나오죠. 그러니까 문제는 아파트 가격이 소득에 걸맞지 않게 너무 뛰어오른 것이고, 따라서 소득에 맞도록 대출을 해줘서 투기적 가수요를 줄이자는 것이 이른바 DTI 규제입니다.

따지고 보면 무주택자에게 공공주택을 공급하는 것은 유럽식이고, 주택담보대출을 소득상환 능력에 따라 해 주되 정부가 세금지원을 해서 내 집 마련을 돕는 것이 미국식인데, 이미 외국에서 효과가 검증된 부동산 대책을 채택하지 않았습니다. 곽 기자님 말씀대로 참여정부에서 보유세 강화정책을 강력하게 추진했지만, 그것 하나만으로는 안 되거든요. 실제로 다른 정책이 뒤따르지 않으니까 반발이 컸던 것이고요. 생각해 보세요. 부동산 가격을 잡는다고 몇 달간 난리치면서 부동산 정책을 발표했는데, 이미 유럽과 미국에서 효과가 검증된 부동산 정책은 빼놓고 발표를 했습니다. 이것은 무엇을 의미할까요? 한마디로 말해서 의지가 없었거나 아니면 부패했다는 거지요. 실제로는 둘 다인 것 같습

---

17) 총소득에서 부채의 연간 원리금 상환액이 차지하는 비율을 말한다. 금융기관들이 대출 금액을 산정할 때 대출자의 상환능력을 검증하기 위하여 활용하는 개인신용평가시스템(CSS: Credit Scoring System)과 비슷한 개념이다. 예를 들면, 연간 소득이 5000만 원이고 DTI를 40%로 설정할 경우에 총부채의 연간 원리금 상환액이 2000만 원을 초과하지 않도록 대출규모를 제한하는 것이다.

니다. 올해에 DTI 규제를 도입하면서 부동산 가격이 마침내 잡히기 시작했는데, 제가 이미 예견했던 일입니다. DTI는 투기적 수요도 막고, 집값이 하락했을 때 무리하게 융자를 받아서 집을 장만한 사람들이 파산하는 것을 막을 수 있는 제도지요. 그런데 8·31대책 입안 당시 제가 그렇게 강하게 주장했는데도 전혀 거들떠보지 않았습니다. 만약 의지가 있고 합리적 의사결정자라면 모든 대안에 대해 검토했어야지요. 그런 상황에서 아무리 대통령 보고서 많이 만들어도 헛일이라는 거지요. 이게 의지가 없었다는 것을 반증하는 것입니다.

더욱 중요한 것은 부패 문제입니다. 경실련에서 그렇게 분양원가 공개를 주장해도 받아들이지 않았습니다. 값싸게 주택을 지어서 공급할 방법이 있는데 받아들이지 않았어요. 건교부가 이른바 표준건축비라는 것을 만들어서 공공택지에 주택을 지을 때 기준가격으로 삼는데, 이 기준가격을 올려주는 바람에 평당 500만 원이 넘는단 말입니다. 전문가들은 아무리 넉넉히 쳐주어도 350만 원이면 충분한 것으로 판단하고 있습니다. 그런데 이상한 계약 제도를 도입해서 높은 원가를 쳐주고 있습니다. 판교 중대형 아파트는 갑자기 일괄입찰방식을 도입했는데, 한마디로 말하면 설계 점수가 높은 시공사는 입찰가격을 높게 해도 선발이 되는 제도입니다. 이걸 어떻게 이해할 수 있겠습니까?

아파트 짓는 것은 그리 어려운 일이 아닙니다. 먼저 설계 공모를 받고 다음에 설계대로 시공할 회사를 최저가 낙찰제로 선발한 후 제대로 짓는지 철저히 감리하면 되는 겁니다. 현재 평당 300만 원이면 충분하죠. 판교건 송파건 평당 700만 원이면 최고급 아파트를 지을 수 있습니다.

저는 자신 있게 주장하고 있습니다. 송파건 어디건 맡겨만 주면 건교부 공급가격에서 30%는 충분히 절약할 수 있다고 말이죠.

단언컨대, 참여정부는 부패했습니다. 지금 건설사들이 막대한 폭리를 취하고 있습니다. 작년에 경실련이 국세청 앞에 가서 건설사 세무조사나 제대로 하라는 성명서를 내기도 했습니다. 하지만, 지금까지 세무조사 착수했다는 이야기는 들리지 않습니다. 그러면서 한편으로는 공급이 부족하니 계속 지어야 한다고 합니다.

● 경제 개혁의 포기 1 – 성장과 개발 정책의 중시로

김상조 정부의 경제정책은 크게 보면 세 가지 요소가 있습니다. 하나는 경기변동을 관리하는 거시 안정화 정책으로, 안정이라는 목표로 요약되는 단기 경제정책입니다. 두 번째는 성장잠재력을 끌어올리는 산업정책이나 개발정책으로 중장기적인 경제정책이죠. 그리고 세 번째는 개별 경제주체들의 인식과 행동을 바꾸는 구조개혁 정책으로, 이것이야말로 초장기적인 개혁정책입니다. 안정, 성장, 개혁이라는 세 가지 경제정책의 목표를 어떻게 조화시키고 일관성 있게 집행하느냐가 정부 경제정책의 성패 여부를 결정하는 중요한 요소죠.

그런데 노무현 대통령은 "당선되면 개혁을 할 것이다."라는 인식을 국민에게 강하게 심어줬어요. 그것이 재벌개혁, 금융개혁, 조세개혁으로 표현되었죠. 개혁이란 '이렇게 행동하면 이익(benefit)을 얻고, 그것을 어기면 비용(cost)을 지불할 것'이라는 구조 변화를 추진하는 것입니다. 대선 캠프 시절에는 이 부분에 관해서 강한 얘기들을 했어요. 모든 사람들의 머릿속에 이러한 인상이 강하게 남아 있죠. 문제는 이게 전혀 집행이 안 됐다는 겁니다. 기껏 긍정적으로 평가해 봐야 DJ 정부의 연장선에 있는 정도였지요.

그렇다면, 참여정부의 초기 이미지와는 다르게 왜 개혁정책이 제대로 집행되지 않았는가? 물론 여러 가지 이유가 있었을 겁니다. 저는 첫 번째 요인으로 노무현 대통령의 개혁정책이 갖고 있는 이른바 신자유주의적 요소에 대한 일정한 거부감이 있었으리라 생각해요. 그것은 참모 그룹으로부터 영향을 받을 수도 있고 개인적인 경험일 수도 있다고 생각되는데, 그 때문에 개혁정책을 선거의 전면에 내세웠지만 본인으로서는 전적으로 신뢰하거나 확신하지 않았을 수 있습니다. 두 번째는 집권하자마자 터진 SK 글로벌 문제나 카드 대란 등의 경제 환경 측면에서 개혁정책을 집행할 여건이 안 되어 있었다는 측면을 지적할 수 있습니다. 그리고 세 번째로는 집권한 후 1년 반을 103개의 로드맵을 준비하는 과정으로 다 날려버렸던 것처럼, 개혁을 위해 어떤 프로그램도 준비하지 않은 능력 부족의 문제도 있었다고 생각합니다. 이런 요인들 때문에 구조개혁과 관련한 어떤 정책에 대해서도 의지가 없었고, 실행할 내용도 없었던 한계가 있었다고 생각합니다.

노무현 정부의 경제정책의 핵심은 성장정책과 개발정책에 있었다고 생각합니다. 물론 이것이 과거 박정희 시대의 성장개발정책과는 철학이

다릅니다. 미시적으로 보면 민·관·학의 협동시스템을 만드는 혁신클러스터도 그렇고, 좀 더 크게 보면 남한 차원에서 시작해서, 남북한을 통괄하는 한반도 차원, 그리고 궁극적으로는 동아시아 차원으로까지 확대된 지역균형발전 등의 발상은 과거와는 전혀 다른 의미의 성장개발 성격을 가지고 있었어요.

홍종학 그것 멋있었어요.

김상조 예. 굉장히 멋있지요. 결국, 노무현 정부의 경제정책의 핵심은 개혁정책이 아닌 개발정책에 있었던 것이고, 이와 관련해서 많은 구체적 정책 프로그램들이 나왔습니다. 미래의 성장동력 확보라는 이름으로 진행된 산업혁신 클러스터, 기업도시, 경제자유구역, 10대 신 성장산업 육성, 수도권 공장 증설 허용, 중소기업 지원, 벤처 육성, 시베리아 유전 개발, 금융허브 구축, PEF(사모펀드)·KIC(한국투자공사) 등 자산운용업 육성 등 이루 셀 수 없을 정도로 많습니다. 그뿐만 아니라 지역균형발전이란 이름으로 진행된 행정수도 이전, 공공기관 지방 이전, 행담도 개발, S 프로젝트, J 프로젝트 등등 열거하기도 어렵습니다. 이런 부분들이 노무현 정부의 경제정책의 중심에 자리 잡고 있었어요. 문제는 이런 성장개발정책이 과거로 회귀하지 않고 진보의 내용을 담으려면 세 번째 구조개혁 정책이 병행되어야 하는데, 구조개혁 정책이 없는 상태에서 성장개발 정책에 집중한 것입니다. 그 결과 성장개발정책을 추진하는 주체가 재벌과 외국자본밖에 없어요. 즉각 자본을 동원하는 길이 달리 없으니까요. 그러니까 국정 철학 측면에서는 '과거 박정희 시대와는 다른 성장개발모델에 기반을 둔 것'이라고 주장하지만, 실제 정책의 내용은 과거와 조금도 다를 바가 없고 결과적으로 국민에게는 신자유주의 정부라는 인식밖에 심어주지 못한 것입니다.

개혁정책을 포기하고 개발정책에 초점을 맞추었지만 효과가 금방 나타나기 어렵다 보니까 결국은 시간이 지나면 지날수록 초조해진 겁니다. 그래서 노무현 정부의 경제정책 목표는 안정 쪽으로, 위기관리 쪽으로만 자꾸 넘어가게 되었죠. 그런데 대통령이 "경기부양정책은 쓰지 않겠다."라고 했으니까, 안정의 목표 달성을 위해서 동원할 수 있는 것은 결국 구조개혁에 역행하는 조치뿐입니다. 그러니까 개혁을 위해서는 출총제를 강화해야 하고 금산분리의 원칙을 엄격하게 집행해야 하는데, 이와는 정반대로 안정화 목표를 위해 개혁을 포기하고 재벌에 투자를 구걸하게 된 거지요.

유종일 그것이 '기업하기 좋은 나라'라는 담론이죠.

● 경제 개혁의 포기 2 – 관치에 의한 안정과 보수로

김상조 노무현 정부는 재벌개혁, 금융개혁, 조세개혁과 같은 개혁의 원칙을 포기하면서 안정을 추구하는 방향으로 간 겁니다. 전통적인 금융정책이나 재정정책에 의한 경기부양책을 무리하게 쓰지 않았는지는 모르지만, 개혁정책을 포기하는 것으로 경기부양 정책을 대신한 거지요.

그런 의미에서 개혁을 포기하는 더 나쁜 경기부양 정책을 쓴 거죠.

이 과정에서 나온 또 다른 부작용은, 이런 정책목표의 이행과정에서 정책결정의 주도권을 관료들한테 넘겨버렸다는 거지요. 그것도 임기 초기부터. 결과적으로 노무현 정부의 경제정책이 왜 실패했는가? 그 첫 번째 이유는 장기 개혁과제를 여러 가지 이유로 포기한 것이고, 두 번째는 개발정책과 안정정책 쪽으로 경제정책의 무게중심을 옮기면서 그에 대한 부작용을 관리할 수 있는 의지와 능력이 없는 관료들에게 정책 주도권을 이양해 버렸다는 것입니다. 노무현 정부 1기 경제팀을 구성하는 과정에서부터 '안정과 개혁의 조합'이라는 경제팀을 만들었지만, 내부 의사소통조차도 안 되어 정책의 조화가 아니라 '정책의 보수화와 일관성의 결여'라는 쪽으로 흐르게 된 거고요. 그 결과 비판 세력은 응집시키고 지지 세력은 분열시킨 게 아닌가 하는 생각이 들어요.

유종일 곽 기자께서 아까 사기극이라는 표현을 쓰셨는데 이 부분에 대해서 두 가지를 얘기하고 싶어요. 어떤 사람이 "반드시 갚겠다. 나를 믿어 달라."라면서 돈을 빌렸다고 합시다. 그 사람이 돈을 갚을 생각이 없는 건 아니에요. 그런데 돈을 갚겠다는 의지의 정도가 문제인 거지요. 형편이 되면 갚겠다고 하면서 자기가 쓰고 싶은 대로 쓰고 나중에 돈이 없어서 못 갚겠다고 오리발을 내밀면 어떻겠어요? 안 갚으려고 한 게 아니라 정말 갚고 싶은 데 돈이 없다는 식으로 말이죠. 이게 사기인가 아닌가를 판단하는 기준은 결국 '의지의 정도'가 아닐까요?

그다음에 프로그램이 준비가 안 되었다고 그러는데, 그런 식으로 얘기하면 한도 끝도 없어요. 개혁세력이 제대로 권력행사를 못 해봤는데 어떻게 정교하게 준비가 되겠습니까? 그건 관료들에게 시키면 하는 거거든요. 그래서 원칙과 방향을 알고 개혁할 사람들한테 일을 맡기면 프로그램은 금방 나오는 겁니다. 위원회를 만들어 로드맵 짜면서 세월 보내는 것은 개혁에 대한 태업이에요. 의견도 맞지 않는 사람들을 앉혀놓고 로드맵을 만들라고 하는 것은 개혁하지 않기 위한 핑계지요. 개혁의 비전과 의지가 있는 사람들한테 일을 맡겨놓고 충분히 밀어주되, 일정기간이 지난 후에 평가해서 잘못하는 사람은 경질해도 됩니다.

관료에 대한 의존 때문에 개혁이 망가진 대표적인 사례가 참여정부 초기에 불거졌던 카드채 사태입니다. 당시 경제 관료들의 논리는 원칙대로 처리하면 금융시장이 붕괴한다는 거였죠. 이 논리가 대통령한테 먹혔어요. 그렇게 해서 최악의 관치금융을 재현한 겁니다. 사태를 일으킨 책임이 있는 정책 당국자에 대한 책임 추궁이 전혀 없었습니다. 책임을 져야 할 정책 당국자가 오히려 해결의 주체로 나섰죠. 카드사들에 대해서도 아무런 차별화를 하지 않으니까 문제가 큰 회사일수록 더 많은 지원을 받는 꼴이 되고 말았습니다. 이런 식으로 하니까 시장에 대한 규율(discipline)이 전혀 확립이 안 되는 거지요. 안정을 위해 꼭 필요하다면 관치를 할 수도 있겠지요. 그런데 개입을 하더라도, 책임 지울 건 지우고 차별화할 건 반드시 해야지요. 개입을 했다면 그러한 원칙이 분명해야 합니다.

곽정수 금융시장 붕괴를 막기 위해 정부가 적극적으로 나서는 것을 나무라는 것이 아니라, 시장안정 대책과 함께 카드채 사태를 초래한 당사자들에 대한 책임 추궁이 제대로 이뤄졌어야 한다는 말씀이네요. 잘못에 대해서는 반드시 책임을 묻는 것이 시장경제 원리에 맞고, 다음에 유사한 일이 재발하는 것을 막는 길이기도 하니까요.

홍종학 그때 저는 토론회마다 나가서 얘기했는데, 그래서 당시 상황을 조금 파악하고 있습니다. 정부를 이해할 만한 점은 있어요. 당시 대통령은 카드채 사태의 본질에 대해서 전체 그림을 잡지 못했을 거예요. 왜냐하면, 전문가들도 그 사태의 본질에 대해서 아는 사람이 거의 없었거든요. 우리는 대개 2001년도 말부터 카드 남발 문제를 얘기했는데 전문가, 관료, 정치인들 중 그 누구도 이해를 못 했어요. 우리는 한결같이 카드 대란이 일어날 것이라고 얘기했는데, 결국 2003년에 문제가 크게 터졌어요. 그래서 4·3때 카드채를 막았습니다. 그 이후 정부 쪽에서, 이 정도면 다 해결된 거 아니냐고 묻기에 우리는 아직 멀었다고 대답했어요. 당시의 처방은 문제를 해결한 것도 아니고, 그 정도로는 절대 해결이 안 된다고 경고했습니다. 결국, 11월에 LG카드가 무너지면서 사태의 심각성을 깨달은 겁니다. 그게 2년 정도의 논쟁이 있었는데, 저희 그룹이 소수였어요. 그 소수가 제기하는 문제에 대해 대통령이 상황을 정확하게 판단할 수 있다고는 생각하지 않아요.

유종일 노무현 대통령이 후보로 있던 2002년에 이미 신용불량자 문제나 길거리에서 무작정 카드를 발급하는 문제는 사회적 이슈가 되어 있었어요. 그래서 대선후보 토론회를 준비하면서, 전문적으로는 아니지만, 어느 정도 상황을 파악한 상태였습니다. 그리고 4·3대책을 내놓은 직후에도 제가 얘기를 했어요. "지금 땜질처방으로 발등의 불은 껐지만 문제는 해결된 게 아니다. 앞으로 더 큰 문제가 발생할 것이다. 지금 정부가 지원하는 것은 LG와 삼성에 지원하는 꼴이다."라고요.

홍종학 결국 은행 돈을 받아다가 재벌 카드사한테 준 거죠.

유종일 그렇습니다. 그때도 은행 돈으로 재벌을 지원하는 꼴이라고 말했습니다. 그리고 이 엄청난 사태에 대해 아무런 책임규명이 이루어지지 않는다면 관료는 관료대로, 시장은 시장대로 무슨 규율이 서겠느냐고 말했습니다. 그랬더니 2차 대책을 지시하고 꼼꼼히 챙겨보겠다는 얘기를 했습니다. 그리고 이정우 실장한테도 그런 얘기를 했습니다. 대통령과 얘기되었으니 정책실장으로서 그 부분에 대해서 잘 챙겨 달라고 말이죠. 그런데 이정우 실장은 금융에 대해서 잘 몰라서 그런 건지, 아니면 별 관심이 없었는지 챙기지를 않았습니다. 이정우 실장은 사실 경제개혁에서는 큰 힘을 발휘하지 못한 것 같습니다. 솔직히 얘기해서, 이정우 실장이 청와대에 간 것은 참여정부가 개혁파에 대해서도 신경을 쓴다는 몸짓에 불과했던 것이죠. 실제로 핵심적인 정책결정에는 별로 영향력을 미치지 못했던 것 같습니다. 그래서 청와대 정책실장이라는 막강한 자리에 있었지만 주로 차별시정, 부동산 문제, 소득분배 같은 사회정책과 오버랩되는 쪽에만 집중하게 된 거죠. 물론 이런 분야에서 뚜렷한 성과를 거둔 것도 아니지만요. 이동걸 박사 같은 경우는 부위원장이기 때문에 집행력에 굉장히 한계는 있었지만, 그나마 그 자리를 활용해서 개혁을 시도하다가 얼마 못 가서 잘린 겁니다.

홍종학 한 분야의 전문가가 아닌 대통령으로서는 여러 사람의 의견을 들을 수밖에 없지요. 그러니까 열 사람의 의견을 듣는데, 유종일 교수 한 사람을 빼놓고 나머지 아홉 사람이 하는 얘기가 똑같을 수도 있거든요.

유종일 아마 그랬겠지요.

홍종학 우리가 2년 반 동안 카드 사태에 대해서 그렇게 경고를 해도 사람들은 귀를 기울이지 않았죠. 지금에 와서는 대부분의 사람이 우리가 옳았다고 생각합니다. 사실 카드 사태의 본질은 규제를 완화하면서도 미국식 사후 규제인 소비자 보호 장치는 없었다는 겁니다. 그리고 우리는 문제가 터졌을 때 2~3% 높은 이자를 받고 카드채에 투자한 사람들에게 응분의 책임을 지워야 한다고 주장했습니다. 도덕적 해이를 없앨 수 있도록 정부가 규율을 분명히 해야 나중에 시장이 제대로 돌아갈 수 있다고 2년 반 동안 한결같이 얘기했습니다. 그런데 토론회에 가보면 항상 9대 1로 우리가 절대적인 소수예요.

언론도 마찬가지예요. 예를 들어 이 문제가 채권 금융기관의 도덕적 해이냐, 채무자의 도덕적 해이냐를 따졌을 때 10개 중 아홉 개의 신문은 채무자의 도덕적 해이라고 얘기했습니다. 그리고 한 신문 정도가 채무자의 도덕적 해이도 있고, 채권자의 도덕적 해이도 있다고 얘기할 정도였어요. 이런 상황에서 대통령이 과연 그만한 의사결정을 내릴 수 있을까요? 나는 못 내린다고 봐요.

유종일 그렇게만 보면 안 되지요. 한 번 돌이켜보세요, SK글로벌 분식회계 사태가 정권이 출범하기 전인 2003년 2월에 터졌습니다. 그리고 3월부터 카드채 위기가 표면화되었고요. 그런데 이 문제들이 어떻게 처리되었습니까? 처음부터 개혁을 시도하지 않았고, 개혁의지도 처음부터 없었다는 것 아닙니까? 개혁하려고 했는데 힘에 밀려서 못한 것으로 보기는 어렵다는 얘기를 하고 싶어요. 노무현 대통령은 취임 전에 SK 분식회계 사태에 대해 발언한 적이 있습니다. 그 내용이 뭔지 아세요? 우리 경제 사정도 고려해서 검찰이 좀 살살했으면 좋겠다는 것이었어요.

김상조 예. 맞습니다.

유종일 이게 개혁을 하겠다는 분이 할 얘기입니까?

김상조 관료들, 또는 그 관료들을 부리는 대통령의 처지에서 보면 개입을 지시했을 때 말을 잘 듣는 은행들이 필요합니다. 정부로서는 아주 효율적이고 편리한 수단이거든요. 그런데 카드사태나 SK사태 때, 말을 안 듣는 은행들이 가끔 있었어요. 하나은행도 그랬고. 국민은행도 그랬죠. 이 때문에 대통령이나 당시 윤증현 위원장 같은 사람이 나중에 금산분리 원칙에 대한 견해를 바꾸게 되는 중요한 계기가 되었습니다. 정부가 관치를 위해 필요로 할 때 말 안 듣는, 그러니까 금산분리를 주장하면서 정부의 정책적 요청에 협조하지 않는 은행들을 군집행동(herd behavior)이라고 몰아붙이면서 그냥 내버려둬서는 안 되겠다고 생각한 거죠. 결국, 국민은행의 김정태 행장이 물러났습니다. 또 외국 주주들의 지분이 많은 은행은 정부정책에 협조하지 않으니까 정부에 순응하는 금융기관의 존재가 필요하다고 판단한 거죠. 그러니까 관치금융의 폐해는 SK 분식회계나 카드사태와 같은 특정 금융사고의 처리과정에 서만 나타나는 것이 아니라, 결국 개혁 원칙의 포기로 나타납니다. 애초 대선 캠페인에서 약속했던 재벌개혁과 금융개혁의 원칙을 폐기하고, 결국 노무현 정부의 기본 경제정책으로 자리 잡게 된 거예요.

홍종학 조금 과한 얘기를 좀 하자면, 과연 노무현정부가 들어서자마자 SK사태와 카드사태가 터진 게 우연이었을까요?

유종일 음모론을 말씀하시는 건가요? (웃음)

홍종학 금년도 재경부의 경제운용을 보면 작년 하반기부터 모든 경제 문제를 해결하는 쪽이 아닌 미루는 쪽으로 가고 있어요. 그전에도 마찬 가지였어요. 2001년도부터 경제가 굉장히 안 좋아졌거든요. 그것을 카 드 남발로 임시 모면하는 쪽으로 갔단 말이죠. 경제가 2001년 하반기서 부터 시작해서 2002년도 내내 안 좋았는데 경제 관료들이 왜 카드 문제 를 가만 내버려두었느냐 이거죠. 그 사람들이 그걸 모르고 있었을까요? 우리는 그 규모가 90조 원이나 된다는 것까지는 몰랐지만 최소한 재경 부 관료들은 소수라도 카드채의 규모를 알고 있었을 거란 말이죠. 나 는 지금도 똑같은 상황이라고 생각해요. 경제 관료들이 누가 대통령이 되든 자신들과는 관계가 없다고 얘기하는 것이 이유가 있어요. 새 정부 가 들어서면 굵직한 사건이 터져요. 그러면 별 수 없이 대통령은 그 사 건을 막느라고 임기 초반을 다 보내야 합니다. 그래서 문제를 해결하고 이제 뭔가를 해보려고 하면 경기부양을 하는 수밖에 없는 거죠. 그리고 또 2, 3년 지나면 문제가 점점 커지는데 그것을 해결하지 않고 자꾸 뒤로 넘긴단 말이에요.

올해 같은 경우 부동산 문제가 가장 큰 이슈인데, 이 문제도 완전히 해결하지 않고 자꾸 미뤄놓고 있거든요. 2008년 위기론이 나오는 이유 중 하나는 올해에 문제를 해결할 수 없으니까 그런 겁니다. 문제를 해결하려면 강력한 지도력과 통치력, 행정력이 필요한데 대선이 있는 올해에 그런 일을 하기는 어렵죠. 부동산은 폭등해도 문제이지만 폭락해도 문제니까요. 현 상태로 올해를 보냈을 때 내년 경제는 어떻게 되겠습니까? 양극화는 점점 심해지는데 이 문제에 대해서도 아무런 해결책이 없습니다. 심각한 문제들이 모두 내년 초로 다 넘어가는 상황이라고요. 다음 정부도 들어서자마자 문제가 터질 가능성이 아주 큽니다.

김상조 노무현 정부의 실패 원인을 정리해 보면 이런 것 같아요. 물론 개혁의 방향이나 내용도 중요하고, 그 개혁을 얼마나 의지를 갖고 집행하느냐 하는 문제도 중요합니다. 그런데 노무현 정부가 실패한 또 다른 중요한 원인이 있어요. 아까 유종일 교수님께서 노무현 대통령이 당선자 시절에 SK사태에 대한 개인적인 판단을 여과 없이 표출했던 사례를 말씀하셨지만, 또 다른 예로서 2005년 X파일 사태가 터져서 삼성 문제가 불거졌을 때도 마찬가지였어요. 그때 노무현 대통령이 뭐라고 얘기를 했느냐 하면 "이런 정경유착의 문제에 대해서는 우리가 그 구조를 다 알았기 때문에 역사의 평가에 맡기자."라고 했어요. 그러니까 검찰에게 수사하지 말라는 얘기였죠.

유종일 그랬지요.

김상조 그러니까 기득권을 가진 재벌의 문제에 관해서는 경제 질서의 근본이라고 할 수 있는 법치주의, 사법질서의 엄정한 집행을 대통령 자신이 제동을 걸었던 겁니다. 반대로 현대자동차 정규직 노조에 대해서는 아주 일관되고 강하게 비판하는 이중적 태도를 보였습니다. 이런 이중적 태도를 일반 국민이 접하게 되면, 국민의 관심은 대통령이 얘기하는 개혁의 내용보다도 '대통령이 어떤 방식으로 규칙을 집행하느냐?'에 집중됩니다. 달리 말하면 힘이 센 기득권 세력에 대해서는 약하고, 힘없는 대중들에 대해서는 강하게 얘기한다는 인식을 국민에게 심어준 것입니다. 그러다 보니 정책 집행의 실패가 한 걸음 더 나아가 정책 내용에 대한 비판이나 부정으로까지 연결되어 버린 것입니다. 그 결과 모든 것이 실패하는 과정을 겪게 된 것이지요. 노무현 대통령에게 개혁의 의지나 진정성이 있었다고 하더라고, 개혁은 진정성만으로 성공할 수 있는 것이 아닙니다. 앞서 했던 이야기가 반복되는 것이지만, 규칙 집행의 공정성이 확보되지 않은 상태에서는 그 어떤 규칙도 성공할 수 없습니다. 그런데 노무현 대통령은 카드사태 처리과정에서 금융 감독의 원칙을 훼손하고 관치금융을 부활시켰습니다. 또 SK나 삼성 문제의 처리과정에서 검찰 수사에 개입함으로써 사법기구의 엄정성을 파괴했습니다. 그 결과가 노무현 정부의 공정성에 대한 국민적 불신으로 나타난 것입니다.

홍종학 그런데도 정권 말기에 와서 노무현 정부가 성공한 정부라고 나서는데 아연실색할 수밖에 없습니다. 정권의 핵심은 그렇다고 치고, 한심한 것은 이른바 참여정부에서 여당을 했다는 열린우리당의 태도입니다. 과반수 의석을 확보한 이후에 이들의 행태는 정말 이해하기 어렵죠. 이른바 실용주의 노선이라는 것을 들먹였는데, 사실상 정책위원회를 관료출신들이 좌지우지하다 보니까 그렇게 된 것 같아요. 아무튼, 제가 보기에는 실용주의라는 것이 기득권 수호와 큰 차이가 없어 보였습니다. 앞에서 두 분도 말씀하셨지만 개혁의지가 부족한 참여정부의 정책을 과도한 개혁이라고 주장하는 데서는 정말 할 말을 잃을 정도였지요. 그래서 국민의 지지를 잃었는데, 더욱 가관인 것은 그래서 비상지도부가 들어섰는데, 거기서 또 재벌에 대한 규제완화를 주장했단 말이지요. 이런 정도면 사실 참여정부의 실패가 이해될 수 있지요. 개혁이라는 것이 몇 사람이 하는 게 아니잖아요. 제가 토론회에 나가서 열린우리당 의원과 한나라당 의원 그리고 한나라당 의원과 뜻이 같은 전문가와 1:3으로 토론한 적이 여러 번 있었어요. 경제정책에는 진작 대연정이 이루어진 것이지요.

이런 시각에서 보면 노무현정부의 실패와 관련한 공범들을 논의해야 할 것으로 생각합니다. 어떤 의미에서는 이게 더 중요하다고 볼 수도 있어요. 왜냐하면, 노무현 정부는 조만간 끝나지만, 이 공범들은 여전히 존재할 테니까요.

유종일 열린 우리당이라는 게 태생적으로 한계가 뚜렷했습니다. 저는 그 당 처음 생길 때부터 또 하나의 돌발 정당이 생기는구나, 노무현 정권의 임기와 함께 사라질 것이 분명한 시한부 정당이로구나, 이렇게 생각했습니다. 언론 인터뷰에서 그렇게 얘기한 적도 있습니다. 왜 그랬냐? 새 정당을 만드는데 도대체 이념이 없어요. 정강정책 고민하는 사람 한 명도 없고, 무슨 정치개혁 얘기하는데, 전혀 의미가 없는 것은 아니겠지만, 당연히 해야 하는 거고, 정당의 정체성이 될 순 없지요. 그러니까 이념적으로 우왕좌왕하면서 개혁주의와 실용주의를 왔다 갔다 했고요, 경제정책 면만 본다면 개혁은 거의 없었죠. 태생적으로 잡탕 정당이었던 열린 우리당이 더더욱 망할 수밖에 없었던 것은 청와대 눈치보기 때문이었습니다. 대통령이 분양가 원가 공개에 반대해서 당을 물먹였을 때, 정말로 "계급장 떼고 토론"했어야 한 거죠. 적어도 대연정 제안에 대해서는 당이 분명히 제 목소리를 냈어야 했죠. 이건 열린 우리당 국회의원들, 홍 교수님이 공범이라고 부른 이분들 책임이지만, 구조적인 문제도 있다고 봅니다. 대통령 권력이 너무 세다는 거죠. 특히 의원내각제도 아닌데, 의원이 장관 겸직하게 되어 있는 건 큰 문제죠. 의원들이 장관 한 번 하고 싶어서 청와대 눈치를 얼마나 보는지……. 국민 눈치를 그렇게 봤으면 정치가 확 바뀔 텐데요.

제4부

성장과 분배

제5장

선 성장인가? 동반 성장인가?

● 북미와 중남미 경제 격차의 원인은 무엇인가?

곽정수 성장과 분배를 둘러싼 논의로 넘어가 보죠. 참여정부 들어 이 문제만큼 뜨거웠던 논란도 없었던 것 같습니다. 한쪽에서는 선 성장 후 분배를 주장하고, 다른 쪽에서는 성장과 분배는 같이 가야 한다는 '동반성장론'을 내세우면서 팽팽히 맞섰죠. 유 박사님부터 말씀해 주시겠습니까?

유종일 성장과 분배의 관계가 그리 단순하지는 않아요. 시장경제가 정상적으로 작동하여 분배가 비교적 고르게 나타나는 게 가장 이상적입니다. 그런데 분배가 안 좋게 나타났을 때 크게 두 가지 접근법이 있습니다. 우선 시장 참여자들의 여건, 또는 시장 작동 구조를 바꿔서 시장 활동의 결과로서 분배가 나쁘지 않게 하여 주는 방법이 있습니다. 두 번째는 많이 번 사람한테 걷어서 적게 번 사람을 메워 주는 재분배 방식이 있지요.

가능하면 사전적인 정책 수단을 사용하는 게 바람직합니다. 재분배 위주로 하게 되면 그만큼 효율성이나 성장 부분에서 비용이 발생할 수 있기 때문입니다. 그러나 이건 미시적인 얘기이고요. 크게 역사적인 관점에서 보자면, 분배의 형평성이 이루어지지 않으면 지속 가능한 성장이 이루어지지 않는다는 것입니다. 역사적인 사례로 미국이나 캐나다 같은 북미와 중남미는 경제적 수준이 엄청나게 차이가 나는데, 사실 200년 전에는 별 차이가 없었습니다.

김상조 20세기 초까지만 해도 그랬지요.

유종일 그랬던가요? 20세기 초까지는 모르겠지만, 적어도 19세기 중반까지는 비슷했지요. 그 뒤 격차가 커졌는데, 왜 그렇게 북미는 잘살게 되고, 중남미는 여전히 못사는가 하는 문제에 대해서, 여러 가지 답이 있을 수 있습니다.

홍종학 1950년대까지도 남미국가들을 긍정적으로 봤죠. 아르헨티나가 세계 5대 강국이 된다는 소리도 했고요.

유종일 예. 아르헨티나 경우는 특별했죠. 남미대륙 전체로 봤을 때는 격차가 벌어지기 시작했고요. 어쨌든 중남미 국가가 북미 국가보다 경제가 뒤처지게 된 핵심적인 원인은 부와 소득이 지나치게 편중되어 있었다는 것입니다. 대토지 소유주들은 소위 라티푼디아(대농장)를 경영하면서 부와 소득을 독점했고, 이러한 힘을 바탕으로 정부 정책에도 결정적인 영향력을 행사했습니다. 경제성장을 위해서는 교육 등 인적자본과 건설, 교통, 통신 등 사회간접자본에 대한 공공 투자가 효과적으로 이루어져야 합니다. 그래야, 민간투자의 수익률이 상승하고, 그 때문에 민간 투자가 늘어나 경제가 성장하는 겁니다. 이는 국민경제의 전체 수준을 높이는 데 굉장히 중요하지만, 결국 부자들이 세금 내서 해야 하는 일 아닙니까? 하지만, 중남미 국가의 부유층들은 대토지 소유주들이기 때문에 국민경제 성장에 큰 관심이 없었어요. 워낙 많은 특권을 누리고 있었기 때문이죠.

홍종학 그 얘기를 좀 해야 할 것 같아요. 중남미에 대해서 우리나라에 잘못 알려져 있는 게 있습니다. 잦은 쿠데타나 군부 통치 같은 정정 불안 때문에 경제가 성장하지 못했다는 얘기 말입니다. 하지만, 이것은 역관계에 있는 것 같습니다. 오히려 소득분배 격차가 커졌기 때문에 정치가 불안해진 것이죠. 즉 저소득층을 대변하는 정치세력들이 나오면서 이른바 중남미식 포퓰리즘 정치가 시작되었다고 생각합니다.
사실 그것 때문에 쿠데타가 빈번히 일어나는 겁니다. 정리하자면 소득분배 격차가 컸기 때문에 정정 불안이 왔고, 정정불안이 경제의 침체를 가속화시켰다는 거지요. 원래 중남미는 굉장한 잠재력이 있었어요. 1950년대에 스웨덴의 경제학자인 군나르 뮈르달은 "아시아는 희망이 없으나 중남미는 곧 세계 5대 강국, 6대 강국으로 성장할 것"이라고 얘기했을 정도였죠. 그 이유는 풍부한 자원과 유럽과의 교류를 통한 높은 기술 수준 확보, 그리고 높은 교육 수준이었습니다. 그런데 당시의 궁정적 전망이 현실화되지 못한 근본적인 원인은 19세기 후반부터 이어온 빈부격차와 그 때문에 발생한 정정불안 때문입니다.

유종일 그렇습니다. 중남미 국가는 국민경제의 향상을 위해 필요한 투자 재원을 마련하지 못했습니다. 엄청난 부를 가진 부자들은 세금을 내지 않으려 했고, 정부는 세금 거둘 힘이 별로 없었죠. 그러다 보니 부의 편중은 더욱 심화하였고 대중들은 불만을 갖게 되었습니다. 그래서 소위 포퓰리즘 정책이 나온 거죠. 잘못된 구조를 바꾸려고 하지 않고 우선 대중들의 욕구불만을 없애기 위해 무리하게 거시적 팽창정책을 편 겁니다. 그러다 보니 국제수지상의 위기가 온다거나 인플레이션이 수천 %까지 치솟았지요. 결국, 정권이 무너지고, 다시 새로운 정권이 들어서서 안정화 정책을 실시했습니다. 이런 식의 소위 스탑-고(stop-go) 정책이 반복되면서 경제가 점점 망가진 거지요.

혹자는 북미와 중남미의 차이를 법제도가 달라서 그렇다고 얘기합니다. 시장경제에 적합한 영국식 제도를 받아들인 북미는 발전했고, 시장경제에 적합하지 않은 스페인식 제도가 이식된 중남미는 발전하지 못했다는 것입니다. 하지만, 자메이카처럼 완전히 영국식 제도를 가진 나라도 있습니다. 또 미국 남부는 남북전쟁을 할 때까지만 해도 전형적인 중남미식 경제였어요. 농장주들이 대토지를 소유하고 아프리카에서 노예를 데려다가 일을 시키면서 호화판 생활을 했지요. 그렇지만, 전체적인 경제 수준은 산업화를 이룬 북동부에 비해 점점 뒤떨어졌거든요. 남북전쟁 이후 노예가 해방되고 시장이 점차 통합되면서 남쪽 경제가 조금씩 나아지기 시작했습니다. 그래도 남쪽과 북쪽은 경제적 수준이 상당한 차이가 있었는데, 1960년대에 마틴 루터 킹이나 말콤 엑스 같은 사람이 민권운동을 통해 흑인들에게도 실질적인 투표권이 생기고, 노동시장의 통합이 훨씬 진전되고 나서야 비로소 어느 정도 균형을 이룰 수 있었습니다.

● OECD 최저의 복지와 OECD 최고의 자살률

곽정수 유 교수님이나 홍 교수님의 말씀을 종합하면 빈부격차가 경제의 지속적인 성장을 불가능하게 만들기 때문에 적절한 분배는 지속 가능한 성장에 필수적이라는 거죠. 이게 이론적으로나 역사적으로 설득력이 있다는 거죠. 그런데 반대쪽에서 하는 얘기는 과도한 분배정책이 성장을 오히려 가로막는다는 거 아닙니까? 또 성장이 이뤄지면 분배도 자연스럽게 이뤄지는데, 왜 미리 분배를 주장해서 성장을 가로막느냐는 거지요.

유종일 선진국의 경험을 한번 봅시다. 우리가 중남미 얘기를 했습니다만, 선진국을 보면 모든 경제학 교과서에 기본적으로 나오는 게 쿠즈네츠의 역 U자 가설입니다.

곽정수 경제발전 단계와 소득 분배 상태에는 일정한 함수관계가 있다는 이론이지요?

유종일 네. 초기 산업화 과정에서는 소득분배가 좀 악화하는 경향이 있지만, 그 후에 경제성장을 더 지속하면서 분배가 개선된다는 이론입니다. 실제로 선진국치고 소득분배가 그렇게 나쁜 나라는 거의 없습니다. 미국이 예외적으로 나쁜 편이기는 하지만, 전반적으로 보면 선진국일수록 소득분배가 더 형평하다고 확실하게 얘기할 수 있습니다. 하지만, 우리나라는 소득 격차가 점점 심화하고 있어요. 우리 사회가 그동안 건강할 수 있었던 것은 국민이 열심히 일하고, 열심히 공부한 게 제일 큰 힘이었어요. 가난한 사람들도 희망을 품고 그렇게 했다는 겁니다. 그렇게 하면 어느 정도 기회를 잡을 수 있었으니까요. 그런데 격차가 점점 심화하고 이것이 구조화되면서 사람들이 희망을 잃어가기 시작해요. 희망을 잃어버리면 그다음부터는 노력을 안 하게 됩니다. 그리고 파괴적인 방식으로 저항하게 돼요. 그게 이미 나타나고 있어요. 예를 들어 자살률이 OECD 최고 수준에 올랐다거나, 마약이나 폭력 같은 범죄가 증가하는 거지요. 이것은 사회통합을 심각하게 저해하기도 하지만, 우리한테 제일 중요한 성장의 기반이자 경쟁력의 기반인 인적자원의 질을 훼손하게 됩니다. 단기적으로는 확연히 눈에 띄지 않지만, 장기적으로는 우리나라가 가진 유일무이한 경쟁력의 기반을 와해시키는 거예요. 그래서 장기적으로 보면 분배는 성장과 분리된 것도, 상충하는 것도 아니라고 봐야 할 것 같아요.

홍종학 미국이나 유럽 같은 경우도 19세기 후반에 소득분배가 매우 나빠져서 대공황이 온 겁니다. 단순하게 생각해 보면 너무 간단하죠. 양극화가 되면 저소득층은 소비 능력이 없어서 소비를 안 하고, 고소득층은 한계소비성향이 낮아서 소비를 안 해요. 따라서 수출이 아주 지속적으로 늘어나지 않는 한 내수는 침체할 수밖에 없지요. 그것이 바로 대공황이에요. 사람들은 대공황을 겪고 나서야 비로소 자본주의에서 내수 침체를 해결하지 못하면 지속적인 성장은 불가능하다는 것을 인식하게 되었습니다. 이것에 대한 해법이 미국은 뉴딜이고, 유럽은 복지국가입니다. 복지국가가 역사적으로 그냥 나온 것이 아닙니다. 물론 이전의 복지론자들이 주장한 내용도 있었지만, 성장에 대해서 심대한 위협을 느꼈기 때문에 복지를 받아들일 수밖에 없었던 역사적 배경이 있었다고 저는 생각해요. 그래서 미국에서도 사회보장제도가 도입되었고, 유럽에서도 복지국가를 지향한 것이지요. 그런 나라들이 지금의 선진국이 되었습니다. 하지만, 그렇지 못했던 국가들은 중남미 국가들처럼 후진국으로 남았습니다.

유종일 이런 얘기를 하면 이런 반론을 제기하는 사람도 있습니다. "아니, 분배를 하는 게 성장에 아무 문제가 없다면, 사회주의는 왜 망했지?" 물론 정당한 질문입니다. 개인의 노력과 능력, 개인의 선택에 관계없이 결과적으로 모든 사람을 평등하게 만드는 극단주의는 당연히 경제를 망가뜨립니다. 인센티브가 완전히 파괴되니까요.

홍종학 무엇이 주(主)고, 무엇이 종(從)이냐가 핵심입니다. 시장경제의 장점을 살리는 분배 강화냐, 아니냐의 차이입니다.

곽정수 방금 논의된 내용들을 우리가 취해야 될 방향과 관련해서 얘기해보죠. 예를 들면 시장 친화적 분배정책이라는 말이 있잖아요? 과연 그런 게 어떤 건지 얘기를 해보죠.

홍종학 단순하게 얘기하자면, '기회의 평등'을 제공하는 것과 '결과의 평등'을 만들어 내는 것은 굉장히 다르다는 거지요. 기회의 평등은 두 가지라고 저는 봅니다. 우리가 계속 이야기하고 있지만, 하나는 규칙이 공정해야 해요. 예를 들어서 공개입찰을 하는데 어느 한 회사가 내부 정보를 미리 안다면 안 되는 거죠. 또 100m 달리기를 하는데, 누구는 고기 먹고 나오고 누구는 굶고 나오면 안 되는 거죠. 그러니까 정부는 공정한 게임에 참여할 수 있는 기본적인 여건을 만들어줘야 합니다. 지금은 삶의 기본수요인 의식주 중에서 먹는 문제와 입는 문제는 어느 정도 해결되었으니 주거, 의료, 교육 등에 대한 공적 기능을 강화해서 누구든 공정하게 경쟁할 수 있는 여건을 만들어 줘야 합니다. 다시 말하면 공정한 규칙과 공정한 게임에 참여할 수 있는 여건 조성이 기회의 평등에 매우 중요합니다. 그것을 최대한으로 보장하되, 그것만으로 부족하다면 어느 정도까지는 결과의 평등도 보장해줘야 합니다. 정책의 중심을 기회의 평등 쪽으로 놓되, 꼭 필요한 부분에 한하여 결과의 평등을 인정하는 거지요. 사람을 극한 상태로 내버려둘 수는 없으니까요.

● 선 성장 후 분배론은 고도성장기의 향수

김상조 최근 한국 사회에서 특히 보수진영에 있는 분들이 선 성장 후 분배론을 주장합니다. 그 논리가 대중들에게 설득력 있게 들리는 이유를 되짚어볼 필요가 있을 것 같습니다. 사실 우리나라는 과거 고도성장기 동안, 그러니까 80년대 말까지, 더 연장한다면 외환위기 전까지 임금 상승, 고용안정, 근로시간 단축이라는 노동자들이 원하는 세 가지 목표를 동시에 달성한 거의 유일한 나라입니다. 이렇게 성장 과정에서 노동자들의 요구가 해결되다 보니까 국가적 차원에서 복지시스템을 만들어 갈 필요성이 상대적으로 적었어요. 오히려 복지에 신경을 쓰지 않았기 때문에 고도성장이 가능했던 측면도 있고요.

문제는 노동자의 처지에서 본 이 세 가지의 덕목이 외환위기 이후부터 다 깨지기 시작한 거예요. 어느 것 하나 쉽게 달성될 수 없는 상태에 온 거죠. 이런 상황 속에서는 과거에 대한 향수가 발생할 수밖에 없어요. 과거에 대한 향수가 있는데, 재벌을 비롯한 기득권 세력이 과거 고도 성장기를 들먹이며 선 성장 후 분배를 강력하게 주장하니까 노동자들에게도 설득력 있게 들리는 거지요. 이 문제를 돌파하려면 과연 한국 경제가 외환위기 이전, 그러니까 그 세 가지 덕목을 동시에 달성하는 그 성장 시스템으로 다시 돌아갈 수 있느냐를 따져봐야 합니다. 당시의 성장 모델이 현재의 한국 경제에서도 가능하고 바람직한가를 짚어봐야 하지요. 만약 그것이 가능하지도 않고 바람직하지도 않다면 세 가지 목표의 충돌을 어떻게 줄여나가면서 새로운 성장 잠재력을 육성할 것인가를 고민해야 합니다.

저는 과거의 성장시스템이 이제는 바람직하지도 않고 가능하지도 않다고 생각합니다. 유종일 교수님께서 말씀하신 것처럼, 여러 가지 성장 잠재력을 확충하려면 과거에 돌보지 않았던 사회복지 시스템에 대한 국가적 관심이 이루어져야 한다고 판단합니다. 그럴 때만이 시장의 공정한 경쟁을 촉진하는 한편, 경쟁에서 탈락한 사람들에 대한 사회안전망이 동시에 갖춰질 수 있습니다. 결론을 내린다면, 최근 보수진영에서 한국 경제의 침체, 또는 저투자 문제가 과도한 분배정책을 썼기 때문이라고 주장하는 것은 기득권 세력이 자기의 이득을 지키기 위해 과거 모델에 대한 향수를 자극하는 과정에서 나온 것에 지나지 않는다고 생각합니다. 현재 한국 경제의 문제는 체제의 변화과정에서 모든 것이 제대로 돌아가지 않는 과도기적인 불안정성의 상태에서 비롯된 겁니다. 분명한 것은 성장 자체에 의해서 복지가 자동으로 해결되는 단계는 이미 지났기 때문에, 분배 시스템 구축을 통해 성장잠재력 확충을 가능하게 하는 방법을 고민해야 한다는 거지요. 분배 시스템이 제대로 갖춰지지도 않은 상태에서 '이미 분배가 과잉되었다, 너무 과격하다.'고 얘기하는 것은 이데올로기적 공세에 지나지 않습니다.

● 구조조정 촉진형 복지

홍종학 한국 경제는 이미 한 단계 상승되었다고 할 수 있습니다. 우리는 과거 다른 나라에서 한 단계를 넘어설 때 어떤 현상이 일어났는지를 알 수 있지요. 하지만, 일반 국민은 과거의 경험을 근거로 같은 사례가 지금도 반복될 수 있다고 착각합니다. 그런데 가장 중요한 것은 과거에는 우리가 자본이 없는 상황이었다는 사실입니다. 그 상황에서는 노동생산성이 한정될 수밖에 없었지요, 자본이 축적되면 어느 단계까지는 노동생산성이 향상됩니다. 노동자들은 그동안 노동생산성이 계속 향상되었음에도 제 몫을 찾지 못하다가 1987년도에 이르러 노동생산성만큼의 대가를 요구한 것입니다. 그러니까 1987년 이전에는 노동생산성 상승분보다 임금 상승분이 낮았고, 그 이후에는 이전 것까지 따져서 노동생산성 증가보다 임금상승률이 높았단 말이에요.

그런데 이제는 자본 과잉 상태예요. 부문별로 보면 지금 한계상황에서 도태되는 부분이 생겨나고 있습니다. 과거에는 그런 부분이 전혀 없었죠. 모든 게 백지상태였으니까 어떤 부분이든 생산성이 증가했습니다. 그런데 지금은 완전히 퇴출해야만 하는 부분이 생긴 겁니다. 그게 구조조정의 특색이지요. 그러니까 모든 분야에서 자본의 과잉상태에 와 있고, 이제 자본 투입만 가지고 노동생산성이 증가하던 수준은 지난 겁니다. 그래서 지금 기술혁신형이나 혁신주도형 경제 같은 얘기가 나오는 것은 당연한 추세입니다.

그렇다면, 옛날 같은 선순환이 다시 오지 않는 상황에서 우리는 무엇을 해야 하는가? 저는 그런 면에서 구조조정이 굉장히 중요하다고 봅니다. 또 앞으로는 인적자본의 노동생산성을 늘릴 수 있는 분야가 굉장히 주목받게 될 것입니다. 그러면 여기서 왜 복지가 중요시되는가? 저는 줄곧 '구조조정 촉진형 복지'를 주장해왔습니다. 예를 들면 이런 거예요. 한 골목길에 통닭집이 30군데가 있다고 칩시다. 부부가 통닭집을 운영해서 한 달에 버는 돈이 기껏 150만 원이라고 해도 이 사람들은 통닭집을 그만둘 수가 없습니다. 이 사람들을 위한 사회복지가 전혀 마련되어 있지 않은 상황이기 때문입니다. 그렇게 힘들여 일하고 손해를 보면서도 통닭집을 운영해야만 아이들 학교라도 보낼 수 있는 겁니다.

만약 기초생활보장제도 같은 복지제도가 잘 갖추어져서 통닭집을 그만 두더라도 당분간 70~80만 원 정도를 정부에서 보조를 받을 수 있다면, 부부 중 한 사람은 통닭집에서 손을 떼고 취업이나 창업을 위한 재교 육을 받거나 다른 일자리를 구할 여유가 생깁니다. 그래서 그 골목길에서 10군데의 통닭집이 문을 닫는다면, 나머지 통닭집은 더 많은 수익을 올릴 수 있겠지요. 지금 우리는 이런 방식의 구조조정이 필요할 때입니다. 요즘은 직장에서 쫓거나 특별한 기술이 없는 사람들이 예를들면, 통닭집 같은 데로 계속 몰려들고 있어요. 올해는 한 달에 150만 원 벌었지만 내년에는 100만 원밖에 벌지 못할 수도 있습니다. 일자리를 찾지 못한 사람들이 계속 몰리면 내후년에는 그 수준도 안 되겠죠.
통닭집 예를 들었습니다만, 현재 우리나라에서는 이런 상황이 지속하고 있습니다. 특정 부분에서 과잉진입이 계속 이루어지는 거지요. 과잉진입을 멈추게 하고, 구조조정을 통해 폐업시키는 과정이 중요합니다. 한계에 다다른 영세기업이나 중소기업들을 빨리 파산시키고, 다른 일을 찾도록 정부에서 보조를 해줘야 전부가 사는 길입니다.

곽정수 우리나라에서 구조조정 촉진형 복지라고 하면 구체적으로 어떤 제도를 도입할 수 있을까요? 실업연금 같은 것도 해당하나요?

김상조 그렇지요. 그런 것도 하나의 예로 들 수 있겠지요,

홍종학 실업연금도 굉장히 중요합니다. 실업연금이 있으면 해고시키기가 훨씬 쉬워진단 말이에요. 자영업자도 기초생활보장제도가 확립되면 기본임금 정도는 받기 때문에, 시장에서 그 돈을 못 벌면 스스로 퇴출을 결정하기가 쉬워집니다. 구조조정의 핵심은 퇴출이니까요. 현재 과잉 진입된 부분에서 자생력이 없는 사람들은 빨리 퇴출을 시켜줘야 합니다. 하지만, 스스로 알아서 퇴출하지 않기 때문에 정부가 지원해야 한다는 거지요. 예를 들면, 현재 농민들한테 보조를 해주는데, 그 돈으로 땅을 사게 하거나 농민들한테 직접 보조금을 지급하는 것입니다. 미국에서도 농민이 농사를 안 지으면 안 짓는 만큼 보조금을 지원해줍니다. 이런 방식이 우습게 보일지 모르지만, 실질적으로 그런 것들이 동기부합적인 복지정책이 된다는 거지요.

● 복지는 사회적 보험

곽정수 2006년 9월 스웨덴 총선에서 우파연합이 사회민주당을 꺾고 집권한 바 있습니다. 그때 한국의 보수진영에서는 일제히 '스웨덴 복지모델'의 실패가 확인됐다고 떠들썩했잖아요? 그래서 두 달 뒤에 사실 여부를 확인하려고 제가 직접 스웨덴 현지로 취재를 갔었어요. 취재 결과 스웨덴 복지모델이 죽지 않았다는 것을 알았습니다. 스웨덴 복지모델이라는 것이 일종의 사회적 합의의 결과물인데, 대기업 주도의 원활

한 구조조정이 이뤄질 수 있는 경제·사회 시스템을 노동계가 수용하되, 대신 국가 주도로 거의 완벽한 복지체계를 갖추도록 한 거죠. 다른 한편으로는 적극적 노동시장정책이라고 해서, 정부가 앞장서서 탈락한 노동자들을 재교육시켜 시장에 재배치하는 노력을 기울였어요. 그런데 지난번에 기획예산처에서 '비전 2030'을 발표했을 때, 보수언론들이 일제히 재원부분을 지목하면서, "말도 안 되는 것"이라고 공격했잖아요. 몇 십조 원을 어떻게 마련하느냐, 장밋빛 얘기 아니냐고……. 그때 정부가 이렇게 반박을 했죠. "장밋빛이라고 하지만, 몇 년 앞의 우리 복지수준 목표도 현재의 선진국 수준보다 낮은 것이다." 최소한의 복지시스템조차 거부하는 보수진영을 꼬집은 거죠.

홍종학 참 한심한 일이 아닐 수 없습니다. OECD 국가들과 비교해 보면 한국의 복지예산이 창피할 정도로 적다는 것은 분명하죠. 이 분명한 사실조차 인정하지 않는다면, 합리적 논의를 하기 어려워요. 복지에 대해서 이렇게 부정적인 반응을 보이면서 어떻게 정권을 잡겠다는 것인지, 저로서는 이해할 수 없어요. 반면에 정부에도 문제가 있습니다. 자꾸 복지예산만 얘기하는데, 제가 양쪽 진영 다 이해를 못 하는 게 있어요. 예산 내역을 선진국과 비교해보면 한국의 전체 예산에서 차지하는 복지예산의 비중이 턱없이 작습니다. 이 말은 전체 예산 중에서 다른 나라보다 기형적으로 많은 비중을 차지하는 부분이 있다는 것이죠.

곽정수 그게 무엇일까요?

홍종학 이게 대부분 건설투자입니다. 그러면 당연히 건설투자를 줄여야지요. 여기에 들어가는 예산을 줄이자는 얘기를 아무도 안 하고 있기 때문에 당연히 복지예산이 줄어들 수밖에 없는 거예요. 정부도 다른 분야의 예산을 줄여 재원을 마련할 수 있는 명확한 방법이 있는데도, 재원 마련 방안은 이야기하지 않으니까 진정성을 의심받는 것입니다. 어떤 의미에서는 현 정부도 복지를 단순히 구휼적 복지, 또는 경기부양을 위한 복지 정도로 생각하고 있는 것이 아닌가 하는 의심이 들 정도예요.

더욱 안타까운 것은 우리 사회에서 복지에 대한 이해가 근본적으로 부족하다는 것이지요. 앞서 유 교수님께서 계속 강조하셨는데, 복지는 시장경제체제의 지속성장을 가능하게 하는 필수불가결한 요소예요. 특히 제가 강조하고 싶은 것은 정부의 많은 복지예산이 사실상 사회적 보험(Social Insurance)에 들어가고 있다는 사실입니다. 재정학에서는 잘 알려진 이야기인데요, 미국의 저명한 재정학자인 펠트슈타인(Feldstein)의 구분을 따르자면 복지재정은 크게 사회적 보험(social insurance)과 후생지원(welfare benefits)으로 나눌 수 있어요. 후생지원은 경제학에서 'means test'란 용어를 사용하는, 생계수단이 제대로 갖춰졌는가를 구분하는 것이지요. 기본적인 생계를 꾸려갈 수 없을 때 정부가 지원하는 것이 후생지원입니다. 우리나라의 기초생활보장제도 같은 것이 대표적입니다.

반면에 사회적 보험은 어떤 조건에 처했을 때, 즉 실업(실직 시), 연금(일정 연령 이상 도달 시), 의료, 장애, 배우자(배우자 사망 시) 보험과 같이 일정한 상황이 발생했을 때 지급하는 것입니다. 저는 이 두 가지가 기능이 다르다고 생각해요. 사회적 보험은 일종의 패자부활전의 성격이 강하지만, 후생지원은 시장경쟁에 다시 뛰어들기 어려운 사람들을 위한 최종적인 지원책입니다. 물론 그 자녀를 생각할 때는 이것도 패자부활전의 성격이 아주 없는 것은 아니지만요.

아무튼, 복지가 사회적 보험이라는 인식이 대단히 중요합니다. 우리 사회에서는 이 점을 제대로 이해하지 못하기 때문에 복지가 필요 없다는 주장이 등장합니다. 복지가 필요 없다고 주장하는 것은 보험회사가 필요 없다고 주장하는 것과 같습니다. 비유가 과한지는 모르겠지만, 민간 보험회사가 하지 못하는 일을 정부가 하는 것이고, 그것이 시장경제의 지속적 성장을 위해 반드시 필요하다는 두 가지 명제는 최소한 받아들여야 하지 않느냐는 것입니다.

정부의 역할을 줄이고 민간 보험회사의 역할을 강화하는 것이 좋다는 주장도 할 수는 있어요. 예를 들어 최근 도입된 기업연금 같은 것이 여기에 해당합니다. 그러나 이것도 반드시 민간이 대체할 수 있다는 확신이 선 이후에 정부의 역할을 줄여야 합니다.

지금 우리 사회는 과거와는 구조적으로 달라요. 경제성장을 거치면서 도시화하였고, 가족제도도 핵가족화되었습니다. 그 결과 과거의 공동체 문화가 거의 붕괴하였지요. 공동체 붕괴의 의미는 과거에는 대가족이나 촌락공동체에서 조금이나마 부담하던 복지시스템이 지금은 모두 사라져 버렸다는 것입니다. 공동체가 붕괴하였는데도 우리 사회가 그동안 사회적 보험의 필요성을 절실하게 느끼지 못했던 것은 지금까지 고속성장을 지속해 왔기 때문입니다. 사회적 보험에 공동화 현상이 발생했는데도 그것을 피부로 느끼지 못한 거죠. 그런데 외환위기 이후로 대규모 실업자가 발생하니까 고통이 매우 커진 거예요. 그런데도 복지가 성장을 둔화시킨다느니 하는 엉뚱한 논의들만 해왔습니다.

정리하자면 이렇습니다. 과거 촌락 공동체에서 제공하던 사회적 보험이 없어졌으므로, 이제는 더 큰 공동체인 국가가 사회적 보험 체계를 조속히 갖춰야 합니다. 이것은 시장경제가 발전하기 위한 당위의 과제라는 점을 강조하고 싶어요.

곽정수 한번 거꾸로 얘기해 보지요. 지금은 우리 형편에 맞지 않게 복지예산을 과도하게 책정하기보다는 오히려 성장잠재력을 키우는 쪽으로, 예를 들어 R&D 예산을 늘린다든가 하는 방향으로 가야 하는 것 아니냐는 의견도 있잖아요?

● 성장촉진형 재분배

유종일 복지예산을 과도하게 늘리는 것은 저도 사실 반대합니다. 그런데 얼마만큼이 과도한 건지가 문제죠. 지금 우리나라의 복지수준은 너무나 형편없어요. OECD 국가 평균의 3분의 1수준밖에 안 되니까요. 그리고 복지지출을 바라보는 시각을 조금 교정할 필요가 있습니다. 하나는 재정에서 복지지출을 안 하면 결국 개인이 부담하게 되는 부분이 있다는 거죠. 유럽의 복지국가들에 비해서 우리나라의 가계지출에서 교육비나 의료비 등이 차지하는 비중이 훨씬 크거든요. 돈이 세금이나

사회보험료로 나가든 아니면 직접적인 가계지출로 나가든 어떻게든 나
간다는 겁니다. 이렇게 볼 때 어떤 방식이 사회적으로 더 효율성과 형
평성을 가지는가, 이걸 따져봐야 한다는 겁니다.

또 하나의 측면은 복지지출이 성장잠재력 배양과 반드시 상충하는 것
은 아니라는 겁니다. 복지지출에도 여러 가지가 있지만 인적자원의 질
을 높이는 것은 미래의 성장잠재력을 키우는 일입니다. 그래서 린더트
(Lindert) 교수는 방대한 역사적, 통계적 분석을 근거로 소득재분배가
경제성장을 저해하지 않았으며 오히려 재분배가 경제성장과 양의 상관
관계가 있음을 보여주었죠. 즉, 얼마든지 '성장촉진형 재분배'(growth-
enhancing redistribution)가 가능하다는 겁니다.

저는 지금 우리나라에서 성장촉진형 사회지출이 많이 있을 수 있고 또
필요하다고 보는데요. 가장 중요한 게 영유아 보육입니다. 인적자원 개
발 초기단계에 대한 지원 인프라를 강화함으로써 빈곤의 대물림 방지
뿐 아니라, 여성의 경제활동 참여율과 출산율 제고 등도 도모할 수 있
을 것이기 때문입니다. 그리고 공교육에 대한 투자를 대폭 늘려 교육의
질을 획기적으로 높여야 합니다. 그렇게 해서 인적자원의 질을 높일 뿐
만 아니라 사교육비 문제도 없애야 하고요. 그리고 평생교육과 적극적
노동시장정책이 또한 중요합니다.

홍종학 물론 R&D 예산을 늘리는 데 대해서는 저도 동의합니다. 하지
만, 동의하기 전에 지금까지의 R&D 예산이 효율적으로 집행되고 있는
지를 검토해야 한다는 것을 강조하고 싶습니다. 이 얘기는 국가재정 운

용의 효율성과 연관되어 있습니다. 복지예산도 마찬가지입니다. 복지
예산을 물 쓰듯이 써 버리면, 구조조정을 촉진하지 못합니다. 다른 정
부 지원예산도 마찬가지입니다. 중소기업지원 자금이 중소기업한테 가
지 않고 관료들과 유착된 컨설팅 업체들만 이익을 본다거나, 농촌 지원
자금이 농민보다는 수익성도 없는 농촌기업에 가서는 안 됩니다. 이런
식으로 예산이 효율적으로 배분되지 않으니까 결국은 도덕적 해이만
불러오는 겁니다. 더 문제가 되는 분야도 있어요.

다리를 건설하기 위해 비용편익분석을 해보면, 도저히 편익이 안 나오
는 일도 있습니다. 그런데도 계속 다리를 건설하고 있습니다. 투자비용
보다 편익이 거의 없는데도 계속 다리를 건설하는 것은 선거 때 유권자
에게 공약했기 때문입니다. 그런데 돈이 없어서 건설하지 못하니까 이
른바 민자유치제도를 도입합니다. 예전에는 BTO(build to operate) 라
고 했는데, 민간자본으로 건설한 후에 민간이 요금을 받아 건설비를 충
당하는 것입니다. 원래 외국에서는 민간의 창의적인 아이디어를 적용
하려고 도입한 거예요. 그런데 생각해 보세요. 인천공항을 새로 만들면
서 그곳까지 고속도로를 건설하는데 무슨 민간의 창의적인 아이디어가
필요합니까? 더구나 건설업자는 고속도로 통행량을 부풀려 막대한 비용
을 국가에 청구하고, 엄청난 비용을 사용자에게 징수하고 있습니다.
최근에는 BTL(build to lease)을 주로 활용하고 있습니다. 민간 기업이
시설물을 건설하고 정부가 다달이 이용료를 내는 개념이지요. 한마디
로 말하면 BTL은 정부의 공식적 분식회계입니다. 학교 부지가 필요하
면, 당연히 정부예산에서 지어야지 왜 BTL을 합니까? 그럴 만한 이유

가 있습니다. 정부예산 감시기구를 피할 수 있는 것이 바로 BTL입니다. 그러니까 비용편익분석을 한 후 타당성이 검증되어야 정부예산을 쓸 수 있고, 그것도 국회 심의를 거치게 되지요. BTL은 그게 필요 없습니다. 당장 예산에는 잡히지 않거든요. 국채를 발행해서 건설하는 것이나 BTL로 건설하는 것이나 미래에 부담되는 것은 매한가지입니다.

유종일 매한가지가 아니라 더 나쁠 수 있어요.

홍종학 그렇습니다. 이 문제를 해결하려면 낭비 예산을 줄여야 하는데, '비전 2030'을 얘기하는 사람들도 그 얘기는 하지 않고 있습니다. 그러니까 당연히 복지예산이 모자랄 수밖에 없지요. 건설투자가 SOC(사회간접자본) 투자라서 성장에 중요하다고 주장하는 사람들이 있는데, 이렇게 이상한 방식으로 건설투자하는 것은 아직도 우리가 건설과 관련되어서는 근대국가에 미치지 못하고 있다는 것을 의미합니다. 아까 자유주의적 과제가 아직 해결되지 않았다는 얘기도 있었습니다만, 바로 이런 부분에서 명확히 드러나고 있습니다. 하여튼 건설에 관한 한 고속도로든 아파트든 총체적으로 썩었어요.

● 복지 재정은 예산의 효율화로 높일 수 있다

유종일 아까 '왜 노동자들이나 서민들까지도 선 성장, 후 분배론에 현혹되는가?' 하는 문제가 나왔습니다. 덧붙이자면 1980년대 말까지는 우리 경제가 자동적인 동반 성장기였기 때문이라고 생각합니다. 그런 경험 때문에 성장을 하면 분배도 된다는 믿음을 어느 정도 가진 거죠. 또 하나 짚고 넘어가야 할 문제가 있는데요. 노무현 정부가 분배정책을 추구했다는 주장입니다. 과연 그랬는가? 결과적으로 어떻게 되었는가? 이 문제를 따져봐야 합니다.

곽정수 더 악화하였다는 말씀이죠?

유종일 예. 진짜 문제는 '분배정책을 하려다가 오히려 분배가 악화하였다.'는 인식이 퍼져 있다는 겁니다. 보수언론이 계속 그렇게 얘기를 하고 있고, 정부도 이를 뒷받침을 해주고 있지요. '비전 2030'도 드러내놓고 분배를 자꾸 얘기하니까 보수언론이 더 날뛰는 것입니다. 사실 정부는 진정성, 개혁, 분배 같은 말들을 타락시켰습니다. 실제로 분배정책을 했느냐면, 그렇지 않단 말이에요. 가장 손쉽게 할 수 있는 조세정책을 보세요. 이 정부에 들어와서 어떤 세금을 인하했는지 보세요.

홍종학 거꾸로 갔죠.

유종일 법인세, 소득세, 특소세를 인하했습니다. 이 세 가지 세금인하의 혜택은 압도적으로 고소득층한테 가게 되어 있습니다. 그리고 서민들한테 피해가 집중되는 세금은 올렸습니다. 교통세, 주세, 담뱃세 같은 것들이죠. 이게 서민들한테는 제일 비중이 큰 거거든요. 그렇게 해놓고 입으로는 분배를 이야기한단 말이에요. '비전 2030'에 대해서도 보수진영에서는 '성장해야 하는데 왜 자꾸 분배를 얘기하느냐?'라고 하지만, 실제로 '비전 2030'에서 제시하는 복지 수준이 너무 낮아서 문제예요.

곽정수 실제로 한편에서는 너무 낮다는 비판이 있었지요.

유종일 너무 낮아요. GDP에서 차지하는 복지예산의 비중이 늘어나긴 하지만, 그것은 대부분 인구구조의 고령화 때문이지 복지수준을 올리기 때문에 그런 게 아닙니다. 저는 복지수준을 더 올려야 한다고 봐요. 그리고 지금 쓸데없이 낭비되는 예산이 엄청나게 많은데, 철저하게 점검해서 줄여야 해요. 특히 건설 부분이 그렇습니다. 일본을 토건국가라고 부르잖아요? 농촌에 신칸센을 놓았다고 우리가 비웃기도 합니다. 그리고 일본 국회에 '족(族) 의원'이라고 업계의 이익을 대변하는 집단이 있는데, 가장 영향력이 강한 게 바로 건설 족입니다. 그래서 일본에서는 건설을 굉장히 많이 한다고 합니다. 그런데 우리나라 GDP에서 차지하는 건설업의 비중은 일본의 두 배에 달하고 있습니다. 비근한 예로 연말만 되면 보도블록을 다시 깔고, 지금도 불필요한 도로들이 많이 들어서고 있잖습니까? 건설은 단기적인 경기부양이나 비자금 조성과 연관되어 있어요. 그런 구조를 고쳐야 해요.

그다음에 R&D 예산도 얼마나 방만하게 운영되는지 모릅니다. 우리나라 R&D 예산이 매우 많아요. 그런데 R&D 지원의 효과는 지지부진합니다. 그 효과를 쉽게 측정할 수 있는 건 아니지만, 하준경 박사가 계량경제학으로 분석한 것을 보면 R&D 투자의 생산성이 형편없거든요. 미국보다 R&D 투자의 효과가 약 4분의 1밖에 안 된다는 겁니다. 단편적으로 돈이 줄줄 새는 건 흔히 볼 수 있지요. 예를 들어서, 누리사업[18] 같은 것도 예산이 아주 방만하게 운영되고, 그래서 심지어 지방대학 교수들의 유흥비로 마구 샌다고 합니다. 그리고 어느 정부든 새 정부가 들어설 때마다 새로운 사업을 벌입니다. 이런 사업에서는 특히 예산낭비가 심한데 그것에 대해서 철저한 반성이 없어요.

세 번째로 가장 결정적인 문제는 복지를 구현하려는 정치적 의지나 기반이 없는 상태에서 말만 던진다는 겁니다. 지금 이 정부가 세금 올릴 의지가 있습니까? 능력이 있습니까? 없거든요. 그래서 '비전 2030'이 비판받는 거죠. 한 가지만 더 얘기를 하자면 아까 '구조조정 촉진형' 복지를 얘기하셨는데, 저는 사전적인 복지와 구조개혁을 얘기하고 싶어요. 사전적인 복지로서 가장 중요한 게 인적자본입니다. 빈부가 대물림되지 않고 어려운 여건 속에서 태어나도 자기 능력을 최대한 개발해서 시장경쟁에 뛰어들 수 있게 해주어야 합니다. 부잣집 자식이 아니면 명문대학에 가기가 어렵고, 명문대 출신이 아니면 성공하기 어려워서는 안 된다는 겁니다.

구조개혁은 과거의 자동적 동반성장이 더는 안 되는 상황에서, '선 성장 후 분배'가 더는 안 되는 구조를 바꾸는 것입니다. 중요한 것은 경

18) 지방대학혁신역량강화사업(New University for Regional Innovation)으로, 대학과 지자체, 산업체 등이 공동으로 사업단을 구성해 지역발전에 필요한 다양한 분야의 인력을 양성하는 참여정부의 대형 국책사업이다.

제가 성장해도 고용창출이 충분히 안 된다는 겁니다. 이게 재벌 위주로 성장해서 그렇거든요. 재벌이 GDP에서 차지하는 비중이 점점 커지는데, 고용비중은 점점 줄어들고 있습니다. 아웃소싱이라도 국내 중소기업에서 전부 맡으면 모르지만, 세계화된 상태에서 그것을 기대할 수 없잖아요? 그래서 경쟁력 있는 중소기업들이 많이 활성화되어서 고용을 창출하는 구조로 바꿔야 합니다. 이런 근본적인 문제를 놔두고 대기업집단들을 위해 출총제를 풀어주고, 이들한테 투자를 구걸하여 성장을 통해 양극화 문제를 해결한다는 것은 논리가 완전히 전도된 것입니다.

홍종학 '비전 2030'의 대체적인 방향은 옳다고 할 수 있습니다. 문제는 재원입니다. 재원마련을 위한 방안이 설득력이 없으니까 저항이 강할 수밖에 없죠. 모든 걸 세금을 걷어서 하려고 하니까요. 그래서 저는 '비전 2030' 얘기를 하면서 진짜로 하려는 건지, 립 서비스인지 알 수가 없습니다. 그 방향으로 가야 한다면 제일 먼저 건설 분야에 대한 투자를 줄여야 합니다. 거기서만 수십조 원의 재원을 확보할 수 있으니까요. 만약 그런 대안을 제시했다면, '비전 2030'이 어느 정도 설득력이 있었을 겁니다. 그러나 건설 분야를 구조조정하지 않은 채 '비전 2030'을 추진한다는 것은 퍼주기 식 복지밖에 될 수 없을 겁니다.

● 적극적인 노동시장 정책

김상조 홍 교수님께서 구조조정 촉진형 복지정책을 얘기했는데, 사실

구조조정이란 것은 사용자 측에서 본 것이고, 노동자 처지에서 본다면 적극적인 노동시장 정책입니다.

홍종학 구조조정이 영어로 restructuring이죠. 사용자, 노동자 구분할 게 아닌데요. 우리나라 사람들은 구조조정이라면 정리해고를 먼저 연상하기 때문에 오해의 소지가 있을 수 있습니다.

김상조 기업 구조조정으로 방출된 노동자들이 새롭게 취업할 수 있도록 능력을 키워주는 것이 핵심이기 때문에 구조조정과 적극적 노동시장정책이 결합하여야 합니다. 사실 복지의 기본은 노동시장에서 각자의 기본적인 생활 수요가 충족되고, 충족되지 못한 부분을 국가에 의한 사회복지시스템으로 메워주는 것이죠. 따라서 노동시장에서 가능한 한 많은 복지 문제가 생산적으로 해결될 수 있게 하여 주는 게 가장 중요합니다. 그런데 복지를 이야기하게 되면 정부의 책임만이 거론되는데, 저는 적극적 노동시장정책 또는 노사관계 시스템과 관련해서 사용자와 노동자가 해결해야 할 과제가 어떤 의미에서는 더 중요하다는 생각이 들어요.

서구 사회에서는 전국적 차원에서 노동조합과 사용자 단체가 근로조건, 특히 임금조건에 대한 기본적인 기준을 만들면 이것이 노조가 있든 없든 개별 업종과 기업 차원에 적용되는 시스템이 있었습니다. 그런데 이런 시스템이 노동시장의 경직성을 가져온다고 해서 노동시장 유연화 정책을 도입하게 되었죠. 노동시장이 유연화되면서 노사관계에 대한 의사결정권한을 하향 분권화하게 되었습니다. 그래서 의사결정 자체가 전국적 차원에서 산업별 차원으로, 또는 산업별 차원에서 개별기업 차원으로 내려와서, 결국 개별기업의 특수성이 더 강조되는 방향으로 변화해 왔습니다. 그런데 우리나라는 서구와는 정반대의 상황에 있는 것 아니겠습니까? 현재 우리나라에서 노사관계에 대한 모든 의사결정은 개별기업 차원에서 이루어지고 있습니다. 하나의 그룹이라고 하더라도 계열사마다 의사결정이 달리 이루어질 수밖에 없는 상황에서는 노동시장 유연화 정책이 고용과 임금의 문제를 선 순환적으로 해결하는 방법이 아니라는 겁니다. 서구 사회에서는 과거 고도로 중앙집권화되었던 의사결정 권한을 하향 분권화하는 차원에서 노동시장의 유연화가 진행되었는데, 유연화가 세계적 추세라는 이유만으로 우리도 그렇게 한다면 갖가지 문제가 발생할 수 있습니다.

우리는 모든 노사관계 의사결정이 개별기업이라는 밑바닥에서 이루어지고 있기 때문에, 사용자들이나 기득권 세력에게 악용되어 현재 파편화되어 있는 노사관계의 의사결정 구조가 더욱 파편화되어 문제를 악화시키리라 생각합니다. 최근의 비정규직 문제가 그 단적인 증거이지요. 그런 의미에서 사용자와 노동조합이 더욱 심각하게 고민해야 할 것은, 우선 개별사업장 단위에서 모든 의사결정이 이루어지는 노사관계의 기본 틀을 지역별 또는 산업별 차원에서 최소한의 공동의 기준을 만드는 틀로 바꾸는 것입니다. 이 공동 기준에 포함되어야 할 최소한의 내용은 노조 유무 또는 노조 가입 여부에 관계없이 모든 노동자에게 적용하는 방향으로 노동시장의 구조 변화가 있어야 합니다. 또 그것을 정부가 적극적으로 지원하고 견인해야겠지요. 이렇듯 노사정 간의 노동시장 정책에 관한 기본적인 패러다임을 변화시키는 것이 어떤 의미에서는 성장과 분배의 충돌을 완화하는 가장 핵심적인 과제가 아닌가 하는 생각이 들어요.

유종일 제가 양극화 문제에 관해서 토론하면서 정부의 고위 관료들에게 비슷한 얘기를 한 적이 있었는데, 전혀 관심도 없고 오히려 강하게 반대를 하더라고요.

홍종학 어떤 면에서요?

유종일 잘은 모르겠지만 노동조합의 힘을 강화시킬 수 있다는 생각 때문에 그럴 거라고 짐작합니다. 바로 이런 데서 입으로는 분배를 말하는데 실제로는 별로 관심이 없다는 게 드러나는 거예요. 산별노조라든지 지역별 교섭을 제안했는데, 전혀 관심이 없었어요. 이것은 노동운동도 심각하게 반성해야 할 부분이라고 생각합니다. 1987년 노동조합이 강화되기 시작한 후 기업 간 지불 능력에 따라 임금 격차가 심해졌습니다. 우리나라 산업 구조는 재벌과 대기업 위주로 되어 있잖아요? 전에는 노동자들이 힘이 없다가 노동조합의 힘이 세지니까 지불능력이 높은 기업은 임금을 많이 올리고, 그렇지 않은 기업은 못 올라갑니다. 줄 돈이 없는데 노동조합이 요구한다고 무슨 소용이 있겠습니까? 그러니까 대기업과 중소기업 사이에 임금 격차가 엄청나게 벌어졌습니다. 당시에 노동 운동계의 중요 인사들 몇 분과 이 문제를 얘기한 적이 있어요. 노동운동에서 제일 중요한 게 노동자들의 대동단결이고, 그러려면 노동자들 내부에 형평성과 연대가 보장되어야 하는데 시장에서 독점적 지대를 누리는 대기업 노동조합들만 득을 보는 노동운동이 성공하겠느냐고 물었죠. 그랬더니 저를 '개량주의자'라고 야단치더라고요. 그러면서 "지금은 경제투쟁으로 대중을 자극하고 동원해야 하는 시점인데 쓸데없는 소리 하지 마라."라고 하더군요. 이렇게 비현실적이고 과격한 생각이 결과적으로는 노동운동을 매우 비 이념적이고 조직 이기주의에 갖힌 또 하나의 보수적인 힘으로 만들어 버린 거지요.

지금 '누가 개혁과 진보의 실패를 말하는가?'라고 얘기하지만, 개혁과 진보의 실패라는 담론을 만들어 내는데 노동계도 상당히 책임을 져야 한다는 말을 하고 싶어요.

● 미국식도 유럽식도 아닌 뒤죽박죽 경제 시스템

김상조 사용자 측의 문제에 대한 얘기를 먼저 마무리하겠습니다. 경제 시스템이란 기업 지배구조, 금융제도, 하도급제도, 시장경쟁구조, 조세 시스템, 노사관계, 사회복지제도 등 다양한 하위제도들이 합쳐져서 이루어집니다. 이 하위제도들이 하나의 원리에 따라 상호 보완성 있게 구성될 때, 경제 시스템 전체가 효율적으로 움직이는 것 아니겠습니까? 그렇게 이루어진 경제 시스템을 우리가 보통 영미식 주주자본주의 모델이냐, 유럽대륙식 이해관계자자본주의모델이냐 하는 식으로 구분하잖아요? 그런데 우리나라의 재계나 보수진영은 굉장히 모순된 얘기를 하고 있어요. 하위제도 중에서 노동시장의 유연화, 하도급 관계에서의 아웃소싱 확대, 조세 부담 경감, 사회복지 부담 경감 등의 측면에서는 영미식 모델의 도입을 주장하면서, 기업지배구조 측면에서는 경영권 방어 장치의 도입, 금산분리 원칙의 폐기 또는 완화, 인내 자본으로서의 은행의 역할 등에서는 유럽대륙식 모델의 도입을 주장하거든요. 그러니까 재계 또는 기득권 세력의 주장을 한데 모아 보면 상반된 모델의 요소가 뒤죽박죽 섞여 있어요.

유종일 자기들 편한 대로 여기저기서 끌어다 모아놓는 거죠.

홍종학 아니, 재계 입장에서는 너무나 당연할 수 있어요. 그걸 받아들이는 재경부가 문제지요.

김상조 그러니까 재계는 이 모순된 얘기를 '기업하기 좋은 환경'이라는 말로 포장하여 정부에 요구하고, 정부는 이를 받아들인 것이 지난 4년 동안의 과정이었어요.

유종일 재경부만 그런 게 아니라 법무부도 마찬가지입니다.

곽정수 사실 요즘 분위기는 다 그런 셈이지요.

김상조 정부로서는 한국경제의 미래에 대해 이 모델을 선택할 수도 있고, 저 모델을 선택할 수도 있어요. 그것은 집권을 향한 정치세력의 선택이고, 그것에 대해서 국민이 판단하고 투표하는 것이지요. 그리고 어느 모델을 선택하든 간에 정책이 일관성 있게 집행된다면, 재계로서도 정부의 정책 방향을 염두에 두면서 이런 하위제도와 관련한 요구를 자기 나름대로는 일관성 있게 마련해 가겠지요. 문제는 노무현 정부가 재계의 모순된 얘기를 다 받아들이는, '밀면 밀리는 정부'라는 인식을 줬다는 겁니다. 그 결과 재계에서는 모순된 주장을 뒤섞어서 '기업하기 좋은 환경'이라는 것으로 묶어서 주장할 수 있었고, 정부가 그걸 받아들임으로써 경제 시스템 전체가 후퇴한 겁니다. 이런 상황 속에서는 재계의 모순된 요구가 완전히 실현된다고 하더라도 성장과 분배를 조화시키는 효과를 낳을 수가 없습니다. 결국, 재계의 모순된 요구를 용인하는 정부 정책의 비일관성이 성장과 분배의 갈등을 더욱더 증폭시키는 근본적인 요인이라고 저는 생각합니다.

홍종학 저도 동감합니다. 미국식 시스템을 얘기하지만 미국 정부가 시장에 개입해서, 예를 들면 R&D 자금을 기업한테 저렇게 주나요? 나는 정부가 대기업에 얼마나 세금을 감면해 주고 R&D를 지원했는지 통계 좀 봤으면 좋겠어요. 그런 통계조차 없단 말이죠. 지금 정부가 대기업에 국고에서 엄청나게 지원을 해주고 있을 거란 말이죠. 세금 감면해 주고.

유종일 신성장 동력 산업을 선정해서 지원하는 것도 결국 대기업한테 절대적으로 혜택을 주는 사업들이지요.

홍종학 지금 우리가 다른 그룹하고 다르다고 하는 것은 그런 거지요. 어떤 정책이든 일관성을 가져야 하는데 그게 없어요. 모든 것이 특정 이익집단의 이해관계에 맞춰져 있습니다. 지금 우리 경제체제는 굉장히 위험한 상태에요. 유럽형도 아니고, 미국형도 아닌 최악의 상태로 가고 있습니다.

곽정수 재벌들은 그것을 '한국형'이라고 부르죠. 노사정 모델이나 적극적 분배정책에 반대하는 면에서는 영미식 경제시스템과 유사하지만, 경제 주권을 보호한다는 명분으로 기업에 경영권 보호 장치를 주장하는 것은 유럽형 시스템과 비슷하지요. 그러면서도 노사 대타협, 기업에 대한 사회적 통제 같은 유럽형 시스템에 대해서는 반대하거든요. 삼성경제연구소는 이것을 묶어서 '한국형 신발전주의'라고 불렀던 것 같아요.

홍종학 그 '한국형'이라는 것이 지금 중남미 형으로 편향되어 가고 있다는 거지요. 상당한 정도로 말이죠. 만약 그렇지 않다면 다른 역사적 사례가 있는지 이야기하자고요. 영미보다도 더 형편없는 분배정책을 하고 있으면서, 복지병 운운하면 안 되지요. 핵심은 한국의 분배정책이 OECD 국가 중에서 모든 기준에서 볼 때 최악에 속한다는 사실입니다. 외국과 비교했을 때 그렇게 형편없는 분배정책을 하는 나라에서 복지병을 이야기하는 것은 한마디로 코미디입니다.

유종일 기업에서는 기업하기 좋은 환경을 요구하잖아요. 반 기업 정서, 지나친 규제, 그리고 전투적인 노동조합, 이런 것들 때문에 못 해먹겠다고 아우성입니다. 이들의 논리는 이런 것들 때문에 투자가 안 되고, 그러니까 성장이 안 되고, 그러니까 일자리가 안 만들어지고, 그래서 민생도 어렵다는 것입니다. 이를 해결하려면 기업이 일할 맛이 나게 해 줘야 한다는 겁니다. 기업인들 칭찬도 좀 해주고, 자꾸 교도소에 잡아 넣지 말고, 세금도 싸게 해주고, 규제도 풀어줘야 한다는 것이지요.

이 논리가 국민에게는 설득력이 있게 들립니다. 특히 서민층일수록 이 런 말에 더 귀를 기울여요. 오히려 중산층들이, 먹고살 만한 사람들이 사실은 분배도 더 해야 한다고 하죠. 여론조사를 해보면 그렇게 나옵니 다. 이 문제에 관해서 분명하게, '왜 아닌가?'를 말해야 합니다. 단기적 으로 보면 그들의 말이 맞을 수도 있어요. 그래야, 투자를 더 할 수 있 죠. 실제로 과거에 이런 식으로 재벌 중심, 물적 투자 중심으로 신나게 성장했지요. 그리고 그 고도성장이 고용확대로 이어지면서 분배도 상 당히 좋아졌습니다.

박정희 씨가 처음 집권했을 때, 도시 실업률이 20% 가까이 되었습니다. 대학 나와도 취직할 데가 없었어요. 그리고 농촌에도 어마어마한 산업 예비군이 있었고, 가정에도 있었고요. 이게 어느 정도 흡수된 게 1980 년대 말입니다. 3저 호황 때 결정적으로 노동시장이 완전고용 상태가 되었고, 노동조합도 힘을 갖게 되었죠. 과거에는 선진국 산업 베끼기, 기술 따라잡기에 의한 손쉬운 산업화와 기술진보가 이루어졌습니다. 하지만, 그 단계를 지나고 난 후에는 축적단계가 달라졌습니다. 이제 우리 경제의 성장단계가 달라진 것인데, 재계의 주장은 흘러간 과거의 것을 다시 시도하겠다는 것입니다.

지금부터는 자원을 더 효율적으로 사용하고, 물적인 투자보다는 사람, 지식, 기술에 투자해야 합니다. 또 사회적 자본을 잘 형성해서 혁신 역량을 집중시켜야 합니다. 이런 것이 다 갖추어짐으로써 기업 스스로 투자를 할 수 있어야 지속적인 성장이 가능합니다. 하지만, 기업들은 과거의 방식에 매달려 손쉽게 돈 벌게 해달라고 요구합니다. 그렇게 하면 결국은 성장지상주의와 재벌중심의 성장과 같은 과거의 패러다임으로 회귀해버리고 맙니다. 이는 일시적인 경기부양은 될 수 있을지 모르지만, 결국 장기적인 경쟁력은 떨어질 수밖에 없습니다.

● 요소투입형 성장 정책은 흘러간 모델

곽정수 유 교수님은 이제 자본과 노동의 투입을 늘려 경제성장을 이루는 요소투입형 성장전략은 더는 통하지 않는 시대가 됐다고 보시는 건데요. 반면 대안연대 진영의 학자들은 요소투입형 성장이 더 필요하다는 견해인 것 같아요. 장하준 교수는 경제발전을 위해 우리가 과연 무엇을 해야 하는가 하는 문제에 대해, 현재의 선진국들이 현재의 개발도상국들과 유사한 발전단계에 있을 때 경제발전을 위해 사용했던 정책이나 제도를 적극적으로 활용하는 쪽에서 답을 찾고 있어요. 예를 들어 적극적 산업육성정책, 무역증진정책, 기술육성정책 같은 것들이죠.

김상조 그 점이 의견의 차이를 가져오는 결정적인 요소인 것 같습니다. 저는 한국 경제가 물적 비용의 저렴화를 통해 국제경쟁력을 갖추는 과거 발전전략의 유효성은 이미 사라진 단계에 왔다고 생각합니다. 이른바 전통 굴뚝산업으로 불리는 분야에서조차도 요소투입형 성장보다는 혁신형 기술의 접목을 통해서만이 새로운 활로를 개척할 수 있는 단계에 왔다고 봅니다. 그래서 과거처럼, 대안연대 쪽에서 주장하는 것처럼, 정부의 산업정책적 지원을 통해서 요소투입형 성장을 당분간 더 끌고 가는 성장모델이 더는 가능하지 않다고 생각합니다.

홍종학 원론적인 얘기가 되겠지만, 사실은 금융시장의 문제라고 생각해요. 그러니까 금융시장이 발전하게 되면 요소를 투입했을 때 그 위험을 금융시장이 감수를 해줘야 하거든요. 그러니까 우리가 과거에 해오던 요소투입형이라는 게 굉장히 위험한 거고, 그 때문에 사실은 외환위기가 온 거란 말이에요. 예를 들면 자동차, 반도체, 철강 산업에 과잉투자 되니까, 어느 순간 거센 파동을 맞아서 다 죽어버리는 상황이 되었습니다. 만약 국내 산업이 다양하게 구성되어 자동차, 반도체, 철강 산업의 비중이 작았다면 큰 문제가 아니었을 겁니다. 이 산업들이 우리 경제에서 차지하는 비중이 엄청나게 크고, 거기에 집중적으로 요소투입을 하다가 잘못되니까 경제 전체가 흔들린 것입니다. 상황이 이런 데 지금에 와서 요소투입형이 가능하다고 얘기하면 안 되지요.

유종일 과거에 요소투입형 성장, 즉 자본축적을 많이 해서 성장을 이루는 방식이 통했던 것은 몇 가지 이유가 있습니다. 첫째, 자본이 워낙 적을 때는 자본을 조금만 늘려도 그 효과가 큽니다. 그런데 자본축적이 진행되면 그 효과는 점점 감소하죠. 이걸 한계수확체감의 법칙이라고 하는데요. 둘째, 과거에는 자본을 보완하는 생산요소인 노동의 공급이 빠르게 증가했습니다. 그런데 이제 갈수록 노동공급 증가율이 떨어지고 앞으로는 이게 마이너스로 갈 겁니다. 셋째, 과거에는 선진국 기술 따라잡기에 의한 기술진보가 쉬웠습니다. 그런데 이젠 이런 단계가 지나고 말았죠. 저는 사실 요소투입형 성장의 유효성이 대체로 80년대 말이나 늦어도 90년대 초에는 소멸하였다고 봅니다. 그때쯤에는 우리가 혁신주도형 성장, 생산성 향상에 의해 추동되는 성장체제로 갔어야 하는데 그러지 못하고 투자만 계속 늘렸던 것이 결국 외환위기까지 이어진 겁니다.

아래 그림을 보면 쉽게 이해할 수 있는데요, 60년대 이래 외환위기 전까지 투자율이 지속적으로 상승했지만 성장률은 조금씩 감소한 것을 알 수 있습니다. 이런 식으로 성장을 지속할 수 없다는 건 분명하죠. 90년대 전반에 혁신주도형 성장으로 전환하지 못하고 투자율은 무려 40% 가까이 올라갑니다. 그러니 과잉투자가 된 거죠.

성장률과 저축률, 투자율

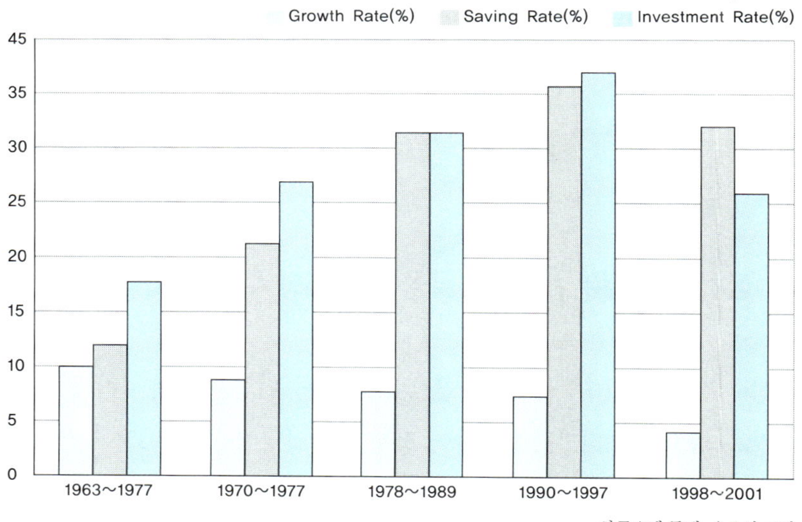

한국은행 통계, 유종일 그림

홍종학 투자는 수익이 나는 투자여야 합니다. 물론 그분들의 얘기대로 1992년도 이후에 외환자유화를 하지 않았다면 문제가 없었겠지요. 하지만, 그만큼 성장은 떨어졌을 거고, 이자율도 떨어지기 어려웠을 거예요. 그건 지금도 마찬가지예요. 원론적인 얘기이지만, 요소투입은 위험과 수익을 동시에 내포하고 있습니다. 위험한 투자를 할수록 위험도 있지만 수익도 높아집니다. 역사적으로 보더라도 주식투자 수익률이 높은 이유가 바로 그런 거죠. 하지만, 위험이 왔을 때 그것을 버틸 수 있는 정도의 투자인가가 중요합니다. 만약 버틸 수 없을 정도이고, 그것이 국가 주도로 이루어졌다면 대단히 위험한 것입니다. 이것은 정상적인 시장경제가 아니라는 점을 이해해야 해요. 그러니까 재벌이 잘 되면 총수 일가가 모든 과실을 독점하고, 대기업 노동자들에게도 일부분 혜택이 돌아갈 겁니다. 하지만, 재벌이 잘못되면 노동자들은 대규모로 해고당하고, 국민은 공적자금이라는 이름으로 엄청난 세금을 부담해야 합니다. 이건 엄청난 도덕적 해이에요. 반면 시장에서 투자하고, 문제가 생겼을 때 시장이 그 위험을 흡수하는 경우라면 요소투입은 얼마든지 해야지요.

● 장하준의 정부 · 재벌 · 금융의 일체화 주장은 시대착오

곽정수 장하준 교수는 국가가 은행을 통해서 위험을 공유해야 한다는 주장을 펴지 않습니까? 예를 들어 정부가 산업정책을 세우고 이 정책에 참여하는 기업에 대한 은행 대출을 정부가 보증할 수도 있다는 접근인데요.

김상조 정부 주도에 의한 산업정책이 작동하려면 방향을 설정해 주는 정부의 역할과 실패의 위험을 떠안아주는 금융시스템이라는 두 가지 핵심요소가 있어야 합니다. 그런데 대안연대의 아이디어가 갖는 기본적인 문제는 이런 요소들이 원활한 작동을 할 수 있는 조건들이 점점 사라지고 있다는 점을 고려하지 않은 것 같아요.

곽정수 그 부분에 대해 좀 더 설명해주시죠.

김상조 일단 금융시스템부터 먼저 얘기하죠. 사실 독일이나 일본식의 은행 중심 금융제도의 특징은 기업에 자금을 제공하는 은행들이 기업 내부의 의사결정 과정에 사전적으로 참여한다는 것입니다. 그런데 독일과 일본에서도 이런 금융구조는 이미 깨져가고 있습니다. 일본은 고도성장기 동안에 도시은행 하나하나가 한 기업집단의 중심에 있으면서 자금을 공급해주고, 투자 조정의 사전적 의사결정에 참여하는 시스템이었어요. 그런데 1980년대 후반 일본경제가 개방되고, 저성장 체제로 접어들면서 대기업 스스로 은행 못지않은 자금 동원능력을 갖추게 됩니다. 더 나아가 차입 자금을 조달하는 때도 일본 내 은행보다 훨씬 더 저렴한 비용과 더 나은 컨설팅을 제공할 수 있는 국외 금융시장이 이미 열려 있습니다. 그러다 보니까 기업들이 은행에 의존할 필요가 없어지고, 투자 의사결정 과정에 은행과 사전적으로 협의할 필요성도 없어졌습니다. 이런 상황이 은행 중심 체제의 해체를 강제하게 되었어요.

이런 변화는 전 세계적인 금융시스템의 변화 속에서 자연스럽게 진행되고 있는데, 한국도 이미 그 단계에 들어와 있어요. 한국도 대기업들이 은행에서 대출받는다는 것은 사실은 자본시장에서 자본을 조달하는 것 못지않게 간섭을 받는 거예요. 자금차입 과정에서 투자에 관한 승인을 은행으로부터 받아야 하고, 문제가 생기면 구조조정에 대한 주도권을 은행한테 넘겨줘야 하니까요. 이제 우리나라의 주요 대기업은 은행에 의존하거나 상당한 정도의 의사결정권을 양보해야 하는 금융시스템이 필요하지 않은 단계에 이미 들어온 것이죠.

곽정수 외환위기를 전후해서 기업들의 높은 부채비율을 낮추는 방안의 하나로 은행들이 대출금을 출자로 전환하는 아이디어가 제시된 적이 있어요. 국민 처지에서 보면 어쩌면 특혜시비가 일어날 수도 있는 방안이었는데, 정작 펄쩍 뛰며 반대한 것은 대기업과 전경련이었지요. 정부가 은행을 통해 기업을 지배하려고 든다고 말이죠. 또 지금의 대기업들은 풍부한 내부 유보자금을 가지고 있어서 더는 외부 대출금에 의존할 필요가 없는 것 같아요. 연초에 나온 한 자료에 따르면, 올해 대기업의 설비투자계획 중에서 내부자금 조달 비율이 80%를 넘는 것으로 나왔습니다.

김상조 그렇지요. 대기업이나 재벌은 스스로 자금을 동원할 수 있는 능력을 갖게 되었기 때문에 이미 전통적인 은행 중심 체제가 성립할 수 없는 상황으로 이미 변해버렸습니다. 이제 은행이 금융활동의 중심으로 기능을 할 수 있는 것은 대기업이 아니라 중소기업이에요. 중소기업은 자본시장에 접근할 능력이 없으니까요. 그러니까 대안연대의 오류는 은행 중심의 금융시스템을 받아들일 유인이 대기업에 있다고 잘못 판단을 한 것이죠. 삼성전자 같은 데에서 왜 은행으로부터 돈을 빌리면서 투자결정을 은행한테 승인받겠어요? 이런 시스템은 이미 지났거든요. 그런 의미에서 은행 중심 체제로의 회귀, 특히 재벌에 대한 금융시스템을 은행 중심 체제로 구축하려는 시도는 현실적으로 말이 안 되는 거죠. 단도직입적으로 말하면, 재벌이 원하는 금융시스템은 은행으로부터 감시받는 독일식이 아니라, 재벌이 은행도 지배하는 시스템이에요. 이걸 독일식 은행 중심 체제라고 말하면 언어도단이지요.

더 중요한 것은 산업정책이라는 것이 유효하게 작동하려면 투자결정의 사회적 효율성과 위험성을 관리하는 국가기구나 관료기구의 능력이 기업이나 시장에 못지않게 뛰어나고 투명한 의사결정시스템을 가지고 있어야 합니다. 그러나 우리나라는 관료기구의 능력과 투명성이 시장에 미치지 못하는 상황입니다. 따라서 대안연대에서 얘기하는 정부와 재벌과 금융이 혼연일체가 되는 새로운 경제시스템은 전혀 새롭지 않은, 과거 개발독재시스템의 연장일 뿐입니다. 21세기 경제 환경에서는 작동할 수 없는 시스템이지요. 한 마디로 대안연대의 제안은 시대착오적이에요.

● 정부의 역할은 무엇인가?

곽정수 그렇다고 현 시점에서 한국경제의 발전을 위해 정부가 할 역할이 아무것도 없다는 얘기는 아닐 텐데요. 정부는 어떤 역할에 힘을 써야 할까요?

홍종학 참고로 부동산 시장과 연관해서 공공의 역할이 필요한 부분이 있습니다. 우리한테 중요한 건 공공부문의 효율성을 보여줄 필요가 있다는 것입니다. 만약에 정부가 지금 얘기하는 대로 능력과 효율성을 보여주는 공기업이 생겨난다면 민간과 경쟁해서 이 부분이 커질 수 있는 거지요. 그런데 현재 공공부문은 효율성 면에서 크게 떨어집니다. 토지공사나 주택공사를 보세요. 이런 상황에서 공공부문이 민간부문에서 할 일까지 투자를 결정한다는 것은 모순이에요. 그렇게 되려면 R&D나 누리사업 같은 사업의 효율성부터 분석해야 합니다. 제가 보기에 지금 정부가 하는 국책자금 지원사업의 효율성은 거의 제로예요. 그런 사업을 계속 해나간다는 것은 황당한 겁니다.

김상조 어느 경제학자도 정부가 역할을 포기해야 한다는 식으로 주장하지는 않지요. 다만, 정부의 역할 변화가 필요합니다. 정부는 전체 경제의 운용과 관련된 규칙을 정립하고, 그것을 엄정하게 집행하는 역할을 해야 하는 겁니다. 시장 기능이 제대로 작동하지 않고, 스스로 발전할 능력도 갖추지 못한 중소기업 분야나 지역개발, 기술개발 분야에서 해야 할 역할들이 충분히 있습니다. 그런 분야에서 정부가 역할을 하려면, 전담기구를 정부의 책임 아래에 만들고 그 기구의 성과에 대해 계속 평가가 이루어지도록 해야 합니다. 그런데 대안연대의 제안에서 잘못된 것은 민영화된 은행이나 투자회사 같은, 시장 논리가 철저하게 적용되어야 하는 일반 민간금융기관에 금융의 공공성이란 논리로 정책

금융의 역할을 담당하라고 요구하는 것입니다. 이렇게 되면 금융이 수행해야 하는 효율성이라는 상업적 목표, 금융이 보완해야 할 공공성의 목표, 이 두 가지를 모두 무너뜨리는 결과를 낳게 됩니다. 정부가 금융을 통해서 뭔가 할 역할이 있다면 국책은행이나 정부 예산을 통해 금융지원이 이루어지도록 하고, 국민의 대표기관인 국회가 끊임없이 감시할 수 있도록 시스템을 만드는 겁니다. 그런데 대안연대의 제안은 상업화된 민간금융기관에 정책 금융의 역할을 계속 수행하라는 것인데, 이것은 효율성과 공공성 어느 하나도 달성할 수 없는 도덕적 해이 현상을 심화시키는 것이지요.

홍종학 이렇게 이야기할 수 있지 않을까요? 만약 국가의 역할을 강화해야 한다고 주장한다면, 지금 말씀하신 대로 국가가 공공의 이익을 위해 개입할 수 있는 장치를 강조하는 것이 중요하다는 것이죠. 그런 방법은 이야기하지 않으면서 민주주의적 토대가 마련되었으니까 국가의 역할을 강화해야 한다고 주장하는 것은, 마치 외환위기 이후 시장이 많이 정상화되었으니 조건 없는 규제완화를 하라는 것과 마찬가지입니다.

유종일 국가가 할 일과 안 할 일을 구분하는 것이 중요하고요, 또 할 일을 하더라도 그 방법도 문젭니다. 투명하고 공정한 방식으로 일을 처리해야 하고, 공적인 목적이 뚜렷한 사업은 될 수 있으면 재정을 투입하는 것이 옳은 방법입니다. 사실, 재벌 문제도 이런 각도에서 볼 수 있습니다. 애초에 재벌이 급격하게 성장한 것이 1970년대였잖아요? 그때 정부는 앞으로 어떤 산업을 육성해야 하겠다는 계획을 세워 민간 기업에 맡겼습니다. 비슷한 상황이었던 대만은 공기업을 많이 만들었어요. 민간에서 할 자금 여력도 없고, 누가 위험을 부담하려고 하지도 않았으니까요.

그러나 한국정부는 시장에 맡긴 것도, 정부가 재정을 투입한 것도 아니고, 민간 기업한테 떠맡긴 거죠. 아주 유명한 예는 정주영 씨를 불러서 강압적으로 조선 산업을 하게 한 겁니다. 반대급부로 값싼 정책자금을 지원해 주면서 말이죠. 그런데 현대가 조선업에 진출하자마자 석유파동이 나면서 회사가 어려워졌거든요. 하기 싫다는 걸 강제로 시켰으니까 이런 상황에서 지원을 안 해줄 수가 없잖아요? 그렇게 하다 보니까 대기업이 어려워지면 정부가 지원해준다는 관행도 생기는 거고요. 그래도 그때에는 정부가 재벌들에 대해서 압도적인 힘의 우위를 가지고 통제했기 때문에 재벌기업들이 준 공기업적 성격을 가졌죠.
그런데 자유화한다고 풀어주고, 또 3저 호황을 맞으면서 돈을 많이 번 대기업들이 정부의 강력한 기업 통제 수단이었던 은행의 영향력에서 벗어나면서 힘의 관계가 역전된 것입니다. 그걸 상징적으로 보여준 사건이 바로 정주영 씨가 대통령에 출마한 겁니다.
재벌 회장이 더는 정치권력에 빌붙지 않아도 된다는 생각을 하게 된 것입니다. 결국, 정부가 품에서 잘 길러놓으니까 리바이어던(leviathan:구약성서에 나오는 수중 괴물)이 된 거예요. 정부의 지원은 금융뿐 아니라 모든 분야에서 공공의 가치와 공공의 필요를 충족시키기 위해 이루어져야 합니다. 시장이 해결해 주는 게 아니라면 정부가 효율적으로 재정을 투입해서 해결하는 것이 좋지요.

김상조 공공 영역의 과제 해결은 기본적으로 정부의 몫이고, 따라서 재정으로 충당해야 한다는 것을 분명히 해야 합니다. 민간자금에 공공적 역할을 부담시키는 것은 득보다 실이 더 큽니다.

● 주주자본주의, 금융자본주의가 저투자 · 저성장의 원인인가?

곽정수 장하준 교수의 주장에 대해 한 가지 더 얘기해 봤으면 합니다. 요즘 문제가 되고 있는 국내 기업들의 저투자 현상과 관련해 장 교수님은 주주자본주의와 금융자본주의에서 근본 원인을 찾고 있지 않습니까? 여기에 대해서 한 말씀 해주시지요.

홍종학 1980년대 미국에서는 한창 주주자본주의에 대한 논쟁이 있었습니다. 일본식이 나은가? 미국식이 나은가?를 두고 많은 사람이 논쟁에 참여했어요. 일본식을 주장하는 사람들은 "미국이 적대적 M&A 때문에 단기 성과주의에 빠지게 되므로 일본의 장기적 경영방식을 도입해야 한다."라고 목소리를 높였습니다. 그때 미국의 대다수 경영학자는 한마디로 말도 안 되는 헛소리라고 이들의 주장을 일축했습니다. 결국, 논쟁은 싱겁게 끝났습니다.

유종일 주주자본주의에 대한 비판이 맞는다면 주주자본주의에 가장 근접했다고 하는 미국 기업들은 모두 단기 실적주의에 빠져 투자를 하지 않아야 합니다. 이렇게 되면 미국 기업은 갈수록 첨단산업이나 새로운 기술개발에서 뒤처져야 하는데, 실제로 그렇지 않았습니다. 그리고 지금 우리나라 경제를 과연 주주자본주의나 금융자본주의라고 부를 수 있을 것인가 의문이고요. 설사 그렇다 하더라도 그게 해당하는 것은 대기업에 한정된 얘기일 텐데요. 앞서도 우리가 얘기했습니다만 대기업에는 저투자 문제도 저성장 문제도 없습니다.

주주자본주의 문제에 대해서 한두 가지 더 언급하고 싶은데요. 현재 우리나라 재벌 대기업의 지배구조는 아마 총수자본주의라고 해야 할 텐데요, 이를 개혁하는 과정에서 소액주주 권리의 강화와 경영권 방어 장치 약화는 개혁의 지렛대로 필요했던 겁니다. 이를 두고 반드시 주주자본주의를 지향한 것이라고 볼 필요는 없을 것 같아요. 아직도 총수자본주의를 충분히 극복하지 못했다는 게 삼성의 X-파일 사건이나 현대자동차의 비자금 사건 등에서 여실히 드러나지 않았습니까? 소액주주의 권리를 강화하고 경영권 시장을 활성화하는 것은 아직도 더 필요하다는 걸 여실히 보여주는 거죠.

그러나 최근 기업의 사회적 책임이 강조되는 등 좁은 의미의 주주자본주의를 넘어서는 대안을 모색해야 할 필요가 있는 것도 사실입니다. 앞으로는 소액주주뿐만 아니라 종업원·협력업체·소비자·지역사회 등 여타 이해관계자들도 기업의 의사결정에 대해 일정한 역할을 하는 방향으로 기업지배구조가 발전하여야 한다는 겁니다. 기업의 사회적 책임은 이제 국제기준(global standard)이 되어가고 있습니다. 사실상 소위 이해관계자 자본주의로 간다는 거죠.

이해관계자 자본주의에도 여러 가지 형태가 있을 수 있는데요, 한국형 이해관계자 자본주의를 발전시키는 하나의 방안으로서 종업원지주제를 확대발전시키고 국민연금 등 연기금의 주식투자 확대에 따른 일정한 경영참여를 통해서 이들이 각각 소액주주로서 종업원 이익과 공공의 이익을 기업경영에 반영시키는 방안을 모색해 볼 수 있을 겁니다.

제6장

양극화, 망국으로 가는 길

● 세계화 속에서 양극화는 불가피한 것인가?

곽정수 그러면 자연스럽게 양극화 주제로 넘어가 볼까요? 양극화와 관련해서는 대량감원이나 비정규직 양산 문제, 중소협력업체 쥐어짜기 등 때문에 대기업들의 책임론이 많이 거론되는데요. 대기업들의 대답은 글로벌 시장에서 무한경쟁하는 현 시점에서 달리 대안이 없는 것 아니냐는 것입니다. 한마디로 양극화 현상이 불가피하다는 것이죠. 정말 그런 걸까요?

홍종학 지난번 제가 양극화 논문을 쓰면서 인용했던 사에즈와 피케티(Saez and Picketty)의 논문에 미국과 영국을 비롯하여 유럽 각국의 100년간 소득분배 자료가 나와 있습니다. 그런데 그런 나라들의 소득분배가 경제성장에 따라 계속 좋아진 것이 아니라 정책에 따라 급격하게 변화했다는 것을 알 수 있습니다. 공통점은 약 1930년대까지 대부분의 서구 국가에서 소득분배가 엄청나게 악화하였다는 것입니다. 그리고 나서 바로 대공황이 닥치고, 소득분배도 더 악화하였습니다. 뉴딜이 끝나고 나서 2차 세계대전이 발발합니다. 전쟁을 계기로 상당 부분이 국유화되고, 민간자원을 징발하면서 소득분배가 굉장히 좋아졌습니다. 1945년도 이후에 소득분배가 좋아지기 시작해서 1980년대까지 그대로 이어집니다. 하지만, 영국과 미국은 1980년대에 이른바 대처리즘[19]이나 레이거노믹스[20] 같은 신자유주의정책을 쓰면서 두 국가의 소득분배는 급격하게 나빠지고 있습니다. 프랑스, 일본, 독일은 1990년대까지 소득분배가 좋았지만 그 이후 조금씩 악화하고 있습니다. 따라서 양극화가 세계적인 추세라는 것은 맞지 않습니다. 국가별, 시대별로 차이가 있고 국가 정책에 의해 소득분배가 개선되었다가 나빠지기도 하는 거죠.

성장이 되면 당연히 양극화가 온다는 것도 사실이 아닙니다. 유럽이나 미국은 고도성장기인 1950년대부터 1970년대까지 소득분배가 지극히

19) 1979년 총선거에서 보수당의 승리로 집권한 대처 수상은 노동당 정부가 고수해 왔던 각종 국유화와 복지정책 등을 포기하고 민간의 자율적인 경제활동을 중시하는 통화주의(monetarism)에 입각한 강력한 경제개혁을 추진했는데, 이러한 정책을 '대처리즘'이라고 한다. 개혁의 내용은 ①복지를 위한 공공지출의 삭감과 세금인하, ②국영기업의 민영화, ③노동조합의 활동규제, ④철저한 통화정책에 입각한 인플레이션 억제, ⑤기업과 민간의 자유로운 활동 보장, ⑥외환관리 폐지와 빅뱅(big bang) 등을 통한 금융시장의 활성화 등이었다. 인플레이션을 극복하고 경기를 회복하는 데는 성과가 있었으나 더욱 심각해진 실업문제로 국민들의 불만이 고조되고 대처리즘을 비판하는 소리가 높아지기도 했다. 영국에는 이러한 사회적 분위기가 그대로 반영된 '대처세대' 또는 '대처의 아이들'이라는 용어가 있다. 이들은 대처 수상 집권하에서 기초교육을 받으며 자라난 10대들로 정치에 대한 무관심, 흡연과 알코올 의존, 비합리적 경향 등을 특징으로 하는데, 그 이면에는 고실업으로 인한 자신들의 불확실한 미래와 급격히 증가한 부모의 이혼과 가족해체 등의 원인이 있었다.

20) 미국 제40대 대통령 레이건(재임 1981~1989)에 의하여 추진된 경제정책. 이 말은 '레이건'과 '이코노믹스'의 복합어이다. 주요한 정책은 세출의 삭감, 소득세의 대폭 감세, 기업에 대한 정부 규제의 완화, 안정적인 금융정책이다. 당시 미국 경제가 당면하였던 경기침체 속의 인플레이션의 진행, 즉 스태그플레이션을 치유하는 데는 종전의 케인스류의 수요관리만으로는 미흡하여 좀더 적극적으로 '공급 측면'을 자극함으로써 파급효과가 수요의 증대로 미치게 한다는 '공급의 경제학'을 내세웠다. 그러나 사상 최대의 군비증강과 모순된 면이 있었고 재정적자 급증의 한 원인이 되었다.

아주 안정되어 있어요.

미국, 영국, 캐나다의 상위 0.1% 소득비중 추이

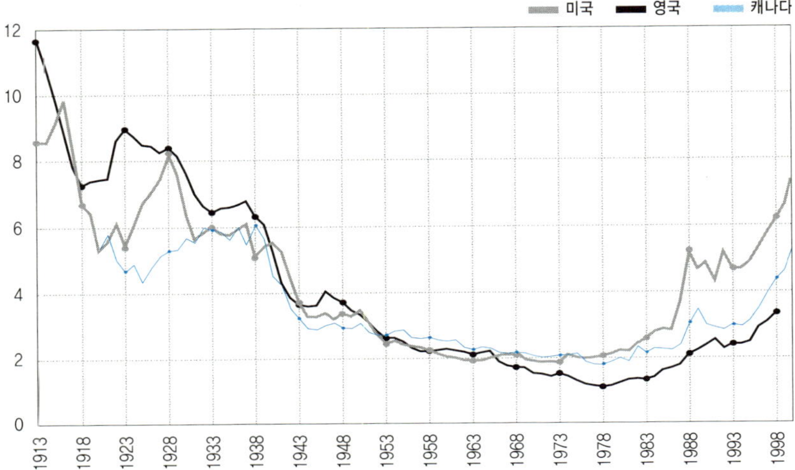

자료 출처: Piketty, Thomas and Emmanuel Saez (2006), "The Evolution of Top Incomes: A Historical and International Perspective," NBER Working Paper 11955

일본과 프랑스의 상위 1% 소득 비중 추이

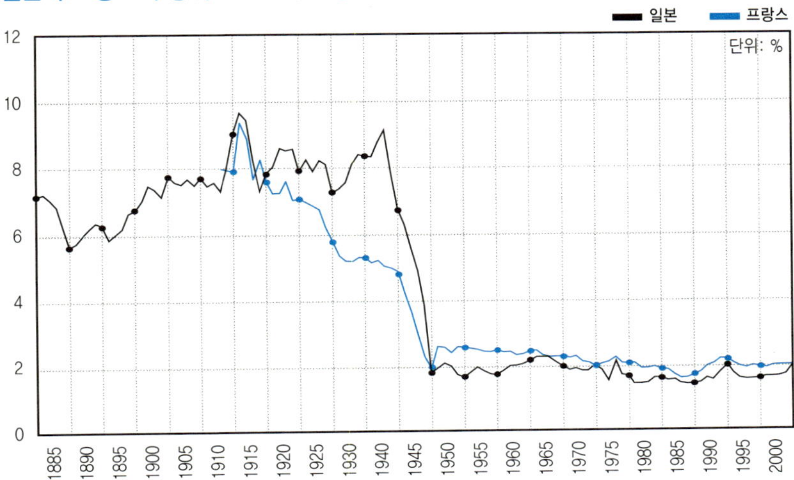

자료 출처: Piketty, Thomas and Emmanuel Saez (2006), "The Evolution of Top Incomes: A Historical and International Perspective," NBER Working Paper 11955.

유종일 세계화가 되면 어쩔 수 없이 양극화가 심화한다고 얘기하는 것은, 종속이론과 유사한 거라고 봅니다. 종속이론이 100% 틀린 이론은 아닙니다만 80%는 틀린 이론이거든요. 국내 정치가 잘못되고, 제도가 잘못된 것을 다 외부 탓으로 돌리는 거예요. 세계화 때문에 양극화는 어쩔 수 없다는 논리도 마찬가지 논리입니다. 대처의 유명한 말이 있죠? TINA(There is no alternative), 즉 다른 선택의 길은 없다는 말인데, 그게 다 정치적인 수사에 불과합니다. 홍 교수님이 얘기한 대로 실제로 앵글로색슨 계통 나라에서는 1980년대 이후에 소득분배가 많이 악화하였다가, 미국 같은 경우는 1990년대에 다시 좋아지기도 했습니다. 하지만, 이게 모든 나라에서 나타난 것은 아닙니다. 특히 경제 개방의 정도를 보면 유럽이 미국보다 훨씬 심합니다. 유럽 국가들은 미국보다 상대적으로 작고 완전히 공동시장, 단일시장이 형성되었기 때문이죠. 그럼에도, 유럽의 많은 나라에서는 양극화가 전혀 일어나지 않았거든요. 독일 같은 나라는 오히려 분배가 더 좋아지기도 했습니다. 특히 요즘 가장 주목받는 핀란드는 기본적으로 사회민주주의 국가인데 굉장히 개방된 경제이고, 강한 경쟁력을 갖추고 있습니다. 결국, 그 나라의 정책과 제도가 중요한 것입니다.

곽정수 강소국으로 꼽히는 아일랜드도 주목할 필요가 있겠네요. 외국인 투자를 적극적으로 유치하는 등 세계화 추세를 적극적으로 활용하는 정책을 썼지요. 그러면서도 노사정간 사회적 합의를 중시하는 북유럽형 조합주의 요소를 가미해서 독자적인 발전모델 개발에 성공했다는 평가를 받고 있지 않습니까?

유종일 아일랜드도 마찬가지죠. 양극화가 아니라 오히려 빈부 격차가 줄어들고 있거든요. 그러니까 양극화가 불가피한 대세는 아니란 겁니다. 이론적으로도 '세계화되면 양극화될 수밖에 없다.'는 근거는 거의 없어요. 다만, 선진국에서, 이를테면 무역자유화가 이루어지면 노동력이 싼 국가의 값싼 제품들이 들어오면서 노동집약적인 산업이 위축되어 노동자들의 임금에 압박을 가하는 문제가 일부 있을 수는 있지요. 그러나 전반적으로 꼭 그래야 할 이론적인 근거도 별로 없고, 경험적으로도 그렇습니다. 정부가 교육시스템을 잘 갖춰서 누구나 좋은 교육을 받을 기회를 제공하고, 사회보장시스템을 잘 갖추면 분배가 그렇게 나빠지지 않습니다. 양극화는 우리가 잘못해서 그런 게 아니라 세계화 때문에 불가피하다는 식의 논리는 정치인들이 책임을 회피하기 위해 하는 말입니다.

● 양극화 원인 1 – 재벌 중심의 경제 왜곡 때문이다

곽정수 산업 내에서 보면 수출과 내수 간에, 또 대기업과 중소기업 간에, 노동계층 안에서도 정규직과 비정규직 간에, 소득 면에서는 고소득층과 저소득층 간에 양극화가 심각하다는 것에 대해서는 좌나 우를 막론하고 모두 공감하는 것 같아요. 양극화 원인으로는 세계적인 신자유주의 흐름과 그것을 그대로 수용한 정부정책을 연관지어서 보려는 시각이 많은 것 같은데, 어떻게 보십니까?

유종일 신자유주의가 양극화를 가져오는 원인이라고 말할 수도 있을 것 같습니다. 영국, 미국, 뉴질랜드 등 신자유주의정책을 취했던 나라들에서 소득분배가 악화하고 양극화가 나타났던 것이 사실이니까요. 모든 것을 시장에 맡기면 양극화가 더 심화할 수 있죠. 우리나라도 외환위기 이후 양극화가 심화하였다고 얘기하는데, 그 말도 일리가 있습니다. 그러나 양극화의 조짐은 이미 1990년대 초부터 시작되었습니다. 외환위기를 계기로 훨씬 더 악화하였을 뿐이죠.

1980년대 말 과거 박정희식 패러다임에 입각한 고도성장이 대충 마무리되어 자동적인 동반성장이 끝났습니다. 그때 새로운 시스템으로 전환해야 하는데 제대로 못했지요. 재벌들의 산업 장악력이 점점 강해지는 상황에서 재벌에 대한 통제력은 점점 약화하였습니다. 한편으로는 대기업 노동조합이 강해지니까 대기업들은 고용을 줄이면서 외부조달로 전환했습니다. 여기에 수출과 내수기업 간 연관관계가 약화하고, 대기업과 중소기업 간의 격차가 커졌던 겁니다. 이에 따라 비정규직이 확대되면서 1990년대 초부터 분배가 악화하기 시작했지요. 당시 우리는 신자유주의라는 용어를 사용하지는 않았지만, 경제구조의 균형성과 공정한 경쟁체제가 확립되어 있지 않은 상태에서 '자유화' 또는 '세계화'라는 이름으로 재벌에 대한 각종 규제를 완화했습니다. 이 과정에서 재벌중심의 경제 왜곡이 심화되면서 양극화가 시작되었던 거지요. 문제는 이런 식의 정책이 세계화의 결과가 아니라는 거예요. 세계화를 한답시고 어설프게 자유화 정책 혹은 신자유주의적인 정책을 시행한 것이 부작용을 일으킨 면도 있습니다만, 사실 정책당국자들의 착오나 정치경제적인 힘에 의한 왜곡으로 양극화가 발생한 것이지 세계화 때문에 그런 것은 아닙니다. 세계화를 하면서도 신자유주의를 수용하지 않은 나라들이 얼마든지 있습니다.

● 양극화 원인 2 – IT, 카드, 부동산 정책의 실패

홍종학 대외적인 요인도 있겠지요. 중국 제품들로 인해 국내 중소기업이 어려워진 것은 틀림없습니다. 그것은 부정할 수 없지만, 저는 정책 실패가 양극화를 조장한 면은 없는지 면밀히 살펴볼 필요가 있다고 생각해요. 외환위기는 사실상 대기업의 과잉투자의 결과인데, 외환위기 이후 그 과잉투자를 해결하는 방법이 해당 대기업들을 퇴출을 시키거나 합병시킨 것이었단 말이지요. 그러니까 구조조정을 통해서 대기업의 독과점이 강해진 아주 전형적인 사례가 되었단 말이지요. 반면에 대기업에서 구조조정된 사람들이 중소기업을 창업하는 붐이 일어났는데, 역설적으로 중소기업을 돕기 위한 정책이 IT 거품을 형성하게 하였습니다. 그 거품 때문에 엄청난 과잉투자가 일어났고, 결국 그 과잉투자를 없애지 못한 상황이 지금까지 계속되고 있습니다. 그러다가 2001년과 2002년도에 중소기업이 상당히 좋아졌어요. 2000년에는 IT 거품 속에서 수많은 중소기업이 문을 닫는데, 한편에서는 신용카드가 남발되어 사람들이 카드빚을 엄청나게 빌렸습니다. 돈을 빌린 사람들은 대개 저소득층인데 이들의 소비는 내수와 연관되어 있고, 내수는 다시 중소기업과 밀접한 연관이 있습니다. 그러다가 갑자기 카드사태가 일어나면서 저소득층이 붕괴하였고, 동시에 중소기업이 붕괴한 겁니다.

노무현 정부가 들어선 이후인 2003년으로 넘어오면, 대기업들은 호황을 누립니다. 투자, 수익, 자본건전성이 모두 좋아졌습니다. 하지만, 중소기업은 과잉 투자되어 어려움을 겪는 상황에서 내수기반이 되는 저소득층이 무너져 버렸단 말이지요. 바로 이 점이 양극화를 심화시키는 결정적인 역할을 했습니다. 거기에다가 지금은 부동산 거품까지 생겨서 가계대출을 상당히 증가시켰습니다. 원리금 갚기 바쁘니까 더는 소비할 여력이 없어져 버린 것이지요.

이것은 정책 실패에 의한 양극화의 심화입니다. 지금 우리나라의 양극화는 다른 나라와 비교할 때 질적으로 매우 안 좋은 양극화입니다. 이것은 수십 년이 지나도 해결하기 어려워요. 따라서 이 양극화는 대외적인 요인과는 독립적으로 상당 부분 오래갈 것이라고 봅니다. 산업 구조적으로 대기업들은 독과점 수익을 올릴 수 있게 만들어 놓고, 중소기업은 과잉투자해서 과당 경쟁할 수 있는 산업구조가 된 상황에서 중소기업의 주요 수요기반인 내수기반을 무너뜨렸으니까요. 바로 정책 실패로 말미암아 중산층과 서민층의 완전한 붕괴가 과거 15년 동안 지속이 되어 왔다는 것이죠. 이것이 현재 양극화와 민생파탄의 중요한 원인이라고 봅니다.

● 개방에 관한 대안연대 비판의 맹점

김상조 저도 홍 교수님 말씀에 상당부분 동의합니다. 개방이나 세계화가 양극화를 가져올 수 있는 잠재성을 갖고 있다는 것은 맞는 얘기에요. 개방이 새로운 경쟁의 충격을 주는 거고, 경쟁의 충격이 강해졌으니까 경쟁에서의 승패에 따라 우열이 가려지는 효과가 더욱 커지는 것을 의미하기 때문이죠. 하지만, 그것이 현실화되는 데에는 또 다른 요소들의 개입을 고려해야 하는데, 그중에 가장 중요한 것 중의 하나가 정부정책이거든요. 우리나라에서는 정부의 정책이 개방의 충격을 오히려 증폭시켜 양극화를 더욱 심화시켰다고 생각됩니다. 어차피 개방이란 한국경제의 성숙에 따라 그 정도가 점점 강화되어야 합니다. 그러나 개방의 충격을 내부적으로 흡수할 수 있는 제도나 기반 같은 것을 미리 갖출 수 있느냐가 중요합니다. 즉 내부개혁이 전제된 개방을 했느냐, 아니면 내부개혁이나 준비 없이 개방을 했느냐에 따라 엄청난 차이를 가져옵니다. 저는 이 점과 관련해서 대안연대의 비판에 큰 맹점이 있다고 봅니다. 대안연대의 논리를 거칠게 요약하면, YS 정부에 들어와서 신자유주의적 관료나 정치인들의 주장에 따라 기존의 산업정책을 폐기하고 갑자기 개방하니까 기존 경제시스템이 붕괴하면서 외환위기가 왔다는 것입니다. 하지만, 저는 그렇게 생각하지 않습니다. 왜냐하면, 이미 1980년대 말에 이르러서 박정희식 개발독재 모델의 유효한 작동이 한계에 도달했다는 것을 누구나 인식하고 있었습니다. 따라서 경제체제의 변화를 위해 내부개혁과 대외 개방을 준비해야 함에도 기득권 세력, 특히 경제정책에 중요한 영향력을 행사하게 된 재벌의 저항에 밀려 제대로 준비하지 못한 것입니다.

그러다가 재벌들이 자신들의 필요에 의해 개방을 요구한 것이고, 그것이 YS 정부의 정책으로 반영된 것입니다. 그 결과 '내부 준비 없는 개방'이라는 결과를 가져오게 된 것이거든요. 그런데 개방 자체가 독점자본의 요구 속에서 태동한 것임을 이해하지 못하고, '관료들이 잘못된 선택을 했으며, 과거 시스템을 계속 유지했더라면 성장도 하고 위기도 맞지 않았을 것'이라고 얘기하는 것은 역사의 흐름을 잘못 짚은 거죠. 어쨌든 한국 경제는 점점 개방의 길로 갈 수밖에 없는데, 그것을 위해 과연 우리가 내부 개혁을 얼마만큼 잘 준비할 수 있느냐는 것이 관건이라고 생각해요. 이런 내부 개혁이 없을 때 결국 외부 충격에 의해 개혁이 강제될 수밖에 없고, 저는 1997년 외환위기가 바로 내부개혁의 지연에 대한 외부의 징벌이라고 생각합니다.

곽정수 재벌의 개방 요구라는 것은, 예를 들면 자본시장이나 금융시장 개방을 통해 저금리로 자금을 조달하겠다는 것이겠지요?

유종일 그렇지요. 외국에서 싼값에 마음대로 돈을 갖다 쓰는 것이 개방 정책의 핵심이었어요. 직접투자에 대한 규제가 그대로인 상태에서 외국에서 돈 빌리기 쉽게 만들어 준 거지요.

김상조 정부가 은행을 통제하면서 기업들한테 빌려주는 돈의 양과 용도를 제한하는 제도가 여신관리제도였습니다. 그런데 1990년대 초에 전경련을 비롯한 재계가 가장 신랄하게 공격했던 것이 바로 여신관리제도거든요. 정부가 금융을 통해서 기업을 통제하는 시스템은 이미 낡은 것이라며 포기하라고 요구했죠. 그들의 논리는 국내외 금융시장을 통해서 스스로 자금을 조달할 능력이 있으니까 정부는 손을 떼라는 것이었습니다. 그런 논리의 연장선상에서 개방 문제가 나온 거죠. 재계는 개방을 원하지 않았는데 정부가 추진했다는 것은 난센스입니다.

유종일 대안연대는 당시 정부가 손을 뗀 것이 잘못이며, 개방한 게 잘못이라고 주장하고 있습니다. 하지만, 그 단계에서는 이미 과거와 같은 식의 경제발전이 더는 어려워진 상태였고, 재벌들도 성숙 단계에 이르렀기 때문에 정부가 여신관리 같은 정책금융에서 철수도 하고, 개방도 했어야 합니다. 하지만, 전제조건이 필요했죠.

홍종학 제도의 선진화 아니겠습니까?

유종일 예. 재벌중심으로 되어 있는 왜곡된 구조를 바꿔주고, 공정한 경쟁과 효율적으로 자원이 배분될 수 있도록 제도를 바꿔야 했습니다. 또 공정한 룰을 만들어 주는 동시에 거기에 맞춰 개방도 하고, 자유화도 추진해야 했습니다. 그런데 개혁은 하지 않고 개방만 하니까 점점 양극화는 심화하고, 재벌을 중심으로 과잉 중복투자 등의 문제가 표출되면서 경제위기까지 맞게 된 것입니다.

양극화 관련해서 한 가지 더 언급해야 할 것 같아요. 양극화에서 중요한 문제가 자영업자입니다. 자영업자들이 옛날에는 평균적으로 임금근로자보다 소득이 높은 편이었는데 지금은 평균적으로도 낮아졌지요. 그중에서도 영세 자영업자들은 완전히 신 빈곤층을 형성하게 되었습니다. 아까 통닭집을 예로 들었습니다만, 주위에서 흔히 보다시피 음식점, 미장원, 빵집 등은 완전 과포화 상태입니다.

곽정수 사실상 반 실업자들이지요.

홍종학 일종의 위장실업자들이라고도 할 수 있습니다.

유종일 과잉진입이 초래된 직접적인 원인은 외환위기 이후 많은 사람이 직장에서 퇴출당했기 때문입니다. 소위 안정된 직장의 수가 많이 줄었고, 퇴출당한 사람들은 비정규직이나 전망이 별로 없는 자영업 쪽으로 밀려들어 갔지요. 이것이 외환위기 이후에 양극화를 악화시킨 가장 큰 주범이죠. 그런 점에서 기업들이 구조조정 과정에서 인력감축을 가장 우선적인 수단으로 삼는 패턴은 바뀌어야 합니다. 또 비정규직을 과도하게 활용하는 경영 행태도 바꿔야 합니다. 좀 더 크게 보면 우리 경제구조가 고용창출을 많이 할 수 있는 구조로 전환해야 하지요. 단기적인 정책으로는 안 되는 거지만, 앞으로 산업구조나 고용구조를 바꿔나가려는 노력을 계속해야 합니다.

● 양극화 심화의 주원인, 비정규직을 어떻게 할 것인가?

곽정수 현재 정규직과 비정규직이 거의 반반입니다. 그런데 기업 쪽에서는 경쟁력을 고려하면 당연히 비정규직을 많이 써야 한다고 얘기하고, 심지어 그런 고용의 유연화가 일자리를 더 늘리는 길이라고 항변하거든요. 그러나 노동자들에게는 비정규직이 빈곤을 더욱 고착화하는 요인이 됩니다. 이 문제를 어떻게 해결해야 할까요?

김상조 이 문제는 민주노총 내부에서도 해묵은 논쟁거리입니다. 비정규직 폐지냐? 비정규직 보호냐? 사실 굉장히 다른 관점을 취할 수 있는 건데, 이미 우리나라가 OECD 국가 중에서 비정규직 비중이 제일 높은 나라가 되었잖아요? 그런 의미에서 더욱 강경한 태도에서는 '비정규직 자체를 폐지하는 쪽으로 가야 한다.'라는 요구가 나올 수 있다고는 생각되지만, 경제구조의 유연성과 함께 안정성을 고려한다는 관점에서 보면 저는 당연히 비정규직 폐지가 아니라 보호 쪽으로 가야 한다고 생각해요. 비정규직이 기업의 입장에서는 필요한 측면도 있고, 또 고용되는 피고용인으로서도 그렇습니다.

유종일 피고용인이 원하거나 필요해서 하는 부분도 있습니다.

김상조 필요에 따라서는 비정규직을 자발적으로 선택하는 때도 있으니까요.

곽정수 불합리한 차별대우만 아니라면, 선택폭을 넓히는 것은 나쁜 일이 아니죠.

김상조 문제는 비정규직이라고 해서 정규직보다 차별적 대우를 받으면 안 된다는 점입니다. 유럽의 강소국들은 노동시장의 유연성을 유지하면서도 고용문제도 해결하고, 분배문제도 악화하지 않는 구조로 되어 있습니다. 기업의 측면에서 고용의 유연성은 인정해 주되, 비정규직이라는 사실 때문에 정규직보다 임금이나 사회복지 측면에서 차별대우를 받지 않게 해주는 사회적 시스템이 갖추어져 있기 때문인 것 같습니다. 우리나라에서는 비정규직에 대한 보호 장치가 제대로 되어 있지 않기 때문에, 기업의 입장에서는 단순히 고용량의 탄력적 조정이라는 원래의 목적보다는 단지 임금 비용의 절감을 위해 비정규직을 사용하는 측면이 강합니다. 따라서 사용자 입장에서는 정규직이냐, 비정규직이냐는 고용 형태의 기준을 임금 비용이 아닌, 작업량의 변화에 따른 고용량의 유연한 조정이라는 측면에서 선택해야 합니다. 이러한 선택이 이루어질 수 있도록 하려면 기본적으로 비정규직에 대한 보호가 정부정책의 가장 중요한 목표가 되어야 한다고 생각해요.

유종일 '동일노동, 동일임금'을 해야 하는 거지요.

김상조 독일에서는 특수한 직종은 정규직 평균임금보다도 비정규직 임금이 더 높거든요. 비정규직은 그만큼 고용 안정성이 보장되지 않기 때문에 그런 위험(risk)을 떠안는 사람에게는 임금을 더 줄 수밖에 없는 거지요.

홍종학 일당을 줄 때 월급보다 더 많이 주지요.

유종일 기업에서는 비정규직을 더 많이 고용할수록 좋다고 얘기하기도 하는데, 그런 일도 있긴 하겠지요. 그러나 비정규직 고용이 기업에, 특히 장기적인 관점에서 기업에 반드시 유리한 것은 절대 아닙니다. 예를 들어 정규직이 한 명도 없어도 된다고 정부에서 허용한다고 해도 기업들이 다 그렇게 할 것 같아요? 그렇지 않을 거거든요. 왜냐하면, 고용의 안정성을 보장해주는 게 기업 처지에서 봤을 때 훨씬 더 남는 장사가 되는 경우도 많이 있기 때문입니다.

곽정수 정규직과 비정규직은 직장에 대한 충성도가 다를 수밖에 없죠. 고용안정이 안 된 상태에서는 교육 훈련을 통한 경쟁력 제고도 어렵고요.

유종일 예. 숙련축적도 그렇고, 충성도도 그렇고, 비정규직이 기업에 불리한 측면이 많습니다. 그런데 YS 정부에서 노사개혁할 때에도 그랬습니다만, 특히 외환위기 이후 노동시장 유연성이라는 이름으로 해고의 자유를 지나치게 강조하면서 그게 경쟁력에 핵심 요인인양 여기는 잘못된 풍토가 생긴 거예요. 고용의 안정성은 장점과 단점을 모두 갖고 있습니다. 그런데 기업에서는 이른바 고용의 유연성이라는 장점만 부각시키고, 그것이 가져오는 비용에 대해서는 눈을 감아버리는 분위기가 있습니다. 최근에 흥미롭게도 삼성경제연구소에서 국내외 장수기업, 특히 기업성과가 높은 기업에 대한 보고서를 낸 적이 있습니다. 그 자료를 보니까 우량기업들은 대개 노사관계가 좋았고, 그 이유로 고용안정을 들었습니다. 이것이 고용안정의 장점입니다.

가장 유명한 사례를 하나만 든다면, 지금 전 세계에서 가장 잘 나가는 자동차 회사인 도요타를 꼽을 수 있습니다. 지난 50년 동안 단 한 명도 정리해고한 적이 없다는 거 아닙니까? 그 대신, 도요타의 노동자들은 차를 정성껏 만들고, 그 결과 품질이 좋고 가장 고장이 없는 차를 만드는 거죠.

요즘에는 핵심 인재들에 한해 고용안정을 보장하려는 추세를 보이고 있는데, 비정규직에 대해서는 아직 생각이 변화하지 못하고 있습니다. 비정규직에 대한 남용, 오용, 차별을 허용하는 분위기 때문에 지나치게 비정규직이 비대해진 상황이 된 거지요. 이것이 양극화를 심화시키는 중요한 요인으로 작용했습니다. 최근 비정규직보호법이 시행되면서 문제가 발생하고 있습니다만, 저는 비정규직 보호도 제대로 하고 최저임금도 많이 올려야 한다고 생각합니다. 그래야, 양극화도 완화되고, 또 기업들이 인적자원을 좀 더 고급으로 양성하려는 인센티브가 생기죠.

홍종학 과도기적 현상이라는 측면도 있어요. 당장은 기업들이 비정규직을 선호하겠지만 시간이 지나다 보면 정규직이 더 유리하겠다는 인식이 전반적으로 퍼질 가능성이 있어요. 지금은 혼돈이거든요. 불확실성이 지속하고 있단 말이에요. 기업의 입장에서는 사람들을 고용하는 게 좋은지, 낮은 임금을 주는 게 좋은지 굉장히 혼란스러우니까 정부에서 빨리 안정시켜 주는 것이 중요합니다. 제가 생각할 때에는 최소한 비정규직 차별 철폐 정도는 해줘야 한다고 보거든요. 고용에 대해 상당히 유연한 제도가 있는 미국보다도 우리가 지금 차별에 대해서 더 규제가 없는 것 아닙니까?

곽정수 이번에 비정규직 보호 법안이 통과됨에 따라 같은 노동을 하면서도 정규직보다 차별대우를 받는 일은 일단 사라지게 됐는데요. 문제는 이번에 이랜드사태에서도 나타났듯이, 비정규직을 정규직으로 전환하는 데 따른 부담을 피하기 위해 아예 해고를 하거나 파견직으로 대체

하는 경영자들의 대응이죠. 이것도 물론 어느 정도 예상됐던 문제점이 지만 말이죠.

홍종학 그렇습니다. 답답한 것은 노동시장이 가장 유연하다는 미국에 서도 비정규직의 인센티브를 높이려고 상당수를 정규직으로 채용하고, 또 상당수한테 승진을 보장한단 말이에요. 그러니까 설사 차별된 직군 을 갖는다고 할지라도, 그들한테 계속해서 기회를 줘야 합니다. 이게 제가 강조하는 패자부활전입니다. 미국에서는 같은 창구직원이라 할지 라도 어떤 사람은 평생 그 일을 하기를 원하고, 어떤 사람은 승진하려 고 끊임없이 시험도 보고 대학원에도 다닙니다. 이 사람들한테 많지 않 더라도 기회를 주는 것이 중요합니다. 우리나라 일반 공무원들은 그나 마 그런 기회가 있지만 민간 기업에는 찾아보기 어렵습니다. 요즘 은행 이 창구직원들을 정규직으로 전환하는 이유는 이 사람들은 해고할 수 없기 때문입니다. 은행에서 창구직원들은 상당한 정도의 숙련도가 필 요합니다. 더구나 창구직원들이 한두 명이 아니므로 이들을 한꺼번에 해고하고, 다시 고용하기가 어렵거든요. 그런 이유 때문에 은행이 제일 먼저 창구직원들을 정규직으로 전환한 겁니다. 이렇듯 정부가 어떻게 세팅을 하느냐에 따라 기업은 상당히 빠르게 반응할 수 있습니다. 여기서도 제가 항상 주장하는 논리가 그대로 적용되는 거죠. 미국식의 유연한 노동시장을 이야기하면서 미국식 효과를 내게 하는 정책은 없 습니다. 차별금지에 대한 엄격한 처벌, 손해배상, 또 동기를 부여할 수 있는 장치를 갖추지 않는다면 그것은 미국식이 아닙니다. 이런 상황이 라면 결국 천민자본주의적 노동 시장으로 귀결될 가능성이 크지요.

김상조 이번 비정규직 보호법에는 동일노동 동일임금 원칙을 어겼을 때 처벌할 수 있는 조항이 없습니다. 단지 선언적 조항으로만 들어가 있을 뿐이지요. 특히 민주노총에서 반발했던 파견근로는 사유를 제한할 것인지 업종을 제한할 것인지를 두고 논란을 벌이다가 결국 사유제한 없이 파견근로의 범위를 지나치게 확대했습니다. 또 기간제 근로계약의 허용기간을 2년으로 너무 길게 잡았고, 2년이 만료되기 전 정규직 전환 의무를 회피하려 해고를 남발하는 것에 대한 방지책이 없습니다. 이렇듯 비정규직 보호법에는 여러 가지 한계가 있지만, 일단 비정규직 문제에 관한 국가적 보호시스템을 만들 필요성을 인식하고 그것을 제도화하기 시작했다는 점에서는 긍정적인 시도라고 볼 수 있습니다. 다만, 아무리 법이 좋아도 정부의 법 집행이 엄정하지 않으면 별 의미가 없습니다. 우리나라에서는 그 점이 가장 우려된다고 하겠습니다. 노사 양측의 부당 노동행위에 대해 정부가 이중 잣대를 들이대면, 비정규직 보호법은 곧바로 사문화될 것이고, 오히려 보호받지 못하는 비정규직 노동자를 양산하는 법이 될 것입니다.

● 양극화 문제의 올바른 해법 – 삼성과 유한킴벌리의 차이

곽정수 양극화 문제를 이야기하다가 자연스럽게 비정규직 문제로 옮겨갔는데요. 이제 양극화 대책에 대해서도 말씀을 해주시죠?

김상조 적극적 노동시장 정책 시행과 사회보장제도 확충, 그 이상의 답이 뭐가 있겠습니까? 또 그것을 위한 세제 개혁이 필요하고요.

유종일 그런 사후적인 시스템도 필요하지만, 지금은 비정규직을 축소하고 비정규직에 대한 차별을 없애는 게 중요합니다. 기업들이 단기적으로 인적 자원을 값싸게 활용하는 전략보다는 종업원을 전문성을 갖추고 생산성이 높은 근로자로 양성하여 장기적 가치를 추구하도록 인센티브를 주는 정책을 시행해야 합니다. 그리고 대기업과 중소기업 노동자들의 소득 격차도 매우 심각한데, 우리 산업구조가 너무 재벌 위주로 되어 있기 때문에 그렇습니다. 따라서 단시일 내에 해결할 수 있는 문제는 아니지만, 중소기업을 집중적으로 육성하는 방향으로 산업구조를 바꾸는 게 필요합니다.

그다음이 복지정책입니다. 복지정책 중에서도 특히 교육, 직업능력개발, 적극적 노동시장정책 등에 많은 지원이 이루어져야 합니다. 역량 있고 의지가 있는 사람들이 여건 때문에 자기계발을 하지 못하는 상태를 정부가 해결해 줘야 합니다.

곽정수 제가 재미난 얘기를 들었는데요. 2006년 말에 중국의 킴벌리클라크 현지법인 사장을 만나서 뉴 패러다임 모델에 대해 얘기를 나눈 적이 있습니다. 뉴 패러다임이란 인간중심 경영, 즉 직장에서 평생학습을 통해 종업원을 지식근로자로 양성하여 경쟁력의 원천으로 삼자는 것입니다. 문국현 유한킴벌리 사장의 지론이지요. 그런데 삼성도 인재경영을 대단히 강조하잖아요? 그래서 당신들이 추구하는 뉴 패러다임과 삼성의 인재경영에 어떤 차이가 있느냐고 질문했습니다. 그 사장이 이렇게 대답하더군요. "삼성의 인재경영은 사람의 두뇌를 사는 거라면 우리의 뉴 패러다임 모델은 사람의 마음을 사고, 영혼을 사는 것입니다." 그분 말씀에 의하면, 사람의 마음을 산다는 것은 회사가 어렵더라도 종업원들을 함부로 해고하지 않고, 노사가 회사의 가치를 공유하는 것입니다. 그렇게 하면 근로자들이 퇴근시간이 되자마자 바로 손 털고 집에 가는 것이 아니라 하던 일을 스스로 마치고 퇴근한다는 것입니다. 반면 삼성은 당장은 경영성과가 많이 나오는 것 같은데, 직원들은 항상 고용불안에 시달린다고 합니다. 그래서 기회가 생기면 다른 회사의 더 좋은 자리로 옮길 생각을 하고요.

유종일 삼성의 인재경영이 가진 또 한 가지 문제점은 결국 핵심인재에 집중되어 있다는 것입니다. 예를 들어 5%가 회사를 이끌어간다는 의식이죠. 이걸 국가적으로 확대하면 결국 우리가 얘기하는 양극화 문제 아닙니까? 소수 천재나 선구자들의 역할을 부정할 수는 없습니다. 하지만, 천재가 나와서 그 나라 경제가 잘되는 건 아니거든요. 핀란드는 전반적으로 인적자원의 수준이 굉장히 높고, 공교육의 질도 매우 높습니다. 뉴 패러다임 모델도 사실은 모든 근로자들을 지식근로자로 만들겠다는 거잖아요?

곽정수 전반적인 수준을 함께 올려주고, 경쟁력의 원천으로 삼자는 것이죠.

유종일 저는 천재도 키워야 한다고 생각합니다만, 지금까지 우리가 산업경쟁력을 키워온 과정을 보면 과학자들만 발명하거나 획기적인 신

기술을 만들어 내는 것이 아닙니다. 제가 재작년인가 광양제철소에 갔다가 굉장히 감동을 한 적이 있는데, 지방대학 공대를 나와서 이십몇 년 동안 일한 현장 엔지니어가 세계 최초로 개발한 새로운 공정 애기를 해주는 거예요. 이건 무슨 천재적인 과학자가 새로운 기술을 만들어낸 게 아닙니다. 지금까지 세계 모든 제철소에서는 압연 프로세스를 롤러 세 개를 가지고 작업했는데, 포스코에서 하나 더 늘려서 네 개로 한 거예요. 그게 아무것도 아닌 것 같지만, 기술적으로 결코 간단한 게 아니랍니다. 잘못해서 긴 쇠 판이 끊어지기라도 하면 큰일이니까요. 이 기술을 수많은 시행착오를 겪으면서 성공시킨 거예요. 현장 엔지니어들과 노동자들의 경험과 숙련의 축적을 바탕으로, 밤을 새워가면서 의지와 노력으로 일궈낸 것입니다. 유럽이나 미국의 기술자들도 해내지 못한 것을 이 사람들이 해낸 겁니다. 이런 식으로 우리가 경쟁력을 향상시켜 온 게 많이 있습니다. 그런데 우리는 인적자원을 양성하는 데 실제로 강점이 있는 부분을 잘 활용하지 못하고 있습니다. 쓸모없는 지식을 테스트하는 시험성적으로 학생들을 줄 세워서 대학에 보내는 교육 시스템 때문에 그동안 너무 많은 것을 잃었습니다. 그러니까 이제 천재도 제대로 된 천재를 키우고 전반적인 인적자원의 질을 향상시켜야 성장의 문제도, 양극화의 문제도 해결할 수 있는 겁니다.

● 노동 · 복지 · 조세 정책

김상조 부연해서 말씀을 드리면, 다른 선진국에서 양극화 문제에 대처하는 방식과 달리 우리나라는 반대로 할 필요가 있다는 생각이 듭니다. 양극화 대책과 관련해서 산업정책을 제외한다면 결국은 노동정책, 사회복지정책, 조세정책 아니겠습니까? 우리의 노동시장정책은 노사관계에 대한 의사결정이 너무 개별기업 차원으로, 사업장 단위로 파편화되어 있기 때문에 이걸 산업별 차원이나 전국적 차원으로 의사결정을 상향시키는 쪽으로 해결방안을 찾아야 한다는 것은 앞에서도 말씀드렸습니다. 서구와는 반대 방향으로 가는 것이라고 할 수도 있지만, 보다 정확하게 이야기한다면 서구가 지나치게 집권화된 상태에서 하향 분권화의 길을 가고 있다면, 우리나라는 지나치게 분권화된 상태에서 일정 정도 상향 집권화할 필요가 있다는 것입니다. 그래야, 서구와 비슷한 수준이 되는 겁니다.

한편, 과거 서구의 사회복지정책은 지역 주민의 필요에 맞는 복지 내용과 그 전달 체계를 갖추는 것에 강조점을 두다 보니 지자체 차원의 복지정책 성격이 강했어요. 그러다 보니까 의사결정구조가 너무 밑으로 내려가 있었어요. 그런데 복지서비스라는 것은 한번 제공하면 다시 회수하기가 불가능하기 때문에, 하향 분권화된 복지시스템은 팽창 일변도로 가게 마련입니다. 이것이 서구사회에서 재정파탄을 가져오는 주요한 원인이었죠. 서구는 이를 개혁하기 위해 재정 부담을 줄이면서 지역 간 복지서비스의 격차를 줄이는 방안을 모색했습니다. 그래서 복지서비스에 관한 의사결정권한을 연방정부 쪽으로 상향 이동시켰던 겁니다. 그런데 우리나라는 이것도 반대로 가야 한다고 생각해요. 우리나라는 일차적으로 복지서비스의 양을 늘리는 것도 중요하지만, 복지서비스의 전달 과정에서 생기는 엄청난 비효율성이나 도덕적 해이의 문제가 있거든요. 눈먼 돈이니까 먼저 먹는 놈이 임자라는 인식이 있는 거죠. 그런 의미에서 우리나라 사회복지시스템의 설계는 지역 주민의 필요에 맞는 내용과 전달 체계의 구축이라는 관점에서 지자체의 역할을 더 강화할 필요가 있다는 생각이 듭니다.

홍종학 그런데 지자체를 믿을 수 있을까요?

김상조 그렇기는 하지만, 그렇게 따지면 중앙정부도 딱히 믿을 수 있는 것은 아니니까요. 국민연금, 건강보험 등 보편적 사회복지시스템은 어차피 중앙정부 차원에서 결정되어야 하지만, 그 외에 국민의 삶의 질과 관련된 많은 부분은 중앙정부가 획일적으로 정할 수 없습니다. 그래서 지역 주민의 필요에 맞게 설계되어야 하고, 그래야만 여타 정치적인 이유로 예산이 삭감되는 것을 막을 수 있을 겁니다.

조세체계의 문제도 마찬가지예요. 세계 모든 나라가 세율을 낮추는, 이른바 '레이스 투 더 바텀'(race to the bottom) 경쟁을 하고 있습니다. 하지만, 우리는 그와는 반대로 세율도 올리고 조세체계도 직접세 중심으로 개편할 필요가 있다고 생각해요. 결론적으로 말씀드리면, 우리가 양극화라는 한국사회의 문제를 해결하기 위해서 여러 가지 대안을 고민해야 하는데, 그 고민의 출발점이 바로 우리가 발을 딛고 서 있는 한국경제의 현실이어야 한다는 겁니다. 우리나라는 이미 선진화되어 있는 나라와는 너무나 다른 상황에 부닥쳐 있기 때문에 선진국과는 반대방향으로 정책을 끌고 가야 할 필요성도 있다고 생각합니다. 우리의 현실을 도외시하고, 재계나 기득권 세력이 '전 세계가 복지시스템, 세율구조, 노사관계를 이런 방향으로 변화시키고 있기 때문에 우리도 따라가야 한다.'고 얘기하는 것은 한국의 양극화 문제를 더욱더 악화시키는 방향으로 작용할 수 있습니다. 따라서 양극화 해소대책 측면에서는 정부의 정책적 의지와 일관성이 가장 강조되어야 할 요소라고 생각해요.

 저는 양극화 관련 논문에서 대략 5가지 정도의 대책을 제시했어요. 첫 번째 안정적 경제운영, 두 번째 공정한 경쟁제도 확립, 세 번째 경제성장 과실의 공유, 네 번째 사회적 보험의 강화를 통한 패자부활전의 활성화, 마지막으로 소득재분배 및 후생지원입니다. 세 번째 성장과실을 공유하는 문제에서 저는 유럽식으로 세금을 올리든지, 아니면 미국식으로 기업연금 제도를 활성화하든지, 방법에 관계없이 성장과실을 공유해야 한다는 인식을 강조하고 싶습니다. 물론 중소기업이나 비정규직 노동자들까지 성장과실을 공유할 수 있는 그런 장치를 마련해야겠지요.

제가 참여정부의 양극화 대책이 안이하다고 생각하는 것은 처음 세 가지 대책이 빠졌기 때문입니다. 아까 유 교수님께서 말씀하신 대로 사전적 대책인데, 이걸 도외시하고 있기 때문이지요. 앞으로 우리가 복지시스템을 강화해야 하는데, 가장 중요한 것은 역시 투명성입니다. 또 합리적인 복지시스템을 정착시키는 것도 쉬운 일은 아니죠. 그러니까 뉴딜 때 루스벨트가 하도 빨갱이 소리를 들으니까 정부자금을 쓰는 곳에 반드시 감사를 하도록 했습니다. 나중에 외부에서 낭비사례를 찾기 위해 혈안이 되었지만, 결국 아무것도 드러나지 않았습니다. 내부적인 통제시스템이 워낙 잘되어 있었기 때문이었죠. 지금 우리나라에서도 복지시스템에 대해 철저하게 통제하고 감시하는 체제를 구축해야 합니다. 퍼주기 식 복지라는 얘기가 나올 수 있기 때문에 지금부터 철저하게 제도를 완비하는 것이 필요합니다.

유종일 투명하고 효율적인 복지전달시스템을 만들려면 관료기구에만 맡겨 가지곤 곤란하겠죠. 어떤 방식이든 간에 참여와 감시가 이루어지도록 설계해야 할 것입니다. 아까 '레이스 투 더 바텀' 얘기를 했는데, 잘 알고 계시겠지만 OECD 국가들의 세율이 낮아진 것은 아닙니다. 실제로 세계화의 바람이 거세게 몰아치는 속에서도 조금씩 올라가고 있습니다. 단지 세금의 구성이 변화하고 있을 따름이지요. 직접세, 특히 자본이득에 대한 세금이 줄어들고 있죠.

곽정수 기업들이 강조하는 얘기지만, 법인세 쪽은 낮추는 추세 아닙니까?

유종일 제가 한 얘기가 바로 그것입니다. 법인세가 줄어드는 대신 근로소득에 대한 과세나 간접세는 늘어나는 방식으로 세금의 구성이 변화했습니다. 전체적으로 보면 세율은 늘고 있습니다.

그런데 우리나라의 조세문제를 얘기할 때 세율도 세율이지만 조세의 투명성, 형평성 문제가 심각합니다. 겉으로는 확실히 누진세 체계를 갖추었는데도 우리나라는 재정의 소득재분배 기능이 거의 없다시피 합니다. 아래 표에서 보는 OECD 국가들이 평균적으로 재정을 통해서 시장소득의 불평등도를 40% 이상 줄이는 데 반해 우리나라에서는 불과 5%

도 줄이지 못한다는 겁니다. 우리나라는 직접세보다 간접세 비중이 너무 크다는 게 기본적인 문제고요, 또 소득파악이 제대로 되지 않는다는 것이나 비과세 감면제도의 남발 등도 문제지요. 재정의 재분배 기능을 강화하기 위해서 반드시 조세개혁이 이루어져야 합니다. 우선 소득파악률 증대가 중요한데요, 이를 위해서 부가세 간이과세 폐지, 1가구 1주택 양도소득세 면세 폐지, 금융실명제 강화 등이 필요합니다. 또 비과세감면제도 정비 등 조세의 단순화를 추진할 필요도 있고요. 이렇게 해서 과세의 투명성과 형평성이 확보되면 재분배 기능도 살아나고, 조세저항도 완화될 겁니다.

소득불평등도의 국제비교(시장소득 기준과 계수변화율)

	시장소득 Gini 계수(A)	가처분소득 Gini 계수(B)	변화율(%) (B−A)/B×100
OECD 평균	0.380	0.272	41.6
한국(1996)	0.302	0.298	1.3
한국(2000)	0.374	0.358	4.5

비고 : OECD 15개국 평균치임. 연도는 1979년-1988년으로

곽정수 말이 나온 김에 상속증여세를 낮춰야 한다는 주장에 대해서도 얘기해 보죠. 부유층들은 흔히 '정부가 기업하기 좋은 환경 운운하지만 상속세가 너무 높아서 자신이 일군 기업을 자식들에게 물려주기 어렵다.'고 합니다. 또 이런 상황에서 누가 기업을 경영하겠느냐고 불만이 잖아요? 그런데 빌 게이츠의 아버지나 조지 소로스 같은 사람들은 자본주의에 대한 국민의 지지를 오히려 떨어뜨릴 위험이 있다고 상속세 폐지에 반대하고 있습니다.

홍종학 우리와는 상황인식이 다르죠. 우리가 경계하는 건 이렇게 양극화가 심해지면 중남미식으로 갈 가능성이 매우 크다는 거예요. 우리가 민심을 읽을 때 중요하게 여겨야 하는 것은 양극화 문제가 비등점까지 오를 때는 잠잠했다가 비등점을 넘어서는 순간, 더는 참을 수 있는 상황이 아니라는 것을 깨닫고 들고일어나는 거예요. 그 상황에선 경제가 완전히 파탄 나 버립니다.

곽정수 물리학의 임계점 원리하고 비슷하네요.

홍종학 비등점이 올 때까지는 아무 일도 일어나지 않기 때문에 사람 대부분은 안심하고 있습니다. 하지만, 지금 우리는 굉장히 위험한 상황으로 치닫고 있어요. 민심은 겉으로 드러나지 않습니다. 그게 무서운 거지요. 물론 겉으로는 조용합니다. 제가 기업에 당부하고 싶은 것도 바로 그런 거예요, "지금 당신들이 하고 싶은 대로 다 할 수 있는 구조이다. 하지만, 이대로 가다간 당신들도 망한다. 그것이야말로 가장 바보 같은 짓이다. 지금 보이지 않는 민심의 움직임을 봐야 한다. 그리고 역사를 보더라도 바로 당신들처럼 할 수 있을 만큼 다할 때 반드시 망했다." 결론은 외국에서 그런 식으로 한다고 해서 우리도 그렇게 가야 한다는 것은 맞지 않다는 것입니다.

제5부

개혁과 개방

제7장

한미 FTA, 내부 개혁 없는 개방 논리의 허구

● 한미 FTA 이전에 먼저 경제 시스템을 바꿔야한다

곽정수 한미 FTA는 국민의 거센 반대에도 타결되었고, 이제 국회의 비준을 앞두고 있습니다. 그러나 아직도 비준의 반대 혹은 연기의 주장이 강하게 제기되고 있습니다. 좀 늦은 감이 있습니다만, 먼저 정부가 얘기하는 한미 FTA 추진 논리와 방식의 문제점부터 살펴보죠?

홍종학 일전에 경실련에서 한명숙 총리를 만나서 얘기했는데, 우리가 하는 소리를 난생처음 듣는다는 거예요. 그러니까 무슨 얘기인지 이해를 못 합니다. 대외개방을 하려면 우리의 시스템을 바꿔야 합니다. 예를 들어 싱가포르와 FTA를 체결할 때와 미국과 FTA를 체결할 때 우리의 경제체제 자체를 바꿔야 합니다. 미국과 FTA를 하려면 우리가 무엇을 준비해야 하는가를 제시해줘야 하는데, 참여정부에서 지금까지 그런 얘기를 한 적이 없습니다. 그냥 FTA를 체결하면 좋아진다는 얘기만 해왔습니다. FTA를 하기 위해 준비해야 할 것들이 많습니다. 예를 들면, 지난번에 삼성전자와 하이닉스가 담합 혐의로 미국에서 유죄를 선고받고, 집단소송의 대상이 되기도 했습니다. 그런데 지금 미국 기업이 한국에 와서 그렇게 난리법석을 쳐도 집단소송의 대상이 안 됩니다.

미국과 FTA를 체결하려면 소비자 보호 장치가 필요합니다. 금융이나 제조업도 마찬가지입니다. 지금 우리나라 기업들이 미국에 가면 미국의 소비자들이 좋아합니다. 소비자를 보호할 수 있는 제도가 마련되어 있기 때문이지요. 우리 기업들은 이미 소비자 보호 장치가 잘 갖추어진 미국에 가서 힘든 경쟁을 해야 합니다. 하지만, 우리나라는 아직 중상주의적 관치에 의해서 기업에 유리한 점이 상당히 많습니다. 우리는 그동안 소비자가 좀 피해를 보더라도 대기업이 성장하면 고용 효과를 통해 소비자한테 돌아올 것이라는 묵인 같은 게 있었습니다. 이게 세계화하고 연결되고, FTA하고도 연결된단 말이죠. 이제 개방이 되면 그것은 깨지게 되어 있습니다. 미국 기업이든 한국 기업이든 소비자를 희생시켜 기업을 잘 되게 하더라도 이제는 그 열매가 소비자한테 돌아오지 않습니다. 어떤 나라의 기업이 들어오든지 소비자와 공정하게 일대일로 몫을 나눠야 합니다.

문제는 그렇게 할 만한 소비자 보호 장치가 없다는 것입니다. 금융이나 제조업뿐 아니라 노동시장도 마찬가지지요. 노동시장에서 노동자를 보호할 수 있는 장치가 없습니다. 따라서 미국과 FTA를 체결하려면 제일 먼저 미국과 한국이 경제적 약자를 보호하는 장치에서 어떤 차이가 있는지를 따져야 합니다. 외국 기업이 들어왔을 때 경제적 약자가 피해를 볼 일은 없는지를 따져야 하죠. 일부에서는 우리도 미국에 진출하니까 쌍방이 마찬가지 아니냐고 말하는데, 미국과 한국의 소비자 보호 장치는 천양지차입니다.

미국도 원래 후발 경제성장국이어서 보호무역주의가 강했던 나라입니다. 대공황 직전에는 역사상 가장 높은 관세율을 부과해서 유럽과 관세전쟁을 촉발하기도 했고, 결과적으로 대공황을 심화시킨 전력도 가지고 있습니다. 그런데 적극적인 개방을 위해 1934년 무역합의법을 제정한 사람이 바로 미국에서 개혁정책을 추진했던 루스벨트 대통령이란 말이죠. 애초 이 법을 추진한 사람은 코델 헐(Cordell Hull) 국무장관입니다. 이 사람이 바로 미국 최초로 소득세와 재산세 부과에 누진세를 주장한 사람이죠. 이것이 의미하는 것은 소득분배에 가장 신경 쓰는 지도자가 개방을 추진할 때 성공한다는 것이죠.

곽정수 정부는 FTA 체결로 피해가 예상되는 산업에 대한 대책을 내놓았습니다. 농어업 분야는 'FTA 농어업인 특별지원법'으로, 산업과 근로자 분야는 '무역조정법'으로 지원하겠다는 계획이지 않습니까? 또 FTA 찬성론자는 개방이 불가피한 상황에서 일부 피해가 예상된다고 언제까지 보호만 할 수 없지 않으냐는 주장을 펴고 있습니다.

홍종학 지금 논의되고 있는 것은 주로 피해산업에 대한 것입니다. 제가 얘기하고 싶은 것은 그게 아닙니다. 피해산업뿐만 아니라 일반적인 소비자, 노동자, 농민들에 대해서도 함께 논의해야죠. 이 사람들과 기업과의 관계, 이것은 전혀 논의 안 되어 있어요. 저는 한미 FTA를 반대하지 않습니다. 하지만, 미국하고 FTA를 하려면 먼저 시스템을 만들어놓고 해야 한다는 겁니다. 이것은 피해산업에 대한 대비책과는 논의가 다릅니다. 우리의 체제 변화에 대해서는 아무도 얘기를 하지 않고 현 체제를 그대로 둔 상태에서 미국과 FTA를 체결할 때 피해를 보는 쪽과 이익이 큰 쪽이 반대와 찬성으로 나뉘어 대결하고 있는 양상이지요. 이건 합리적인 논의가 아닙니다.

● 내부개혁 없는 개방이 문제다

유종일 저는 앞으로도 더 개방해야 한다고 봅니다. 그런데 더 개방을 하려면 우리가 그만큼 준비를 해야 합니다. 그게 개혁입니다. 1990년대 초 자본시장을 개방할 때도 그 자체가 잘못이 아니라 준비도 제대로 안 하고 어설프게 개방한 게 잘못이었습니다. 지금도 마찬가지 상황입니다.

홍종학 요즘 극우(ultra right)들은 개방을 하면 개혁이 된다고 주장하고 있죠.

유종일 그렇지요. 물론 약자보호나 소비자보호, 기업의 투명성과 책임성, 공정거래와 경쟁 정책 측면에서는 조금씩 나아지는 것들도 있습니다. 그러나 우리나라가 미국이 요구하는 수준의 개방을 할 만큼 준비되어 있는가 하는 점을 살펴볼 때 회의적이지요. 더 제대로 개혁을 하는 것이 개방을 준비하는 일입니다. 그런데 극단적인 시장주의자들은 이 논리를 뒤바꿔서 개방이 곧 개혁이라고 주장합니다.

다만, 개혁에 반발하는 이익집단의 문제에는 개방을 통해 개혁한다는 논리가 적용될 수 있을 겁니다. 이익집단들의 반발로 도저히 개혁이 안 되고 있기 때문에 미국과 FTA를 체결해서 그 힘으로 개혁을 밀어붙인 다는 논리지요. 대통령도 언급했던 논리입니다. 이 논리가 100% 틀렸 다고는 절대 생각하지 않아요. 맨서 올슨(Mancur Olson) 같은 사람이 주장했던 게 바로 이거거든요. 자유무역을 통해 이익집단에 의한 지대 (rent) 추구를 없앤다는 겁니다. 그러면 과연 개방이 정말로 공평하게 이익집단의 문제를 개혁하는 수단이 될 수 있을까요? 예를 들어 우리나 라에서 가장 강력한 이익집단 중의 하나가 의사집단이잖아요? 그런데 한미 FTA에서도 의료시장 개방은 뒷전으로 밀어두었습니다. 상대적으 로 힘이 없는 분야가 개방의 압력에 훨씬 많이 노출되었지요.

홍종학 이런 것을 보면 경제적 파워 지수가 그대로 드러납니다. 한 걸음 더 나아가서, 한미FTA 협상문을 보니까 재벌 편향적이라는 것을 단박에 알 수 있었습니다. 미국 제도를 받아들이겠다는 사람들이 집단소송제는 싹 빼더니, 난데없이 동의명령제라는 것을 넣었습니다. 동의명령제라는 것은 공정위가 잘못을 지적하는 경우 기업이 이에 동의하고 시정조치를 취하면 벌을 내리지 않는 제도입니다. 이것은 그동안 재벌 기업들의 숙원사업이었는데, FTA 협상을 계기로 집어넣은 것입니다.

FTA라는 계기를 통해 재벌의 민원 하나를 또 들어준 것이지요. 참 대단한 관료들입니다.

유종일 경제적 약자들이 피해를 보게 되면 FTA 체결로 말미암아 득을 보는 사람들이 벌충을 해줘야 할 것 아닙니까? 그게 미약하다는 거지요. 또 한미 FTA가 관세장벽과 비관세장벽을 낮춰 무역을 더욱 확대하자는 의미만 있는 게 아니잖아요? 미국의 요구에 맞춰 여러 가지 제도를 바꿔야 하는데, 바로 이 부분이 가장 우려됩니다. 그들이 요구하는 것이 우리나라에 과연 적합한 제도들인지 따져 봐야 합니다. 예를 들어 지적재산권을 강하게 보호하는 것이 반드시 선진적이고 좋은 것만은 아니라는 것입니다.

김상조 산업발전 단계가 다르기 때문이죠.

유종일 저작권을 사후 70년까지 보호하는 게 더 나은 건지, 30년까지 보호하는 게 나은 건지 이론적인 계산 결과가 있는 것이 아닙니다. 또 경험적으로 추정된 결과가 있는 것도 아니라서 결국 이해관계와 정치적 영향력에 의해서 결정된 것이거든요. 지적재산권 보호를 강화하면 지적재산을 만들어 내는 사람들의 유인을 강화시켜주는 면도 있지만, 그만큼 널리 사용할 수 있는 것을 제한하는 효과가 생기잖아요? 그런데 지적 산물이란 기본적으로 다른 사람들의 지적 창조물을 활용해서 만들어집니다. '하늘 아래 새것은 없다.'고 하지 않습니까? 그러니까 지적재산의 이용을 자유롭게 하는 게 지적인 창조를 더 자극하는 효과도 있기 때문에, 균형을 잘 유지하는 게 필요한 겁니다. 그런데 미국은 전 세계에서 지적재산 분야가 가장 강하기 때문에 소위 말하는 글로벌 스탠더드에 비해 더욱 강한 보호를 하는 거죠. 세계은행은 지적재산권 보호를 더 강화하면 할수록 손해를 제일 많이 보는 나라로 대한민국을 꼽고 있습니다. 예를 들어 의약품 값이 올라 건강보험 재정에 압박을 줄 수도 있습니다.

또 한 가지 큰 문제는 공공정책에 대한 결정권이 훼손되지 않을까 하는 겁니다. 투자자 국가소송제도가 바로 그런 거지요. 마지막으로 졸속 추진의 문제를 지적하지 않을 수 없습니다. 한일 FTA와 비교해 보세요. 이건 정부도 좋다고 하고 재계도 처음에는 좋다고 했지요. 그리고 한미 FTA와는 비교도 안 될 만큼 오랫동안 논의도 하고, 민관이 합동으로 연구도 했습니다. 많은 준비를 거쳐 시작했는데도 얼마 못 가서 중단되고 말았어요. 중단이 된 가장 결정적인 이유는 우리 재계가 반대했기 때문입니다.

● 정치적 모험주의가 부를 비극
– 경제사회제도의 보수화와 양극화 심화

곽정수 일본도 농산물 시장과 관련해서는 한일 FTA 반대론자들의 목소리가 높은 것 같은데요?

유종일 그런 부분도 있긴 하지만 어쨌든 일본 측이 아주 적극적이었죠.

한일 FTA가 중단된 진짜 이유는 우리 업계에서 자신이 없었기 때문입니다. 처음에는 하겠다고 했다가 가만 보니까 일본과의 경쟁에서 자신이 없거든요. 일본은 부품소재, 자본재 등 고부가가치 분야를 특화할 것이고, 우리는 노동집약적이고 저부가가치 산업을 특화할 것이기 때문에 일본과의 경쟁에서 힘들어지지요. 그러니까 재계가 '산업구조 고도화정책에 역행한다.'면서 반대한 겁니다. 내면적으로는 자기들이 준비가 안 되어서 일본과 정면 경쟁을 하지 못하겠다고 판단한 겁니다. 그래서 결국 일본의 농산물시장 개방안이 미흡하다는 것을 빌미로 협상을 중단시킨 것이지요.

일본과는 경쟁을 못하는데 미국과는 잘할 수 있을까요? 미국도 자본재 산업이 강합니다. 제조업 중 부가가치가 가장 높은 분야인 정밀기계나 정밀화학 산업이 아주 강하지요. 그런데 우리 재계가 한미 FTA에 대해서는 왜 그렇게 적극적으로 찬성하는가에 대해 두 가지 추측이 가능합니다. 하나는 재계를 비롯한 기득권 세력들이 판단하기에 현 정권이 밉고, 소위 '친북좌파'로 보이는거죠. 그래서 자칫하면 나라가 망할 것 같으니까 미국과 가까워져야 한다는 논리입니다. 그들 나름대로는 애국적인 견지에서 나오는 판단입니다. 또 한 가지는 한미 FTA를 체결하면 업계가 직접적으로는 약간 손해를 볼지 몰라도 장기적으로 이익이 될 거라는 판단인 것 같습니다. 즉 미국식 제도 운운하면서 미국과 경쟁하려면 필요하다면서 자신들에게 유리한 갖가지 편의를 요구하는 기회로 삼는 것이지요. 그들은 한미 FTA를 계기로 자신들이 요구하는 의제를 훨씬 더 세게 밀어붙일 수 있다는 생각을 하는 게 아닌가 싶습니다.

홍종학 대기업의 입장에서는 한미 FTA 체결이 유리하지 않은가요?

곽정수 대기업들은 그렇게 얘기하지 않아요. 크게 잃을 것도 없지만, 크게 얻을 것도 없다고 하지요.

유종일 실제로 삼성경제연구소나 LG경제연구소의 분석보고서를 보면 별로 유리한 것도 없다고 되어 있습니다.

김상조 저도 유종일 교수님의 말씀에 대부분 동의합니다. 먼저 노무현 대통령이 왜 한미 FTA를 그렇게 급작스럽게 추진했는가가 궁금해지는데요. 저의 짐작을 말씀드리면, 사실 지난 4년 동안 뭔가 내부적 성과를 이룬 것이 없다는 초조감이 대통령으로 하여금 개방을 통한 충격 요법이라는 마지막 카드를 꺼내게 한 것이 아닌가 합니다. 내부 개혁이 여러 이해관계자의 반발에 부딪혀 답보상태를 벗어나지 못하자, 개방 환경 속에서 너 스스로 살아남아 보라는 식의 판 뒤집기 전략, 빅 뱅식 전략을 사용한 것이지요. 비유를 들자면, 경제적 측면에서의 한미 FTA는 정치적인 측면에서 한나라당에 대연정을 제안한 것과 속성상 거의 같다는 느낌이 들어요.

유종일 그렇지요. 실제로 정책상 대연정을 하는 거지요.

김상조 자신의 의도가 전혀 관철되지 않는 경직된 이해관계 구조를 한 번에 뒤집어엎을 수 있는 빅 뱅 전략의 하나라는 점에서 대연정 제안이나 한미 FTA나 다를 것이 없다는 거지요.

홍종학 지난번 어느 신문에선가도 한번 나왔지요. 대통령 자신이, 지금 성과가 없다고 초조해 한다고.

곽정수 한건주의라는 말씀이네요?

김상조 업적에 대한 초조감, 그리고 노무현 대통령 특유의 판 뒤집기식 모험주의가 한미 FTA를 추진한 배경이 되지 않았는가 추측됩니다. 이런 추측이 맞는다면, 경제개혁을 한미 FTA라는 외부 충격요법에 의존할 수밖에 없게 만든 내부개혁 실패의 원인이 무엇인지 참여정부 스스로 솔직한 평가가 있어야 했습니다. 나름대로 개혁을 추진하려 했으나 어떠어떠한 이유 때문에 못하게 되었고, 결국 현 상황을 돌파하려고 개방이라는 외부 충격요법을 선택할 수밖에 없었다는 것에 대해 충분히 이해할 만한 설명이 있어야 합니다. 왜냐하면, 외부 개방은 성공과 실패의 가능성을 동시에 갖고 있는데, 외부 개방의 성공 조건이 결국 개방의 충격을 흡수할 내부 역량에 달렸기 때문이지요. 따라서 내부 개혁의 실패에 대한 반성이 전제되지 않은 상태에서 한미 FTA라는 극단적인 개방전략을 선택하게 되면 성공보다는 실패의 가능성이 훨씬 커집니다. 한미 FTA에서 제가 가장 우려하는 것이 바로 이 부분입니다.

홍종학 그렇게 얘기 안 하시는 것 같은데요? 대통령은 내부적으로 다 잘했고, 그래서 새로운 성과를 하나 더 올리려고 한 것처럼 얘기하지 않았나요?

김상조 그건 다 변명이에요. 참여정부의 실패에 대해서는 이미 앞에서 논의했으니 생략하겠지만, 바로 우리 사회의 내부 갈등구조가 지금만큼 악화하였던 적이 있었나요? 상호 간 대화조차 불가능할 정도로 내부 갈등이 고조된 상황에서 개방의 충격까지 더해진다면, 그 결과는 상상하기도 끔찍합니다.

한미 FTA의 효과에 대해 제가 한 가지 더 드리고 싶은 말씀이 있는데, 한미 FTA가 대상으로 하는 분야 중에서 제조업이나 농업은 이미 오래 전부터 얘기됐고 또 이해득실 관계가 비교적 명확합니다. 그런데 가장 막연한 분야이면서 피해가 예상되는 분야, 어떤 의미에서 개혁의 필요성이 가장 높은 분야가 서비스산업이라고 생각해요. 서비스산업의 경쟁력 제고는 재경부의 숙원사업이기도 한데, 한미 FTA와는 별개로 재경부가 '서비스산업 경쟁력 제고방안'을 추진하다가 한미 FTA와 결합하면서 강력한 추동력을 얻게 된 상황입니다. 저 개인적으로는 서비스산업의 저생산성이 우리나라 경제를 한 단계 끌어올리는 데 중요한 장애요인이 되고 있다는 재경부의 문제의식에는 동의해요.

서비스산업을 두 부분으로 나눈다면, 사업지원서비스업과 사회서비스업이 있습니다. 사업지원서비스업이란 금융, 통신, 법률, 회계, 조세, 컨설팅 등의 업종을 말하는데, 이 사업지원서비스업의 저생산성은 그 산업 자체의 성장은 말할 것도 없고 이것을 중간재로 사용하는 국내 제조업의 발전을 저해하는 측면이 너무나 심각합니다. 때문에, 한미 FTA

라는 외부 충격을 통해서 사업지원서비스업의 변화를 추구한다는 것
에 대해 저는 일정 정도 필요하고, 또 가능한 방법이라고 생각합니다.
문제는 사업지원서비스와는 성격이 판이한 사회서비스업, 즉 교육, 의
료, 보건, 사회복지, 행정 분야에서의 내부개혁은 과연 어떻게 하느냐
는 것입니다.

비록 한미 FTA의 협상 의제에서 사회서비스업은 제외되었지만, 한미
FTA가 체결되면 외부 개방을 통한 내부 개혁의 추진이라는 효과가 애
초에 목표로 했던 사업지원서비스업에만 머물지는 않을 것입니다. 명
시적 대상에서 제외되었던 교육, 의료 등과 같은 사회서비스업에 오히
려 더 큰 파급 효과가 미칠 가능성이 크다고 생각해요. 한미 FTA 체결
이 일으킬 한국사회 전반의 보수화 흐름이 한미 FTA 협상에서 제외되
었던 분야까지 왜곡된 방향으로 영향을 미칠 가능성이 농후합니다. 이
미 한나라당에서는 한미 FTA 대상에서 교육과 의료서비스는 왜 제외
하느냐고 공공연하게 얘기하고 있거든요. 또 최근에는 대학입시에서
의 3불 제도 폐기나 병원의 영리법인화 허용 등을 요구하는 보수진영
의 목소리가 한미 FTA를 계기로 더욱 거세지고 있습니다. 한미 FTA가
갖는 위험성이 여러 가지가 있지만, 그 중 하나가 정작 개혁이 필요한
사업지원서비스업 쪽은 강력한 내부 로비, 즉 변호사 단체나 회계사 단
체 등의 이익단체들에 의해 왜곡되어 그 성과가 제대로 나타나지 않으
면서, 오히려 그 보수화의 흐름이 사회서비스업 쪽으로 파급되어 공공
성을 더욱 약화시키는 것입니다. 이렇게 되면 보수진영이 의도하는 방
향으로 변화를 촉발하는 강력한 계기가 되지 않을까 하는 것이 제가 한
미 FTA에 대해서 가장 우려하고 있는 부분입니다.

곽정수 재계를 비롯한 기득권 세력들이 당장은 한미FTA가 자신들에게 큰 이익이 되지 않는다고 하면서도 적극적으로 찬성하는 속내를 지금 설명하신 것 같은데요. 유 교수님은 좀 전에 기득권 세력들이 앞으로 자신들의 아젠더를 세게 밀어붙이기 위한 포석 아니겠느냐고 분석하셨었죠?

유종일 바로 그겁니다.

김상조 사실 이런 게 바로 신자유주의이지요. 한미 FTA 체결을 통한 보수적 흐름이 사회서비스업 쪽에 미친다면, 우리가 앞에서 얘기했던 양극화의 해소나 성장과 분배의 조화가 결정적으로 무너질 가능성도 없지 않다고 생각합니다. 이런 것이 노무현 대통령 자신은 의도하지 않았을지 모르지만, 우리 경제사회제도의 보수적 개편에 노무현 정부가 크게 일조하는 계기가 될 수 있다는 생각이 듭니다.

곽정수 제가 2007년 2월 일본에 취재를 갔을 때 현지의 언론인, 학자, 기업인, 경제인을 두루 만날 기회가 있었는데, 한미 FTA에 대한 관심이 대단히 높았어요. 그래서 제가 왜 일미 FTA를 안 하느냐고 물어봤죠. 그랬더니 아까 말씀이 있었지만, 미국의 서비스시장 개방 압력에 따른 충격을 우려하기 때문이라는 대답이 많더군요. 특히 의료, 교육, 전기통신 쪽에서 영향이 클 것이라면서, 미국이 일본에 산더미 같은 과제를 제시할 것으로 예상하더군요. 결국, 미국과의 FTA가 어떤 영향을 미칠지 자신이 없다는 것이었는데, 그런 점에서 일본인들은 한미 FTA

를 대단한 관심을 두고 지켜보고 있습니다. 일본도 미국과 FTA를 추진할 것인지, 만일 추진한다면 어떻게 추진할 것인지를 결정하는 데 참고할 수 있는 좋은 시험장으로 보고 있습니다. 그런 얘기를 하는 일본인들의 마음속에는 과연 한국이 겁이 없고 용감한 것인지, 아니면 무모한 것인지 모르겠다는 두 가지 시각이 묘하게 섞여 있다는 느낌이 들더군요. 또 일본은 한·중·일 FTA에도 관심이 있지만 오히려 한·중·일과 아세안, 나아가 인도, 호주, 뉴질랜드를 망라한 범 아시아권의 FTA 추진에서 주도권을 쥐는 데 더 큰 관심이 있었습니다. 이런 일본의 전략이나 접근 방식이 우리에게도 시사하는 바가 있는 것 같습니다.

홍종학 아까도 얘기가 나왔지만 '개방을 통해 개혁한다.' 는 것에 대해서 조금 회의적이에요. 예를 들면, 지금 자본시장이 상당히 개방되었고, 그래서 재경부가 자본시장에 개입하는 게 상당한 정도로 줄어들 줄 알았단 말이죠. 그런데 저렇게 환율에 개입하고 있잖아요? 그러니까 시장은 더 이상하게 왜곡이 되어 버렸단 말이지요. 한미 FTA를 통해서 금융시장이라든가 통신시장이 개방된다면 정통부나 금융감독원의 감독체계가 완전히 바뀌어야 합니다. 사람들이 그걸 잘 이해를 못 하고 있어요.

휴대전화를 예로 들어봅시다. 휴대전화 요금이 지금 상당히 비싸지 않습니까? 휴대전화 요금은 사실상 정통부에서 관리하는데 말이죠. 요금이 비싼 이유는 차세대 휴대전화 개발 비용을 소비자에게 전가하기 때문입니다. 외국에서는 그런 예를 찾아볼 수 없지요. 차세대 휴대전화를 개발하려면 새롭게 펀드를 조성해서 투자를 하고 그에 따라 수익을 얻는 거죠. 그러니까 굉장히 고비용 고수익이지요. 그래서 지금 외국의 통신회사는 거의 망했잖아요. 주파수를 사들이고 통신망을 갖추는데 엄청나게 투자를 했는데도 비용 회수 속도가 늦어지니까 엄청나게 손실을 봤습니다. 그런데 우리는 정부가 알아서 기업들한테 다 해줬단 말이에요. 그러니까 투자비용이 전부 소비자들한테 돌아오게 되는 거죠.

유종일 국내 산업 중에서 제일 개방이 많이 되어 있고 외국자본이 제일 많이 들어와 있는 게 금융 산업입니다. 일률적인 잣대가 있는 것은 아니지만 전반적으로 미국보다도 더 개방이 되어 있는 상황이라고 볼 수 있어요. 그러면 과연 금융 산업이 얼마나 선진화되고, 선진금융기법이 얼마나 전파되고, 경쟁력이 얼마나 올라갔느냐? 이런 측면에서 개방의 효과를 한번 짚어 볼 필요가 있습니다.

요즘 은행이 이익을 많이 낸다고 하지만, 사실 정부는 은행들이 암묵적인 카르텔을 통해 고수익을 올리도록 봐주고 있을 뿐입니다. 실제로 신용평가기능, 위험관리기능 면에서 옛날보다 크게 달라진 게 없거든요. 옛날에는 담보대출 위주로 하다가 지금은 개인신용평가(credit scoring) 시스템으로 한 단계 발전했는지 모르겠지만, 기업의 미래전망을 기초로 한 진정한 신용대출이 가장 중요한 부분인데, 그런 기능은 아직도 못 미치고 있습니다. 우리나라에 들어와 있는 외국계 금융기관들도 국내 금융기관 못지않게 후진적인 행태를 보이고 있다는 얘기도 있습니다.

홍종학 감독기구가 허술하니까 그렇지요.

유종일 외국계 금융기관에서 한국 사람은 RM(Relationship Manager)을 중심으로 영업을 하는데, 비싼 술집에 가서 접대하는 게 주 업무라는 거예요. 뭔가 고급스러운 일을 하려고 하면 홍콩에 있는 아시아 책임자 등 외국에서 사람들이 와서 다 한다는 거예요. 그러니까 개방한다고 해서 무조건 우리 금융 산업이 선진화되고 개혁되는 것은 아니라는 거죠. 한미 FTA에서도, 예를 들어 국경 간 거래가 있습니다. 지점도 설치하지 않고, 사람도 없이 상품만 판매하는 건데, 이런 식으로 되면 우리 금융시장에 긍정적인 임팩트는 주지 못할 겁니다.

곽정수 아까 1990년대 초반에 준비되지 않은 상태에서 수용한 개방과 자유화가 결국 1997년 외환위기를 낳는 근본원인 중 하나가 됐다는 분석이 있으셨는데요. 결국, 개방이 거스를 수 없는 큰 흐름이라고 하더라도, 사전에 내부개혁을 충실히 해서 만반의 준비를 하고 있어야 개방의 긍정적 효과를 극대화하고, 부작용을 최소화할 수 있는데, 우리는 그런 준비도 없이 무조건 개방의 당위성만 강조하고 있으니, 앞으로가 걱정이라는 말씀이네요.

김상조 그렇습니다. 자유무역협정이라고 하지만 농산물과 제조품, 그리고 서비스의 개방은 완전히 성격이 다릅니다. 농산물이나 제조품은 관세율을 낮춤으로써 지금과 다른 상대가격 구조를 만들어 싼 물건이 더 많이 팔리게 합니다. 따라서 가격 경쟁력을 갖춘 제품의 생산 비중이 늘어나게 하는 방식으로 산업구조의 변화를 이끌어냅니다. 반면 서비스 쪽은 원래 관세가 없어요. 관세가 없는 상태에서 서비스업의 개방

효과는 결국 제도의 변화로 나타나게 됩니다. 그 이후에는 수신기능도 없는 여신전문금융기관인 카드사에 대한 규제를 완화해 400만 명의 신용불량자를 만들어냈죠. 이처럼 제도 하나의 변화가 예측 불가능한 국민경제적 위험성을 가져올 수 있는 게 서비스산업의 특징입니다.

얼마 전에 최재천 의원과 범국본 등에서 공동 조사한 결과를 보면, 한미 FTA를 하게 되면 미국은 법률을 하나도 바꾸지 않아도 되지만, 우리나라는 169개를 바꿔야 한다는 겁니다. 이게 한미 FTA의 위험성이라고 얘기했잖아요? 맞는 말이에요. 우리나라가 미국보다 더 많은 법률을 바꿔야 하는데, 그 숫자가 중요한 게 아니에요. 우리의 신중한 판단에 의해서 법률을 개정하고 그것을 엄격하게 집행할 능력이 있다면 100개의 법률을 바꾸더라도 그것이 개혁의 통로가 될 수 있죠. 하지만, 우리 정부가 모든 요소를 신중하게 고려하면서 제도를 변화시키고 그것을 엄정하게 집행하는 능력이 없다는 게 한국경제의 가장 큰 아킬레스건 아닙니까? 169개가 아니라 16개의 법률을 바꾸더라도 그것을 잘못 바꾸게 되면 또다시 위기가 올 수 있다는 거죠.

그런 의미에서 대통령이 한미 FTA를 반대하는 사람들을 불러다 놓고 했다는 말을 상기할 필요가 있을 것 같습니다. 그때 대통령은 배우 이준기에게 "경쟁을 하니까 〈왕의 남자〉 같은 영화도 만들어지는 것 아

닙니까? 그렇게 자신이 없어요?"라고 물었다는데, 오히려 그 말을 국민
이 대통령한테 할 필요가 있다고 생각해요. 이렇게 엄청난 제도 변화
가 예상되는 한미 FTA를 하면서, 그것을 엄정하게 감독하고 집행할 능
력을 정부가 갖고 있느냐?, 정말 자신 있느냐?고 물어야 하지요. 국민은
미국과 경쟁할 능력이 있을지 모르지만, 정부가 법제도를 올바르게 집
행할 능력이 없다는 게 한미 FTA의 가장 큰 위험요소라고 할 수 있습
니다.

홍종학 169대 0은 조금 과하기는 하지요. 왜냐하면, 우리는 성문법 국
가고 그쪽은 불문법 국가니까.

● 한미 FTA의 특징은 규모, 수혜, 제도 변화의 비대칭성

곽정수 노무현 대통령이 수많은 반대를 무릅쓰고 한미 FTA를 강행하
는 이유에 대해서는 한건주의라거나 외부의 힘을 이용한 빅 뱅식 개혁
전략이라는 분석이 있었습니다. 일부에서는 노 대통령의 주도적 의지
라기보다는 미국의 대 한반도, 나아가 대 아시아 전략이라는 틀 속에서
추진되는 것이라는 정치·외교적인 해석도 있는 것 같습니다. 예를 들
어 처음에 6자회담의 미국 측 대표인 크리스토퍼 힐 미 국무부 차관보
가 주한 대사로 오면서 한미 FTA를 하면 좋겠다고 운을 뗐고, 이를 받
아서 김현종 통상교섭본부장이 노 대통령을 설득했다고 합니다. 결국
경주에서 부시 미 대통령이 노 대통령에게 "한미 FTA 합시다."라고 해

서 노 대통령이 받아들였다는 얘기가 흘러다니지 않습니까? 확인할 수
는 없는 얘기지만, 어떻게 생각하세요?

김상조 한미 FTA의 정치외교적 배경에 대해서는 매우 많은 얘기가 있
고, 또 추론도 가능할 거라고 생각됩니다. 하지만, 여기 모인 분들은 어
차피 경제학을 공부하는 분들이라서 그런 배경에 관해서는 구체적으
로 얘기하기가 쉽지 않으리라고 봅니다. 다만, 정치외교적 배경이 무엇
이든, 한미 양측의 의도가 무엇이든 간에, 핵심은 한미 FTA가 가져올
위험요소를 통제할 수 있는 한국 정부의 능력이 너무 부족하다는 것이
문제입니다.

홍종학 능력도 부족하면서 준비도 제대로 안 하는 게 더 큰 문제죠.

유종일 미국의 의도를 강조하는 것은 자칫 잘못된 결정을 변호하는 논
리가 될 수 있어요. 노무현 대통령이 대미관계에서 자주(自主)를 주장
했지만, 실제 자주를 했습니까? 노 대통령이야말로 가장 비자주적인
외교를 한 사람이지요. 전두환이 정의사회 구현을 주장했지만 가장 큰
불의를 저질렀지 않았습니까? 저는 그런 면에서는 김대중 전 대통령이
훌륭하다고 봅니다. 미국이 햇볕정책에 대해 압박을 가할 때 맞섰어요.
그 결과 페리 프로세스가 나왔잖아요? 다른 점에서는 잘못한 것도 많
지만 그 점에서는 훌륭하다는 겁니다. 김대중 전 대통령은 항상 대미관
계를 중시하고 친미를 강조한 사람입니다. 그런데 노무현 대통령은 미
순이, 효선이 사건을 정치적으로 이용하고, 불필요하게 자주를 얘기했

지만 실제로는 이라크 파병, 레바논 파병, 전시작전권 환수 문제, 용산 기지 이전 협상, 모든 면에서 미국 뜻대로 거의 다 받아주었죠. 그게 한 미 FTA까지 간 거지요. 그것뿐만이 아니에요. 시시콜콜한 미국 기업들의 요구들까지도 많이 받아줬습니다. 또 작년에 북한이 핵실험 했을 때 "이제는 포용정책을 재고해야 할 때가 왔다."라고 했잖아요? 그래서 DJ가 발끈해서 여기저기 연설하고 다녔잖아요. 그러면서 여론도 달라지고, 남북관계가 완전히 망가질 위기를 넘기게 된 거지요.

노무현 대통령은 힘의 논리에 대한 계산이 정확한 사람입니다. 딱 붙어보니까 안 되겠거든요? 그래서 미국에 대한 태도가 확 바뀐 겁니다. 하지만, 아무리 미국에 잘 보여야 하겠다고 생각해도 그렇지, "미국이 아니었으면 나는 지금 북한의 정치범 수용소에 가 있을 것"이라는 발언까지 했습니다. 미국을 방문했을 때 남북관계를 완전히 망치는 발언을 한 것 아닙니까? 저는 한미 FTA를 미국의 압력에 의해서 했다고 보지 않습니다. 친미주의가 판을 치던 DJ 정부 때 미국과 한미투자협정하자고 했던 것 아닙니까? 그런데 스크린쿼터 때문에 결국 못한 것 아니에요? 그런데 이 정권에 와서는 스크린쿼터를 포함해서 4대 선결조건 다 들어주고 한미 FTA를 추진했습니다. 그런데도 미국의 강요 때문에 그렇다고 하는 것은 어불성설입니다. 한국이 그렇게까지 미국의 식민지는 아닙니다. 누가 해도 어쩔 수 없이 미국에 붙어서 살아야 한다는 의식이 작용하기 때문에 그런 겁니다. 말하는 것과는 정반대지요.

미국의 장기적인 세계전략을 보면 중국을 전략적 경쟁자로 설정하고 중국을 견제하는 겁니다. 미국은 한·미·일 동맹을 강화하고 몽골, 카자흐스탄, 키르기스스탄 등에 미군 기지를 만들었습니다. 또 파키스탄은 군사독재에다 핵개발을 추진하는 등 미국 정책에 정면으로 반대되는 일을 하는데도 미국이 잘 대해주지 않습니까? 이게 전부 중국을 포위하기 위한 전략이거든요. 반면에 중국은 아직 미국에 맞설 상황이 아니니까 대만문제 한 가지만 빼고 친미를 최고 원칙으로 삼고 있습니다. 속으로는 칼을 갈고 있겠지만요. 우리는 그 사이에 딱 끼어있어요. 여기서 우리가 한쪽으로 확 쏠려도 괜찮은 걸까요? 이것은 정말 우리의 생존전략을 고려해서라도 잘 생각해야 하는 문제예요. 또 한미 FTA의 가장 큰 특징 중의 하나가 비대칭성이라고 봐요. 우선 양국의 경제 크기가 비대칭적이죠. 미국 경제에서 대 한국 무역이 차지하는 비중은 극히 작지만, 우리로서는 미국 무역이 매우 큰 비중을 차지하고 있지요. 거기서 오는 경제규모상의 비대칭성이 있고…….

홍종학 그런데도 많은 사람이 성장론자들의 논리에 빠져 있습니다. 우리가 피해를 보는 부분이 있을 것 아니겠어요? 그러면 당연히 피해 보는 부분을 어떻게 할 것인지 연구해야 하잖아요? 그런데 한미 FTA를 지지하는 사람들은 "일부 피해를 보더라도 전체적으로 파이가 더 커지니까 더 좋은 것이다. 결국은 피해를 보는 사람들한테까지도 득이 올 것이 아니냐?"라고 얘기하거든요. 이것이 바로 성장론자들의 논리죠. 사실은 앞뒤가 안 맞는 얘기를 하는 겁니다. 왜 자동차산업을 위해서 축산업자와 농민들이 손해를 봐야 합니까? 협상을 하더라도 자동차산업이 손해를 보는 것을 감수하고, 쇠고기시장이나 농산물시장에서 좀 더 유리하게 할 수 있다고 보이거든요. 실제로 미국 자동차가 수입차 시장에서 경쟁력이 별로 없지 않습니까? 오히려 지금 미국산 일본자동차의 수입을 더 걱정해야 하는 처지지요. 그렇다면, 미국 자동차회사에 유리하도록 하는 대신에 축산업자와 농민들에게 유리한 협상을 충분히 할 수 있는데, 그렇게 하지 않았습니다.

유종일 그러면서 한미 FTA를 통해 양극화를 해소하겠다는 주장도 하고 있습니다.

홍종학 도저히 이해할 수 없어요. 그들이 도대체 무슨 얘기하는지, 자신들이 무슨 얘기하는지 알고나 있는지 궁금해요. 그들은 신용불량자가 400만 명이나 되어도 눈 하나 깜짝 안 합니다. 지금 대부업체에 빚을 진 사람이 수백만 명이고, 앞으로는 부동산 거품 붕괴 때문에 수백만 명의 신용불량자가 생길지도 모릅니다. 만일 한미 FTA로 말미암아 또다시 수백만 명의 신용불량자가 생긴다면 한바탕 난리가 벌어질 겁니다. 우리 정부는 경제적 약자들이 피해를 보는 것에 대해서 너무 과소평가하고 있어요. 또 경제적 약자들의 목소리도 너무 작습니다. 그 결과 무모한 결정들이 계속 내려지는 것이죠.

유종일 소위 개혁적, 진보적이라는 정당이 집권한 상태에서 이런 문제가 벌어지니까 안타까운 겁니다. 비대칭성 얘기를 계속하자면 규모의 비대칭성뿐 아니라 수혜의 비대칭성도 있다고 보입니다. 미국은 한미 FTA를 통해 얻어내는 이득이 구체적으로 많이 있습니다. 스크린 쿼터,

의약품, 지적재산권, 농산물시장 개방, 쇠고기 수출 재개, 자동차시장 개방 같은 것들이죠. 그런데 한국은 딱히 얻는 게 별로 없습니다. 제일 중요한 것은 미국의 무역구제제도를 좀 약화시키는 건데, 실질적으로 아무것도 못 얻었죠. 여기에 또 하나의 비대칭성이 있어요. 아까 얘기했듯이 FTA가 단순히 자유무역 확대뿐만이 아니라 제도 변화를 수반하는데, 우리가 미국식 제도를 따라가게 되어 있지, 미국이 우리 제도를 따라오게 되어 있는 건 하나도 없단 말이지요. 여기에도 비대칭성이 있지요.

곽정수 노무현 정부에서 청와대 정책실장을 지낸 이정우 경북대 교수가 한미 FTA를 반대하는 이유로 내세우는 것도 미국과의 FTA는 우리나라에 엄청난 변화를 일으킬 것인데, 거기에 대한 사전준비가 제대로 안 됐다는 것이죠. 언론의 처지에서 보면, 이런 중요한 정책결정을 할 때는 사전적으로 국민적 공감대를 이뤄야 하는데, 이번 일은 그것이 너무 없는 것 같아요.

홍종학 그런 면에서 국회가 사실은 식물 국회지요. 중요한 국가적인 문제인데, 국회에서 그동안 거의 거론도 안 하고 지켜보고 있었으니까요. 우리 국회는 정상적인 국회가 아니에요. 최소한 경제 문제에 관해서는 그것을 여실히 드러낸 거지요.

김상조 대체로 여기 계신 분들은 개방 자체에 대해서는 반대하지 않지만, 이런 식으로 한미 FTA를 추진하는 것은 대단히 위험하다는 의견인 것 같네요.

홍종학 저는 개방에 반대하지 않습니다. 하지만, 이번 한미 FTA는 대단히 위험하다고 생각합니다.

유종일 저도 같은 생각이에요. 기본적으로 위험하고, 절차적으로 잘못되어 있다는 겁니다.

홍종학 그러니까 피해를 보는 사람들에 대해 그 비중을 너무 과소평가하고 있고, 그것이 바로 정부가 성장론자의 논리에 빠져 있다는 것을 그대로 보여주는 거지요.

제8장

외국 자본,
야누스의 얼굴

● 외국자본 무엇이 문제인가?

곽정수 이제 외국자본 문제로 넘어가 볼까요? 한미 FTA 이후에 금융개방이 가속화하면 외국자본의 영향력이 더 커질 것이라는 우려도 있는데, 지금도 금융산업은 외국자본의 비중이 상당히 높지요. 참여정부 들어 외국자본과 관련해서는 자본의 국적성 문제나 국부유출 논란이 가장 관심거리였던 것 같아요. 소버린과 칼 아이칸의 국내 기업경영권 위협과 론스타의 외환은행 인수 논란과 맞물려서 말이죠. 외국 투기자본, 소위 '먹튀' 자본에 대한 국민적 반감도 상당히 높았고요. 재벌들은 그런 민족주의 정서를 교묘히 활용해 국내 대표기업에 대한 외국 투기자본의 경영권 위협론을 퍼뜨렸죠. 이것은 정부의 재벌정책을 완화나 후퇴시키는 빌미로도 작용한 것 같습니다. 또 하나 민감했던 문제는 재계나 보수진영에서 참여연대의 소액주주운동이나 시장개혁운동, 재벌개

혁운동에 대해 미국 월스트리트 앞잡이론으로 공격한 대목입니다. 홍
교수님이 먼저 말씀해 주시겠습니까?

홍종학 문제는 우리 내부 역량이 외국자본들에 대해서 공정하게 대할
수 있는 역량이 되었느냐는 겁니다. 저는 기본적으로 국내자본이나 외
국자본이나 국민에게 약탈적 수단을 쓰지 않는다면 경제에 큰 도움이
될 수 있다는 측면에서 별 차이가 없다는 견해예요. 그런데 지금까지
금융시장의 감독과 소비자보호제도가 제대로 안 된 상황에서 외국자
본이 무분별하게 들어오게 되면 국내 소비자들은 그냥 소득을 빼앗기
는 거지요. 사실 지금 국내 금융자본도 다 외국자본이잖아요. 국민은행
도 올 7월을 기준으로 외국인 지분이 85%가 넘습니다. 이미 우리나라
은행이 아니란 말이에요. 그러니까 재경부가 한심하다는 거예요. 국민
은행이 이익을 많이 올리면 올릴수록 우리 국민은 손해를 보는 거란 말
이에요.

곽정수 금융시장 개방을 좀 부정적으로 보시는 것 같네요?

홍종학 아니요. 근본적으로 부정하는 것은 아닙니다. 예를 들면, 수수
료 문제를 보자고요. 은행 수수료에 정말 담합의 요소가 없는가? 소비
자들의 선택권이 있는가? 수수료가 왜 우리나라만 이렇게 높은가? 절
대수치까지는 제가 모르겠는데, 미국 곳곳에 ATM기를 설치한다고 생
각해보세요. 돈이 얼마나 많이 들어가겠어요? 그런데 우리나라는 투자
비용이 얼마 안 들거든요? 그런 면에서 통신망도 마찬가지입니다.

통신망은 중계기만 세워 놓으면 돼요. 우리나라는 땅도 좁고 인구밀도는 굉장히 높아서, 중계기 하나가 지원하는 인구가 매우 많단 말이에요. 그러니까 우리나라는 이동통신 요금이나 ATM기 요금이 세계에서 가장 싸야 합니다. 그런데 지금 은행 수수료라든가 카드 수수료가 엄청나게 높습니다. 그러면 왜 높을까요? 우리가 주장하는 게 그겁니다. 과연 담합의 요소가 없는지 정부가 명확하게 조사해야 합니다. 제가 보기에는 틀림없이 있단 말이지요.

들리는 얘기로는 가맹점이 한 카드사와 거래를 끊으면 나머지 카드사들도 가맹점과 거래를 끊는다고 하더군요. 그런데도 정부는 카드사들의 담합을 막을 수 있는 적절한 장치들을 마련하지 않고 있습니다. 그러다가 소비자들의 불만이 높아지게 되면 난데없이 생색내기 식으로 원가 공개를 해서 따지겠다고 하거든요. 아파트 분양가 원가 공개는 하지 않겠다는 사람들이 왜 갑자기 카드 수수료원 원가 공개를 합니까? 누가 원가 공개를 요구한 것도 아닌데 말이죠. 어쨌든 이런 방식으로 금융기관들이 엄청난 수익을 올리고 있습니다.

아까 공적자금 얘기도 했지만, 만약 금융기관 하나가 부실화되면 관료들은 자기들한테 책임이 돌아온단 말이에요. 그러니까 관료들 처지에서는 될 수 있는 대로 금융기관이 도산하지 않는 것이 가장 좋은데, 그러려면 수익이 높아야 합니다. 이게 지금 우리의 큰 문제란 말이에요. 이 시스템에 대한 근본적인 성찰은 바로 외국자본에 대한 기본적인 성찰이 되어야 하는 거예요. 그리고 싼 값에 우리 자본이 다 넘어갔다고 그러는데, 저는 그게 외환관리가 잘못되어 그렇다고 생각해요. 왜 국민

은행의 외국인 지분이 저렇게 높아졌느냐면 환율이 높으면 외국 자본
들의 자금조달 비용이 굉장히 싸지거든요. 달러 가치로 봤을 때 금융기
관의 주가가 엄청나게 낮아지겠지요. 그런데 재경부가 수천억 원씩 들
여서 계속 환율을 막아줬어요. 그러니까 외국인들이 싼값에 우리나라
의 알짜 주식들을 사들일 수 있도록 재경부가 도와준 거죠. 그러면서
대한민국은 수십조 원의 환 평가 손실을 보고, 외국인들한테는 엄청나
게 싼 값에 우량 기업을 넘긴 겁니다. 재경부가 환율에 개입하지 않았
다면, 외국 자본이 국내 대기업이나 은행들의 지분을 저렇게까지 높이
지는 못했을 것입니다.

지금 경제 관료들의 생각은 너무나 짧습니다. 참여정부가 들어선 이후
정부는 국민연금 자금으로 주식에 투자해서 주가를 높이겠다고 얘기
했어요. 그때 제가 말했습니다. 주가를 높이는 게 중요한 게 아니고, 막
대한 국민연금을 분산 투자하는 차원에서 국외에 투자하게 해줘야 한
다고 했습니다. 하지만, 그건 하지 않더군요.

김상조 한미 FTA가 금융 산업에 미치는 영향에 대해서는 예측 자체가
굉장히 어려워요. 금융서비스 협상에서는 국경 간 거래와 신금융서비
스가 가장 논란이 되었지만, 결국 열거주의로 하기로 했기 때문에 외
견상 그 충격은 상당히 제한적일 걸로 보입니다. 하지만, 금융 산업의
특징은 10년 후 우리가 어떤 종류의 금융상품을 어떤 형태로 거래하게
될지 아무도 모른다는 것입니다. 그만큼 혁신의 속도가 빠른 산업입니
다. 그런데 지금 상황에서 국경 간 거래나 신금융서비스, 또는 상업적
주재 등 금융 산업의 개방과 관련된 위험 요소들을 재경부 관료들로서

는 어느 정도 막아놨다고 주장합니다. 하지만, 우리나라가 걸어놓는 현재유보나 미래유보 사항만으로 추가적인 금융개방의 위험요소를 완전히 해결했다고는 절대 말할 수가 없어요. 그런 의미에서 우리가 예측할 수 없는 새로운 외부적 충격, 또는 그것을 관리할 수 있는 국내 능력의 부족, 이런 요소들로 인해 저는 여전히 금융 산업 쪽이 가장 큰 위험을 안고 있다고 생각하고 있습니다.

● 자본의 국적성과 국부유출론

곽정수 김상조 교수님은 참여연대의 소액주주운동에 이어 경제개혁연대의 재벌개혁, 시장개혁운동을 주도하고 계시니까 외국자본에 대한 문제에는 직접적인 당사자라고 할 수 있겠네요. 하실 말씀이 많을 것 같은데요.

유종일 제가 먼저 총론적으로 몇 가지 얘기를 하죠. 자본의 국적성 문제가 있고, 그다음에 국부 유출론이 있어요. 그런데 자본의 국적성이라는 게 도대체 뭘까요? '한국 자본이 소유하고 있는 은행이라면 소비자들을 마구 착취해서 돈 많이 벌어도 상관없고, 외국계 은행이 그러면 문제가 있는 것인가? 또 경쟁력 있는 어떤 기업이 좋은 제품이나 서비스를 생산하고, 그 과정에서 많은 사람을 고용하고 돈 벌어서 세금 많이 내면 되지 자본의 소유주가 한국인이면 어떻고 외국인이면 어떤가?' 하는 관점이 있을 수 있습니다. 저는 아주 원론적으로 말해서 자본에 꼭 국적이 있다고 보지는 않습니다. 그렇지만, 경험적으로, 어느 나라 자본이냐에 따라 다양한 차이가 있을 수 있습니다. 예를 들어 해당 기업의 세계전략 같은 것을 구상할 때, 가장 핵심적인 기능을 어느 나라에 놓는가? 그리고 생산기지로 어디를 강화하고 어디를 축소하는가? 경영진을 뽑는데 어느 나라 사람들을 선택하는가?……. 이런 면에서 약간의 차이가 있을 수 있죠. 그런데 이것도 일제 강점기 때 우리나라에서 처음으로 근대적인 기업들이 발전하면서 자본과 경영진, 그리고 고급 기술자는 모두 일본인들이 맡고, 한국 사람들은 밑에서 조수만 했던 그런 시대는 이미 지나갔어요. 세계화가 진전될수록 위에서 언급한 차이들도 점점 작아질 거라는 생각이에요. 그러나 산업에 따라서는, 특히 기간산업이라고 여기는 산업에는 자본의 국적성이라는 것을 완전히 무시할 수 없습니다.

국부 유출에는 두 가지 측면이 있습니다. 하나는 헐값매각(fire sale) 부분이 있거든요. 외환은행, 제일은행 등이 외환위기 이후 헐값매각이 되었습니다. 환율은 올라가고, 국내 자산 가격은 한없이 내려가 있었지요. 그런 상황에서 외국자본이 들어와 건물을 사고, 구조 조정하는 기업도 사고, 취약한 은행을 헐값에 사들인 거죠. 그전에 국제경제, 국제금융 분야의 거장인 돈부시(Dornbusch)가 1980년대에 쓴 논문을 보면 "외환위기 이후 헐값매각은 될 수 있는 대로 자제해야 한다. 나중에 가면 반드시 후회한다."라는 대목이 있습니다.

곽정수 급하게 서두르면 손해 본다는 것을 몰랐다기보다는, 당시로서는 다른 선택의 여지가 없다고 생각했겠지요.

유종일 과연 선택의 여지가 없었는가가 바로 핵심입니다. 부실화된 은행 같은 경우 다시 소생시키려면 공적자금을 투입하는 방법, 외국자본에 넘기는 방법, 연기금이나 종업원지주제를 활용하는 방법 등 다양한 방안들을 생각해볼 수 있습니다. 이런 방법들이 모두 가능했던 것은 아니지만, 1998년 봄 이후에는 이미 자본수지와 경상수지가 모두 흑자로 돌아섰습니다. 그럼에도, 외화가 없어서 망했으니 무조건 부실기업을 외국자본에 팔아야 한다는 사고가 팽배했던 면이 있었습니다. 그러나 이것은 외국자본이 특별히 나쁘거나 잘못해서 그런 건 아니지요. 우리 정책당국이 그렇게 결정하고 그렇게 밀어붙였던 거지요.

국부 유출과 관련해서 두 번째 이슈가 '먹튀' 자본입니다. 외국자본이 들어오면 건전한 생산 활동에 투자하는 자본만 있는 게 아니라 단기적인 투기 수익을 노리는 핫머니도 있습니다. 투기자본은 단기간에 막대한 이익을 남기고는 세금도 제대로 안 내고 제 나라로 철수합니다. 그래서 우리 국부만 날아간다는 거죠. 그런데 돈 벌 기회가 있으면 돈을 버는 게 모든 자본의 속성입니다. 외국자본이기 때문에 문제가 있었던 것이 아니라 우리 법제도가 많은 허점을 갖고 있었던 게 문제입니다. 꼭 법과 제도가 아니더라도 우리가 약점을 노출한 가장 대표적인 사례가 소버린 사태였어요. 정확히는 모르겠지만 SK 같은 경우 현금자산 등 확실한 자산만 쳐도 시가총액보다 훨씬 더 많았는데, 국내 기관 투자가들은 이걸 살 생각을 하지 않고 있다가 소버린이 돈을 버는 것을 보고서야 기업사냥이다 뭐다 문제로 삼은 거잖아요. 그만큼 우리 자본시장이 엉터리였다는 말이지요. 외환은행 매각도 그렇고 앞으로 우리 은행 민영화도 마찬가지입니다. 장기적으로 봤을 때 소생 가능성이 있으면 국내 다른 은행이나 연기금이 사들여야 하는데 우리 자본시장이 그걸 하지 못하고 있습니다. 어쨌든 소버린이 들어와서 돈도 많이 벌어 갔지만 시장을 바로잡는 기능을 한 것도 사실입니다. 유출된 국부가 아까우면 수업료를 냈다고 생각하고, 제도를 더 보완하고 시장을 제대로 발전시키겠다는 교훈을 얻어야 합니다. 단순히 외국자본이 돈 벌어 가는 것이 문제라고 하면 안 됩니다. 이것은 결국 기득권 보호논리, 개혁 반대 논리로 연결되기 때문에 문제라는 거지요.

곽정수 상당히 공감이 가는 말씀이신데, 경제부 기자들이 참고서로 쓰는 책 중에 한국은행에서 발간한 '알기 쉬운 경제지표 해설'이라는 책이 있어요. 그 내용 중에 "한 나라의 국가경제에서 외국인들의 비중이 지나치게 커지면 정부가 정책운용을 하는 데 큰 제약요인이 될 수 있다."라는 대목이 있는 것 같아요.

김상조 그것은 꼭 외국자본의 비중만을 의미하는 것은 아니고, 경제가 개방되면 국내정책의 자율성이 제한된다는 것은 부정할 수 없는 원론적인 이야기입니다.

유종일 그건 어쩔 수가 없지요.

김상조 자본은 이익을 추구한다는 의미에서 국적이 있을 수 없습니다. 하지만, 세계정부가 존재하지 않고 하나의 국제규범이 모든 나라에서 다 통용되는 것이 아니므로 국제적 자본 흐름을 주도하는 초국적 자본이 자신들에게 유리한 방향으로 움직인다는 의미에서는 여전히 자본의 국적성이 중요합니다. 달리 말하면 국민경제의 자율성이 중요하다고 할 수도 있습니다. 둘 다 맞는 얘기라고 생각해요. 그래서 자본의 국적이 있다, 없다고 논하는 것 자체는 무의미한 질문이라고 생각합니다. 다만, 세계화 시대에 외국자본이 일으킬 수 있는 위험, 특히 투자대상국의 상황이 악화하면 언제든지 철수할 수 있는 그런 휘발성의 위험을 얼마만큼 제어할 수 있는 내부의 역량을 갖고 있느냐에 따른 상대적인 개념으로만 존재하는 거라고 저는 생각합니다.

유종일 휘발성 역시 상대적인 문제라고 생각합니다. 국내자본도 외국으로 나갑니다. 예를 들어 외환위기가 났을 때, 국내자본의 국외도피(capital flight)가 심각했습니다. 당시에도 강남의 부잣집에는 장롱 속에 금 송아지, 금 거북이 들어 있고, 달러도 쌓여 있었다는 것 아닙니까? 그게 다 자본 도피거든요. 우리 외환시장에 그게 전부 원화 투매로 나났을 것 아닙니까? 오히려 당시에 일반인들이 상상했던 것과는 달리 우리 주식시장에 들어와 있던 외국자본이 안 빠져나가고 그 자리에서 자본손실을 감당하면서 있었던 측면도 있거든요. 그래서 국내자본은 안정된 자본이고 외국자본은 휘발성 자본이라고 하는 것도 상대적으로 보면 물론 그렇겠지만, 절대적인 것은 아니지요.

● 외국자본의 적대적 M&A 위협론은 과장이다

김상조 자본의 국적성 논란은 직관적이고 자극적인 표현이기는 하지만, 그것 자체가 모든 구체적 사안들에 대한 해석과 해법을 제시할 수 있는 경제적 실체를 가진 기준이 되기는 어렵다는 것이 제 기본적인 생각입니다. 결국은 구체적인 이슈마다 외국자본의 투자 동기가 무엇이고, 여기에 우리가 어떻게 대응을 했느냐에 대한 문제를 논의해야 할 것 같습니다. 또는 외국자본과 국내자본의 행동 방식을 결정한 법제도 측면에서 개선할 여지가 없었는가 하는 부분에 관해서도 논의해야 합니다. 외국자본과 관련된 이슈는 크게 두 가지로 나누어 볼 수 있습니다. 하나는 경영권 위협 문제, 즉 국가 대표기업이나 기간산업에 대한 외국자본의 경영권 인수 위협 문제이고, 다른 하나는 조금 별개의 문제로서 이른바 외국자본의 먹튀 행태에 따라 국내기업의 의사결정이 단기 업적주의에 경도된다는 것입니다.

먼저 경영권 위협론은 너무나 과장되어 있다고 저는 판단합니다. 외환위기 이후 헐값매각의 경우를 제외한다면, 실제로 외국자본에 의한 적대적 M&A 위협이라고 부를 수 있는 것은 두세 건밖에 없었어요. 하나는 SK의 소버린, 두 번째가 KT&G의 칼 아이칸, 세 번째는 진실이 뭔지 아직 법원에서 가려지지 않았지만 삼성물산의 헤르메스 등입니다. 그런데 헤르메스 사례는 국내 언론이 잘못 보도한 것이 가장 큰 요인이라고 생각하고요. 앞의 두 개가 실질적인 경영권 위협 시도라고 볼 수 있는데, 이 두 가지 사례에 공통점이 있어요. SK 사례는 2003년 초 SK글로벌 분식회계 사건이 터졌을 때, SK주식회사(SK Corp)의 장부상 순자산가치가 약 3조 원으로 평가되었어요. 잠재적 가치로 평가하면 한 5조 정도 되는 회사였습니다. 그런데 최태원 회장이 불법행위로 구속되니까 SK Corp의 시가총액이 1조로 떨어졌어요. 그러니까 이 기업이 받아야 할 정당한 가치에 비해 시장에서는 삼분에 일 내지 오분의 일 정도로 저평가된 상황이 발생한 겁니다.

그런데 SK Corp은 아시아에서 가장 크고 가장 좋은 정유회사예요. 그러니까 기업 가치로 본다면 이 같은 정유회사를 아시아에서 찾을 수가 없었죠. 그러면 왜 SK Corp의 기업가치가 폭락했느냐? 그건 지배주주의 불법행위 때문이거든요. 바로 그런 상황 속에서 자기 재산이 100억 달러에 이르는 챈들러 형제가 차입자금 없이 자기 돈만으로 공정거래법에서 규정하고 있는 기업결합 심사의 기준선을 넘지 않는 14.99%를 1억 5,000만 달러, 즉 1,500억 원에 샀어요. 지금 한국사회에서는 소버린의 챈들러 형제가 1,500억 원 투자해서 2년 만에 조 단위의 이익을 얻었다는 측면만 보고 비난하고 있지만, 왜 이런 일이 벌어졌느냐를 되짚어 보아야 합니다. 사람들은 최태원 회장의 불법행위로 인해 주식가치가 폭락한 사실에 대해서는 외면하고 있죠.

홍종학 그것도 그렇고, 당시에는 분식회계 같은 불법행위가 그 정도 수준에서 끝날 건지, 아니면 수조 원의 돈이 어디로 날아갔는지를 시장에서는 전혀 알 수 없는 상황이었죠.

김상조 SK-소버린 사태를 불러온 기본적인 책임은 지배주주의 불법행위에 있는 것이고, 소버린은 말씀한 것처럼 미래가 어떻게 될지 모르는 불확실한 상황에서 위험부담을 감수하면서 투자해서 결국 고수익을 얻은 겁니다. 그런데 문제는 SK Corp의 실제 가치와 시장 주가 사이의 괴리는 공지의 사실이었다는 거죠. 그러면 국내의 기관투자자는 왜 이런 수익기회를 포착하지를 못했느냐는 거예요. 결국, 소버린 사태의 핵심은 소버린이 들어와서 조 단위의 이익을 챙겼다는 그 결과가 중요한 것이 아니라, 이런 사태가 벌어지게 한 재벌 총수 일가의 지배구조상의 문제, 그리고 적극적 투자자로서의 국내 기관투자자의 부재가 더욱 중요한 문제라고 할 수 있습니다. 이런 문제가 해결되지 않으면 SK-소버린 사례는 계속 반복될 거예요.

홍종학 그것보다도 가장 심각한 것은 사전 정보의 누출입니다. 일부 사람들은 소버린이 모종의 특수정보를 받았지 않았겠느냐고 의심하고 있습니다.

김상조 지금까지 드러난 것이 없으니 누구도 장담은 못하지만, 그건 사실이 아닐 겁니다.

홍종학 아니, 그건 모르는 거지요. 분식회계가 얼마나 되는지 모르는 상황에서 과감하게 배팅할 수 있었다는 것은 나름대로 확신이 있어야 했을 겁니다. 투기자본이 아무리 위험을 감수한다지만, 내부에서 더는 분식회계는 없을 것이다, 만약 있더라도 이 정도 수준에서 끝난다는 정보가 누출되었을 수도 있습니다.

김상조 분식회계의 정확한 규모는 최태원 회장 자신도 몰랐고, 채권단이나 감독당국도 몰랐습니다. 그 실체가 드러난 것은 2003년 5월 SK글로벌이 기업구조조정촉진법에 따라 워크아웃에 들어간 이후의 일입니다. 소버린이 주식을 매집한 것은 그전이고요. 다만, 소버린은 SK Corp의 잠재적 기업 가치에 대한 확신이 있었을 겁니다. 단적인 증거로, SK Corp의 시가총액이 1조 원으로 떨어졌을 당시 SK Corp이 보유한 SK텔레콤의 지분가치만 해도 2조 원이었습니다. 즉 최악의 경우 SK Corp이 파산하더라도, 보유하고 있던 SK텔레콤의 지분만 매각해도 투자자금의 2배를 회수할 수 있었던 상황이라는 겁니다. 이런 회사의 주식을 사지 않고 오히려 내다 판 국내 기관투자가들은 한 마디로 바보입니다. 또 소버린은 한국 정부가 SK사태를 관리할 수 있고, 또 반드시 관리할 거라는 예상을 한 거지요. 실제로도 그렇게 되었고요.

국내투자자들이 움직이지 않은 이유를 불확실성 때문만으로 돌릴 수 없는 것은 바로 KT&G 사태를 보면 알 수 있어요. KT&G의 경우에는 경영상의 불확실성이 아무것도 없었어요. 다만, 담배를 만드는 KT&G는 영업의 결과 들어오는 현금흐름(Cash flow)에 비해서 새로운 투자사업의 기회가 없는 전형적인 성숙산업이에요. 이런 성숙산업의 특징 중의 하나가 잠재가치보다 시가가 낮게 형성된다는 겁니다. 주가를 주당 순자산으로 나눈 값을 주가순자산비율(PBR)이라고 부르는데, 앞서 말씀드린 SK Corp의 경우에는 이 PBR이 0.2에서 0.3에 불과했던 거지요. KT&G도 0.5 이하였어요. 이 말은 KT&G가 부실기업이 아님에도, 그 기업이 가진 잠재적 가치보다 시장가치가 굉장히 낮게 평가되어 있었다는 겁니다. 그 이유가 뭐냐 하면, 가장 대표적인 것이 KT&G가 가진 유휴 부동산이에요. 담배회사라는 게 기본적으로 2년 정도 담뱃잎을 말리는 숙성과정이 가장 중요한 제조공정인데, 여기에 창고시설이 굉장히 많이 필요해요. KT&G도 옛날에 이런 창고시설을 주요 제조창 주변에 갖고 있었는데, 이게 처음에는 한적한 교외였지만 도시가 팽창하면서 대부분 노른자위 상업지역으로 편입되어 부동산 가치가 크게 뛰어올랐어요. 그런데 제조공정을 효율화하고 담뱃잎을 수입하다 보니까 KT&G가 가진 부동산 중에 상당 부분이 유휴화된 거예요. 그 유휴화된 부동산 가치만 해도 1조 가까이 되었어요. 문제는 KT&G의 경영진이 유휴 부동산을 생산적으로 활용할 수 있는 투자프로젝트를 제시하지 못한 거예요. 이 사실은 모든 증권사의 애널리스트 보고서에 다 씌어 있는 내용이에요. 이것을 국내투자자들도 모두 다 아는 상황에서, 칼 아이칸만이 수익 기회를 포착할 수 있는 액션을 취한 거예요.

결국은 이 두 가지 사례가 보여주는 교훈은, 소버린이나 칼 아이칸의 공격을 막을 수 있는 제도적 장치가 무장해제 되어 있다는 측면이 아닙니다. 문제는 SK Corp이나 KT&G처럼 잠재적 가치도 평가받지 못하는 기업들, 즉 자산을 효율적으로 사용하지 못하는 국내기업들이 있을 때 경영진에게 압력을 가해 경영 효율성을 높이거나 다른 방안을 제시할 수 있고 수익기회를 포착할 수 있는 국내 기관투자자가 존재하지 않았다는 것입니다. 다시 말하면 국내기업들의 지배구조 문제와 금융구조의 문제점이 외국자본에 의한 경영권 위협의 본질적인 내용이라는 겁니다. 따라서 이런 문제들을 개선하지 않은 상태에서 '외국자본의 경영권 위협을 막아 달라.' 거나 '금산분리 원칙을 폐지하거나 또는 출총제를 완화해서 경영권 위협을 막아 달라.'는 것은 본질은 그대로 놔둔 채 대증적인 요법을 쓰는 것입니다. 결국, 우리가 해야 할 내부개혁의 과제를 스스로 내버리는 결과밖에는 안 된다는 얘기죠.

두 번째, '먹튀' 자본론도 마찬가지인데, 외국자본이 휘발성 있는 투기자본이라는 주장은 사실과 맞지 않는 얘기예요. 우리나라에 들어와 있는 대부분의 외국투자자는 경영권에는 관심이 없고 다만 배당이나 자본이득을 목적으로 투자하는 포트폴리오 펀드들이거든요. 이 포트폴리오 펀드들은 놀랍게도 국내 기관투자가들보다 훨씬 장기투자를 해요. 실제로 투자자별로 범주화해서 주식투자의 거래회전율을 계산해보면, 외국인 투자자들의 거래회전율이 2정도에 불과해요. 거래회전율은 1년 동안의 매입매도액을 평균보유액으로 나눈 것인데, 이게 2라는 얘기는 보유 주식을 평균적으로 1년에 1번 팔고, 1번 산다는 거죠.

그러니까 외국인 투자자들은 평균 주식 보유기간이 1년이 넘는다는 얘기거든요. 그런데 국내 기관투자가들은 거래회전율이 보통 5가 넘어요. 그중에서도 가장 대표적인 기관투자가라고 할 수 있는 투신사 경우에는 이게 8이 되는 해도 있어요. 1년에 4번 사고 4번 팔았다는 얘기니까 평균 보유기간이 1년의 사분의 일, 즉 3개월이란 얘기지요. 결국, 국내 기관투자가들이 훨씬 더 핫머니에 가까운 투자 행태를 보이고 있어요. 국내 기관투자가들이 의미 있는 수준의 지분을 장기 보유하면서 기업 경영진에게 적절한 조언과 감시 역할을 하지 못하는 한, 즉 국내 기관투자가들이 기업지배구조 개선에서 적극적 역할을 하지 못하는 한, 국내 주식시장은 외국자본에 의해서 주도될 수밖에 없다는 거예요. 이런 국내 기관투자가의 적극적 행동주의 확립이라는 내부 개혁과제를 내버려둔 채, 자본시장 문은 열어놓고 들어오는 외국자본의 먹튀 행태를 비난하는 것만으로는 문제가 해결될 수 없죠.

한 걸음 더 나아가서 '이런 문제를 해결하기 위해서 금산분리 원칙을 폐기하자!'거나 '외국자본에 대한 대항마는 재벌밖에 없으니 재벌이 은행을 비롯한 금융기관을 소유지배할 수 있게 허용하자!'는 얘기는 외환위기 이후 우리가 천문학적 액수의 수업료를 들이면서 배워왔던 교훈들을 한꺼번에 다 잃어버리는 결과밖에 되지 않는다는 거예요. 결국, 외국자본과 관련한 논란은, 우리가 외환위기를 극복하는 과정에서 여러 가지 잘못된 정책을 수행했기 때문에 치르는 수업료의 의미도 있지만, 또 다른 한편으로는 우리가 지금부터 해야 할 국내개혁의 과제를 명확하게 보여주는 의미도 있습니다. 그런데 일반 국민의 민족주의적 정서를 자극함으로써 개혁의 과제를 거꾸로 돌려 외국자본의 문제를 해결하려고 하는 것은 오히려 그 수업료를 무색하게 만드는 결과밖에 안 된다는 것이 제 생각입니다.

홍종학 주식시장과 관련해서 합리적인 논의를 방해하는 굉장히 중요한 요인이 하나 있어요. 정부의 성적표를 주가지수를 가지고 얘기한다는 거죠. 그러니까 정부가 자본이 들어오는 것에 대해서는 굉장히 환영하면서, 자본이 나가서 주가지수 떨어지는 것에 대해서는 굉장히 반대하는 거예요. 모든 정책이 그렇게 되어 있단 말이지요. 정부가 계속적으로 주가지수가 높아지기를 원하는 한, 외국자본이든 국내자본이든 돈을 계속 벌 수밖에 없어요. 위험이 굉장히 떨어지는 시장이 된단 말이에요. 답답한 것은 작년에 외국자본들이 엄청나게 주식을 팔고 나갔습니다. 그러면 당연히 주가가 폭락해야지요. 근데 난데없이 무슨 펀드니 뭐니 하고서 주가를 떠받치고, 정부는 정부대로 환율을 잡아서 스스로 금융시장을 왜곡시켜 놨단 말이에요. 외국자본의 입장에서는 아주 편안하게 나갈 수 있는 거죠. 그러니까 금리도 영향을 받습니다. 금리를 올려야 하는 상황에서도 주식시장이 제일 먼저 영향을 받으니까 금리를 올릴 수 없는 겁니다.

김상조 이른바 외국자본 문제를 해결하는데 가장 중요한 것은, 국적에 관계없이 모든 경제주체에 공정한 경쟁의 규칙을 제공하고 이를 엄격하게 집행하는 정부의 역할입니다. 그런데 우리나라 정부의 정책은 온탕과 냉탕을 오가는, 변동이 심한 정책을 취해왔거든요. 이헌재 장관은 한때 국내 기업을 외국자본에 헐값 매각하는 데 주도적인 역할을 한 사람인데, 지금 와서 민족주의 정서를 이용해 외국자본에 대항할 수 있는 토종자본을 육성해야 한다고 주장하는 것은 난센스입니다. 또 외환은행-론스타 사태는, 2003년 9월 매각 당시 론스타나 관료들이 불법행위를 저질렀느냐는 문제와는 별개로, 사실상 론스타가 3년 만에 4조 원이 넘는 수익을 챙겨 떠나는 것에 대한 정서적 반감이 문제의 본질을 흐리고 있어요. 정서적으로야 당연한 반응이라고 생각되지만, 그것이 정서 차원을 넘어 외국자본에 대한 적대적인 정책 환경을 조성하는 방향으로 흐르기 시작했거든요. 이런 것들이 외국자본에는 한국 정부를 신뢰할 수 없게 만드는 겁니다.

● 경영권 방어장치 요구의 허구[21]

곽정수 소버린과 칼 아이칸 얘기가 나왔지만, 외국자본에 의한 경영권 위협이 실제 어느 정도냐 하는 문제가 있고요, 그런 외국자본들의 위협들로 인해 국내 기업들이 풍부한 내부유보금을 갖고 있으면서도 투자는 소극적으로 하고, 대신 배당이나 자사주 매입에 신경 쓰는 것도 문제입니다. 기업들이 공격적 경영보다는 방어를 위주로 하고, 단기 실적주의로 흐르다 보니까 경제 전체의 활력을 떨어뜨리고 있다는 지적도 있잖아요.

또 한 가지는 경영권 방어와 공격 간의 균형 문제인데요. 선진국 같은 경우에도 경영권 방어 차원에서 여러 가지 제도들을 갖추고 있잖아요?

21) · 차등의결권(Dual Class Share) : 보통주보다 훨씬 많은 의결권을 갖는 주식제도. 즉 '1주당 1의결권' 원칙의 예외를 인정, 경영권이 있는 대주주의 주식에 대해 보통주보다 많은 의결권을 주는 것이다. 포드사의 경우 포드가문이 7%지분으로 40%의 의결권을 행사할 수 있으며, 스웨덴의 통신업체인 에릭슨과 자동차회사인 SAAB의 대주주는 최고 1,000배까지 의결권 행사가 가능하다고 한다.
　· 황금주 : 특정 주식에 자산 처분, 경영권 변동 등의 주요 의사결정 사항에 대한 거부권을 부여하는 것.
　· 황금 낙하산 : 최고경영자 등 임원이 적대적 인수합병(M&A)으로 해임될 경우 거액의 퇴직금이나 저가에 주식을 매입할 수 있는 스톡옵션 권리를 미리 부여해 기업인수 비용을 높이는 것.
　· 공개매수기간 중 유무상증자 허용: 공개매수 기간 중 기존 주주의 주식수를 늘리도록 허용함으로써 적대적 M&A 세력의 경영권 인수 비용을 높이는 것.

황금주나 차등의결권제도, 포이즌 필(poison pill, 독약처방), 황금낙하산 같은 것들 말이지요. 우리 같은 경우에도, 꼭 자본의 국적성 문제가 아니더라도 경영권 방어 장치 쪽에서 손을 볼 대목이 있는지 살펴볼 필요가 있을 것 같아요. 종합적으로 말씀해 주시죠.

김상조 경영권의 공격과 방어에 균형을 맞춰야 한다는 것은 너무나 당연한 얘기예요. 그런데 경영권을 공격하고 방어하는 수단이 매우 다양하기 때문에, 어느 한 측면만을 보아서는 안 됩니다. 특히 한국에서 공격 수단보다 방어 수단이 너무 부족하다는 주장을 해서는 안 됩니다. 미국은 자본시장이 곧 기업지배권시장(market for corporate control)의 역할을 하고 있기 때문에, 경영권 공격과 방어의 수단이 금방 눈에 보입니다. 미국에서 포이즌 필과 같은 방어 장치가 나오게 된 배경을 살펴보면 이렇습니다. 1980년대에 주식시장에서의 공개매수를 이용한 적대적 M&A가 굉장히 활성화되었는데, 요즘 우리나라처럼 미국에서도 약탈적 인수합병 시도가 경영진의 단기 업적주의를 강화함으로써 장기성장을 해친다는 반론이 나오게 되었습니다. 1990년대 들어 미국의 주 법원들이 포이즌 필을 비롯한 경영권 방어 장치를 대폭 허용하게 되는 법적 환경이 조성된 것이지요.

곽정수 포이즌 필에 대해서 좀 더 설명해주시죠.

김상조 예컨대 15% 이상의 지분을 취득한 적대적 M&A 공격자가 나타날 경우를 대비해서 이사회가 '공격자 빼고 나머지 주주들한테 현재 주당 10달러 하는 주식을 1센트에 새로 발행해 나눠주겠다.'는 내용의 옵션을 미리 발행하는 겁니다. 이 옵션을 포이즌 필이라고 합니다. 실제 공격자가 나타나서 포이즌 필이 발동(trigger)되면 공격자의 지분이 완전히 희석되기 때문에 인수 비용이 엄청나게 높아지지요. 그래서 포이즌 필이 미국에서 사용하는 가장 강력한 경영권 방어 장치예요.

포이즌 필 같은 방어 장치가 허용된 미국도 경영권 변동 자체가 불가능한 것은 아닙니다. 포이즌 필이 허용된 데에는 전제조건이 있습니다. 포이즌 필에는 미국식과 EU식이 있어요. 조금 전에 말씀드린 이사회의 재량권으로 포이즌 필을 발동할 수 있게 하여 준 게 미국식 포이즌 필인데, 미국에서 이사회 결의로 포이즌 필의 발행을 허용한 것은 이사회, 특히 사외이사들의 독립성이 확보되었기 때문입니다. 즉 적대적 M&A 시도가 나타나면, 독립적 이사회가 기존 경영진과 공격자 중에서 누가 더 기업 가치를 높이는 데 도움이 되는지 판단하는 겁니다. 이사회의 다수를 점하는 사외이사들이 보기에 기존 경영진이 더 낫다고 판단하는 경우에만 포이즌 필의 발동을 허용해주는 거예요. 기존 경영진이나 대주주로부터 독립적 판단을 할 수 있는 사외이사들의 존재, 이게 미국식 포이즌 필의 첫 번째 조건이에요.

물론 미국에서도 기존 경영진이나 대주주가 이사회를 장악한 기업이 있을 거 아니겠습니까? 그런 경우에 기업 가치를 높일 수 있는 공격자가 나타났음에도 기존 경영진이 포이즌 필을 발동했다면, 그런 참호파기 행위에 대해 곧바로 소송을 낼 수 있는 적극적인 행동의 의지를 가진 기관투자가들이 있어요. 그러니까 미국에서 포이즌 필이라는 강력한 경영권 방어 장치를 허용한 배경이 바로 '독립적 사외이사'와 '적극적 기관투자가'의 존재입니다.

EU식의 포이즌 필은 이사회 재량으로 발동하는 게 아니라 주주총회의 승인을 거치게 하고 있습니다. 유럽에서는 미국처럼 독립적 사외이사나 적극적 기관투자가의 활동 여건이 만들어져 있지 않기 때문에, 미국식 포이즌 필을 허용했다가는 경영권을 너무 과도하게 보호해준다는 인식이 있는 거죠. '포이즌 필을 발동하려면 주주들한테 물어보고 하라.'는 전체 주주에 의한 검증장치를 둔 것이지요.

이처럼 경영권 방어 장치라는 것도 각 나라의 상황과 제도에 따라서 그 내용이 굉장히 다를 수가 있어요. 이사회의 재량권을 인정하는 미국식이 있고, 유럽은 주주총회 승인을 요구하거나 노동자의 경영참여라는 사회적 통제장치를 전제로 깔고 있지요. 문제는 우리나라 상황에서는 어느 수준의 경영권 방어 장치가 적정하냐는 거예요. 우리나라에서는 독립적 사외이사 제도가 정착된 것도 아니고, 주식시장에서 기관투자가에 의한 감시나 견제가 제대로 이루어지는 것도 아닙니다. 또 노동자 경영참여가 제도화된 것도 아닌데다가 재벌 총수들은 계열사 출자나 계열 금융기관 소유 등 외국에는 없는 경영권 방어 장치가 있어요. 전경련에서는 우리나라에 포이즌 필이나 차등의결권, 황금주 같은 장치가 없어 경영권 방어 수단이 부족하다고 주장하지만, 사실은 우리나라에서는 경영권 방어 장치가 너무 강하게 부여된 겁니다.

유종일 결과를 놓고 보면 우리나라의 상황을 쉽게 판단할 수 있어요. 미국 같은 경우에는 적대적 M&A가 굉장히 많이 일어나지 않습니까? 그런데 대한민국에서 유사 이래 적대적 M&A가 도대체 몇 건이나 있었습니까?

곽정수 큰 기업은 거의 없지요.

유종일 재계에서는 경영권 방어 장치가 없다고 그러는데 결과가 보여주고 있잖아요? 기존 지배주주의 방어능력이 어떤 형태로든 굉장히 강하기 때문에 현실적으로 적대적 M&A를 성공하지 못해 온 게 지금까지의 결과거든요. 외국자본에 대한 민족주의적인 정서를 이용해서 재벌 총수들이 지배권을 더 강화하려고 하는 논리입니다.

김상조 지금 하신 말씀이 정확한 건데, 코스피와 코스닥을 합쳐 국내 주식시장에 상장된 기업이 1,700개예요. 이런 경제 규모의 나라에서 성공 여부를 떠나 적대적 M&A 시도 자체가 1년에 한두 건밖에 없다는 것은 너무 적은 거예요.

결국, 우리나라의 경제규모나 주식시장의 규모, 또는 경영에 대한 규율의 필요성 측면에 비추어 본다면 우리나라에서 경영권 위협은 과잉이 아니라 사실 과소한 거예요. 유종일 교수님께서 말씀하신 것처럼, 눈에 보이지 않는 경영권 방어 장치가 너무 많이 주어져 있다고 할 수 있겠고요.

적대적 M&A가 시도된 것은 적을지 모르지만 그 잠재적 가능성 때문에 경영진들의 시계(time horizon)가 너무 짧아지고 단기 업적주의로만 경도되는 게 아니냐는 주장이 있는데, 논리적 측면에서 보면 개연성이 전혀 없는 건 아닙니다. 하지만, 지금까지 나온 실증분석의 결과, 외국인 지분율이 높은 기업에서 외국인의 압력 때문에 배당률이 높아졌다기보다는, 오히려 배당률이 높은 기업에 외국인들이 투자를 많이 한다는 인과관계가 더 설득력이 있습니다. 또 다른 분석결과를 보면, 우리나라 기업들의 평균적인 현금보유 성향이 외환위기 이전보다 높아지기는 했지만, 모든 기업들이 다 그런 것이 아니라 몇몇 거대기업들의 현금보유가 많이 증가한 것에 기인한 것입니다. 그나마 거대기업들의 높아진 현금보유 성향조차도 아직은 미국 대기업들의 그것에 미치지 못하는 걸로 나옵니다. 그리고 현금보유가 많은 기업일수록 경영권 위협에 직면할 가능성이 크다는 것이 경영경제이론의 기초인데, 우리나라 기업들이 경영권 위협 때문에 현금보유를 늘린다고 주장하는 것은 그 자체로 논리에 맞지 않는 것이지요. 결론적으로 최근에 우리나라 기업들이 투자를 잘 안 하고, 위험을 감수하려고 하지 않는 등 이른바 보수적인 경영전략을 채택하는 이유는 외국자본의 경영권 위협이라는 요인보다는 외환위기 이후 경영환경이 급변한 가운데 기업인들이 수익성 있는 투자기회를 제대로 찾아내지 못하고 있기 때문이라고 보는 것이 더 정확할 겁니다.

홍종학 외국자본이 삼성물산을 M&A 하면 왜 안 되죠? 미국 같은 경우 M&A가 한창 진행되던 1980년대 후반에 이 문제에 대한 논쟁이 벌어졌습니다. 대체로 M&A가 시도되면 주가가 상당히 뛰어오릅니다. 미국은 M&A 경쟁이 붙으면 두세 배까지 주가가 올랐지요. 그런 상황이 되었을 때 손해를 입는 사람은 결국 노동자들입니다.

김상조 그 부분에 관해서 제가 보충할 게 있는데, 산업조직론 차원에서 적대적 M&A의 효과에 관해서 거의 유일하게 의견일치(consensus)가 이루어진 결과가 하나 있어요. M&A 경우 M&A를 시도하는 인수기업이 있고, 인수를 당하는 피인수기업이 있잖아요? 그런데 인수기업과 피인수기업의 주가 흐름을 보면, 인수기업의 주가는 별로 오르지 않는 반면 피인수기업의 주가는 굉장히 많이 올라요. 이건 우리나라뿐만 아니라 전 세계 공통의 실증분석 결과예요. 인수기업은 대개 너무 많은 인수비용을 지불하기 때문에 주가가 올라가지 않는다는 것을 쉽게 짐작할 수 있는데, 그럼 왜 피인수기업의 주가는 올라가느냐? 피인수기업 주가상승의 원천은 무엇이냐? 이런 의문에 관해서 경제학자들이 많은 연구를 했어요.
이 문제에 대해 크게 두 가지 이론이 대립하고 있는데, 하나는 원래 비효율적으로 경영되는 기업이 새로운 경영진이 들어오면서 조직 자체가 효율적으로 변화해서 새로운 가치가 만들어진다는 겁니다. 이 이론을 가치창조 이론(value creation theory)이라고 하는데, 결국 피인수기업의 가치가 높아졌다는 게 요점입니다.

또 다른 하나는 가치이전 이론(value transfer theory)이라고 부르는데, 가치가 새로 만들어진 게 아니라 가치의 분배 상태가 변했다는 거예요. 기업을 인수한 후 회사를 조각조각 내서 팔아버리거나, 노동자를 정리해고 하거나, 구조조정 과정에서 세금감면 혜택을 주는 거래를 많이 하

면 원래 소액주주나 채권자한테 가야 할 이익, 또는 노동자한테 가야
할 이익, 또는 세금으로 정부한테 가야 할 이익을 이른바 구조조정이라
는 이름으로 피인수기업의 주가를 높이는 방식으로 인수자가 가져갔다
는 것입니다.

사실 어느 나라에서나 적대적 M&A는 가치 창조의 결과를 가져올 수
도 있고, 가치 이전의 결과를 가져올 수도 있어요. 한국에서도 이 두 가
지 가능성이 다 존재하는데, 결국 우리가 해야 할 일은 국내외 자본을
불문하고 비효율적인 기업에 대한 적대적 M&A 시도라는 시장규율이
가치 이전보다는 가치 창조의 결과를 가져올 수 있도록 경기규칙을 만
들어 내고, 그것을 엄정하게 집행하는 시스템을 만드는 겁니다. 그래서
소액주주나 노동자나 채권자와 같은 경제적 약자들이 적대적 M&A 과
정에서 손해를 보지 않도록 규칙을 만들고, 그 속에서 비효율적인 기업
이 효율화되도록 하는 제도를 만들어 가야 하는 거죠. 그런데 지금 우
리나라에서 우려되는 것은 적대적 M&A가 모두 악인 것처럼, 특히 외
국자본에 의한 적대적 M&A는 국부유출이라는 식의 주홍글씨를 붙이
는 것입니다. 이는 M&A 시도가 가져올 수 있는 효율성 제고 효과나 시
장규율 효과 자체를 포기하고, 더 나아가서 경영권 고착으로부터 이익
을 얻는 기득권 세력을 보호하는 논리로 악용될 수 있습니다. 외국자본
이나 적대적 M&A는 어디까지나 경제현상일 뿐이지, 절대 악도 절대
선도 아니에요. 이런 경제행위를 통해서 국민경제 차원에서나 개별 경제
주체 차원에서나 더 큰 이득을 얻을 수 있도록 어떻게 경제의 규칙을 만
들고 집행할 것인가? 이것이 우리가 해결해야 할 과제인데, 외국자본 일

반에 대해서 너무나 편협하고 위험한 방향으로 논의가 진행되고 있어요.

홍종학 굉장히 좋은 방법이 있지요. 바로 우리사주입니다. 미국 민주당의 해밀턴 보고서에서도 그걸 강조한 바 있습니다. 우리사주를 활성화하면 많은 문제를 해결할 수 있습니다. 정확하게는 기업연금 형태라고 할 수 있습니다. 노동자들이 연금으로 자기가 일하는 기업의 주식을 사는 것이지요. 그렇게 하면 성과를 공유하게 되어 양극화도 없앨 수 있습니다. 또 우리사주는 대개 기존 경영자들을 우선시하기 때문에 당연히 국내자본을 지키는 효과도 있습니다. 기업이나 정부나 지금 이런 논의가 진행되지 않는 것이 안타깝습니다. 정통적인 방법으로 시장을 정상화하고 누구한테나 좋은 해결책들이 있는데, 우리나라에서는 논의할 때 그런 것은 생략해버리고, 난데없이 황금주라든지 이런 얘기만 하는 거지요. 가뜩이나 감시 장치가 안 되는데 황금주를 주면 어떻게 될까요? 대대손손 그 황금주를 물려주는 거죠.

김상조 유럽에서도 황금주는 기간산업의 민영화 사례에만 제한적으로 적용하는 것이지, 일반 기업한테 황금주를 허용하지는 않습니다. 그런 식의 주식발행을 허용하는 나라도 없고요.

● 외국자본 유치 정책의 허와 실

외국자본 문제에 관해 말씀드리고 싶은 것은, 국가기간산업처럼 공공

목적상 필요한 부분에 대해서는 정부가 일관된 정책을 갖고 분명한 태도를 보이는 것입니다. 그 나머지 부분에 대해서는 외국자본이나 국내 자본 할 것 없이 공정한 규칙을 한결같이 가져가야 합니다. 외국인 직접투자 문제도 마찬가지거든요. 언론이나 정부는 외국인 직접투자를 많이 유치하는 것을 중요한 정책목표로 간주하고 있지요. 대통령이 관심을 보이니까 관료들은 대통령에게 일하는 모습을 보여주려고 외국인 직접투자를 유치하기 위한 유인책들을 찾아내기에 바쁩니다. 전 세계에서 이런저런 유인책들을 찾아 나열하다 보니 역차별론이 나오기도 합니다. 제가 볼 때도 역차별이 있습니다.

외국인 직접투자가 국내기업이 투자할 때보다 국민경제에 더 큰 파급효과를 미치면 인센티브를 더 주고 유치에 나설 수도 있겠지요. 영국에서 외국 기업이 들어오면 고용을 창출한 것만큼 보조를 해주는 정책을 사용한 것이 한 예입니다. 그런데 우리는 경제원칙에 근거해서 유치하는 게 아니고 정치적으로 접근하는 겁니다. 어디는 얼마 동안 토지를 무상으로 빌려준다, 어디는 세금을 얼마 깎아준다, 어디는 투자 유치에 성공한 관료한테 성과급을 준다, 또 어디에서는 투자기업에 초기 투자액의 몇%를 지원해 주겠다는 등등의 정책들이 널려 있습니다. 이런 인센티브를 주면 우리 재정에 비용이 발생하게 됩니다. 또 시장을 왜곡시키는 부작용도 나타날 수 있어요. 그러니까 어떤 부분에 투자를 유치하는 것이 우리 산업정책상, 아니면 발전전략상 필요한 것인가를 잘 따져봐야 합니다. 또 그런 재정비용을 충분히 정당화시킬 만큼 국민경제에 효과가 있는가에 대해서도 충분한 검토가 이루어져야 하는데, 이 점이 상당히 부족합니다.

어느 정부 회의에서 제가 그 점을 지적했더니 어떤 분은 "지금 찬밥 더운밥 가릴 상황이 아니라 외국인 투자는 무조건 적극적으로 유치해야 한다."라고 하더군요. 잘 아시다시피 이젠 중국도 찬밥 더운밥을 가립니다. 한국도 이제 일인당 국민소득이 2만 불입니다. 우리 언론의 보도 태도를 보면 한심하기 이를 데 없습니다. 외국인 직접투자는 관련 정책 뿐만 아니라 세계 경제상황에 크게 좌우되거든요. 그리고 우리나라는 외환위기 이후에 헐값매각이 진행되었기 때문에 비정상적인 외국인 직접투자가 많을 수밖에 없었어요. 그런데 그 뒤 외국인 직접투자가 좀 떨어졌을 때 언론에서는 난리를 쳤지요. 정부가 크게 잘못해서, 경제정책이 잘못되어서, 아니면 노동운동이 난리를 쳐서 그렇게 된 것처럼 떠들어댔습니다. 그러면서 외국인 직접투자를 더 유치해야 한다고 관료들을 채근한단 말이죠. 이런 식으로 정책왜곡이 발생하는 겁니다.

곽정수 외환위기 이후 외국인 직접투자 규모가 클 때는 연간 200억 달러 수준에 달했지만 지금은 60~70억 달러 수준까지 줄었습니다. 중국은 연간 외국인 직접투자 규모가 우리의 몇 배에 달할 정도로 활발하지만, 최근 들어 외자 관련정책이 바뀌는 것 같아요. 그동안은 외자 우대정책을 썼다면, 앞으로는 필요한 것만 선별적으로 받아들이겠다는 것이죠. 이제 여유가 좀 생긴 측면도 있겠죠. 한국은 아직은 외국자본의 순기능이 크다고 생각하는 것 같습니다. 그런데 지난번 국회에서 국가적으로 중요한 산업에 대해서는 외국자본의 인수를 막을 수 있는 법안을 논의하다가 무산됐잖아요. 미국의 엑슨 플로리오 법과 유사한, 그런 법안의 필요성은 어떻게 보십니까?

유종일 엑슨 플로리오법에 대해선 김상조 교수님이 얘기해주시고, 저는 외국인 투자유치에 관해서 한 마디만 더 얘기할게요. 방금 연간 200억 달러에서 60~70억 달러로 떨어졌다고 말씀하셨는데, 이렇게 말하는 건 너무나 평면적인 방식이죠. 왜냐하면, 200억 달러에 이르렀을 때에는 제일은행이나 외환은행 같은 기업을 팔면서 대대적인 구조조정이 이루어지고, 부실기업을 비롯한 각종 자산 매각이 대대적으로 이루어지던 특수상황이었습니다. 외국인 직접투자는 여러 가지 상황에 따라 달라지니까 그런 것들을 고려해서 평가해야지 단순히 지난해에는 이랬는데 올해는 어떻다 하는 그런 식의 비교는 문제가 있습니다.

어쨌든 우리나라의 경제규모나 발전단계로 봤을 때 외국인 직접투자가 충분하지 않은 것 같다는 판단이에요. 국제적인 비교를 해보면 그런 편입니다. 이건 외국자본이 봤을 때 우리나라가 충분히 매력적이지 않은 부분이 있다는 거예요. 그래서 매력은 강화시키고, 매력적이지 않은 요소는 고칠 필요가 있습니다. 그런데 외국자본의 입장에서 우리의 가장 큰 매력은 정부가 인센티브를 주는 것보다도 인적자본의 질입니다. 한국에는 우수한 노동력이 많습니다. 예를 들어 생물학 분야 석사 이상의 인원이 몇천 명에 이른다고 하면, 이런 것들이 제일 중요한 매력입니다. 세금 감면, 땅값, 임금의 측면에서 보면 중국과 상대될 수 없지요. IT 기반 등 인프라도 우리의 강점이지요. 또 국내시장의 역동성과 동아시아 지역경제에서 역할도 앞으로 대단한 장점이 될 수 있습니다. 반면 우리나라가 가진 최대의 단점은 정책의 일관성과 투명성, 그리고 정책 집행의 공정성 등이 부족하다는 것입니다. 이런 단점은 보완해 나가야지요.

● 엑슨 플로리오법을 어떻게 볼 것인가?

김상조 저는 개인적으로 엑슨 플로리오 법의 기본 취지, 그러니까 국가 안보의 측면에서 전략적 중요성이 있는 기간산업을 외국자본의 위협으로부터 보호하기 위한 장치가 필요하다는 것에 대해서는 동의합니다. 국가안보를 위한 자본통제는 WTO체제하에서도 가능한 것이고, 또 외국인투자촉진법 등 현행 법제 아래에서도 국가안보와 관련된 부분은 정부가 개입할 수 있는 근거 조항들이 있습니다. 그것을 보다 명시화해서 한국판 엑슨 플로리오 법을 만들 수도 있다고 생각합니다만, 법제도를 만들 때는 기본 취지만 생각해서는 안 되고 그 세부적인 측면을 잘 살펴보아야 합니다. 지금 국회에 상정된 법안들을 보면, 국가안보의 개념이 너무 포괄적으로 정의되어 있어요. 예를 들어, '국가경제에 중대한 영향을 미치는 국내기업', '국민생활에 필수적인 물품 제조 기업', 심지어 '사회통합에 중대한 영향을 미칠 수 있는 수단을 보유한 기업'도 국가안보에 포함돼요. 이런 식으로 법을 만들면, 우리나라 재벌기업 중 여기에 포함되지 않을 기업이 없을 거예요. 따라서 미국도 시행하니까 괜찮다는 생각으로 법을 만들면, 원래 의도와는 달리 재벌총수의 경영권을 국가가 보호해주는 결과만 가져올 겁니다. 그래서 저는 엑슨 플

 국가안보라는 개념을 보다 객관적이고 정교하게 정의할 필요가 있고, 또 이 법을 집행하는 과정에서 정부의 자의성을 통제할 수 있는 장치도 갖추어야 합니다.

한편으로는 금융 산업, 특히 은행산업의 소유구조 재편 문제에 대해서는 별도의 이슈로 심각하게 고민을 해볼 필요가 있다고 생각합니다. 외환위기 이후에 우리나라 은행들을 대거 외국자본한테 팔았는데, 선진금융기법의 도입 효과는 별로 나타나지 않았다고 아까 얘기가 나왔잖아요? 저는 당연하다고 생각해요. 왜냐하면 제일은행은 뉴브리지 캐피탈에, 한미은행은 칼라일에, 외환은행은 론스타에 팔았는데 이들 외국자본은 다 펀드예요. 이 펀드들은 부실기업을 인수하여 구조조정한 후 되파는 것을 목적으로 하는 PEF(private equity fund; 사모투자전문회사)일 뿐, 은행을 본업으로 하는 금융기관이 아니거든요. 이런 펀드에 은행을 팔아놓고 선진금융기법 도입을 기대한다는 건 난센스지요.
사모투자전문회사의 투자전략은 한마디로 말해서 철저한 현지화예요. 그들은 투자대상 국가의 상황, 특히 그 나라 정부의 정책에 맞는 경영전략을 선택합니다. 따라서 그런 펀드가 인수한 은행의 경영 형태는 국내 은행보다 더 한심한 형태로 나타날 가능성도 있어요. 금융의 선진화와는 무관한 것이지요. 다만, 최근에 제일은행은 스탠다드차타드로 넘어갔고, 한미은행은 시티은행으로 넘어갔지요. 이제 은행을 본업으로 하는 외국은행들이 들어오기 시작한 것입니다. 외국은행들의 국내 진출이 국내 은행산업, 더 나아가 금융 산업 전체에 어떤 영향을 미칠 것인가에 대해서는 좀 더 지켜봐야 할 것이고요.

● 외환은행, 우리은행의 소유 이전 대책

이제 남는 것은 사실상 우리은행과 외환은행뿐이죠. 그런데 이들 두 은행의 민영화나 매각과 관련해서 굉장히 위험한 주장 두 가지가 나타나고 있어요. 먼저 이들 은행을 또다시 외국자본에 넘겨줄 수는 없으니 차라리 국내은행간 합병을 추진하는 것이 어떠냐는 의견이 있습니다. 론스타 문제 때문에 무산되기는 했지만, 국민은행이 외환은행 인수를 추진했던 것이 그 예이지요. 그런데 과연 200조 원짜리 국민은행이 70조 원짜리 외환은행을 인수해서 다른 은행은 도저히 상대도 되지 않을 만큼 거대한 은행을 만들어 놨을 때, 은행산업의 독과점 문제는 어떻게 할 것인지에 대해 진지한 고민이 없는 것은 심각한 문제입니다. 은행산업이 독과점화될수록 소비자 금융이나 중소기업 금융은 위축된다는 것이 전 세계적으로 확인된 실증분석 결과임을 고려하면, 이미 독과점화가 상당히 진행된 은행산업에서 외국자본 문제 때문에 국내은행간 합병을 더욱 강화하는 것은 굉장히 위험하다고 생각합니다.

두 번째로 국내은행간 합병도 쉽지 않으니까 아예 산업자본이 은행을 인수하는 길을 열어주기 위해 금산분리 원칙을 폐지하자는 주장도 있어요. 이것은 정말 있을 수 없는 일이라고 생각합니다. 이건 너무나 위험한 발상입니다. 외환은행이나 우리은행의 민영화 문제에서 좀 장기적인 관점에서 은행의 소유구조를 새롭게 고민하고 해결책을 신중하게 모색해야 할 상황이 아닌가 합니다.

곽정수 윤증현 전 금융감독위원장은 심지어 외국투기자본의 위험성을 강조하면서, "우리은행까지 외국자본에 넘길 순 없지 않으냐?"라는 노골적인 발언도 했잖아요? 그런데 문제는 현실적으로 우리은행이나 외환은행 처리와 관련해서 과연 대안이 무엇이냐는 것입니다. 솔직히 정부가 갖고 있는 대안도 문제가 많습니다. 그래서 일부 은행권에서는 꼭 특정 대주주를 만드는 방식으로 처리할 필요가 있느냐는 얘기도 나오는 것 같고요. 일종의 소유분산을 해서 전문경영인 체제로 가자는 거죠.

홍종학 은행의 대형화가 세계적인 추세라는 것은 맞습니다. 그런데 미국 같은 경우는 대형화의 방식이 약간 다릅니다. 예를 들어 은행이 합병하면 사무실을 여럿 둘 필요가 없으니까 하나를 없애고 하나를 팔 거 아니겠어요? 그러면 조그마한 은행이 하나 또 생깁니다. 실질적으로 대형은행들은 계속 합병하지만, 조그만 은행들이 수없이 생겨난단 말이에요. 이런 식으로 생각하면 한쪽에서 합병되더라도 소비자의 관점에서 보면 은행이 또 생겨서 경쟁이 유지되는 거죠. 그러니까 모든 것의 기준은 소비자, 노동자, 소액주주입니다. 그런데 우리나라에서는 이들의 이익에 기반을 두는 것이 아니라 관료들이나 산업자본의 이익에 기준을 두니까 문제가 되는 거예요.
지금 우리나라에 가장 큰 문제는 새로운 은행이 생겨나지 않는다는 거예요. 거대한 은행이 생기는 것은 괜찮다고 생각해요. 대형화가 되지 않으면 어떻게 많은 수익을 내겠어요? 은행이 대형화되어 엄청난 독점력을 가지는 만큼 조그만 은행들도 수없이 생긴다면, 전혀 문제가 없습니다. 그런 면에서는 오히려 옛날 방식이 괜찮았다고 생각해요. 비록 실패했지만 평화은행, 대동은행, 동화은행 만들었잖아요? 저는 이 은행들이 실패한 원인을 정부의 제약 때문이었다고 생각해요. 당시 정부는 "너희는 중소기업 전문이니까 중소기업한테 70% 대부하라"라고 요구했습니다. 신설 은행들한테 그런 제약을 가하니까 경쟁에서 뒤처질 수밖에 없었지요. 자금조달 비용은 높고, 수익은 높지 않으니까 외환위기 때 제일 먼저 구조 조정의 대상이 되어버린 겁니다.

국민주 방식도 고려할 수 있다고 생각해요. 단지 정부를 과연 믿을 수 있는가? 정부의 관리시스템은 제대로 되어 있는가? 만일 정부를 신뢰할 수 있다면 민영화를 하지 않아도 됩니다. 그러나 정부를 신뢰할 수 없다면 은행이 합병되어도 문제는 마찬가지이지요. 지금 얘기한 대로 소비자 관점에서 기준을 정하지 않거든요,

김상조 사실, 지금 이 자리에서 우리은행이나 외환은행의 소유구조를 어떻게 하는 게 좋겠다고 정답을 얘기하기는 어려울 것 같은데요. 다만, 반드시 지켜야 할 분명한 원칙은 있다고 생각해요. 정부가 은행을 지배하는 것도 문제고, 산업자본이 은행을 지배하는 것도 문제입니다. 또 외국자본이 과도하게 국내은행을 지배하는 것도 문제죠. 은행의 소유구조와 관련해서는 정부도, 재벌도, 외국자본도 정답이 아니라는 기본적인 원칙이 필요합니다. 그런 다음에 국민주 방식이 되었든, 아니면 기관투자가라는 자갈에 다수 소액주주라는 모래알을 섞는 여러 가지 소유구조의 실험을 장기적인 시각에서 충분히 할 수 있다고 생각해요.

이런 연구 의지를 갖지 못한 상태에서 '정부, 재벌, 외국자본 중에서 어느 것이 가장 덜 나쁜가?' 라는 식으로 대안의 범위를 좁히는 것이 문제라고 생각하고요.

특히 우리금융지주회사의 민영화와 관련해서 저는 정부가 두 가지 상충하는 목적 사이에서 딜레마에 빠져있다고 생각해요. 즉 우리금융의 민영화를 통한 공적자금의 회수라는 재정적 목적과, 민영화 과정에서 은행산업의 새로운 소유구조를 설계하는 금융정책상의 목적이 자동으로 양립할 수는 없는 거거든요. 공적자금의 최대 회수라는 목적을 위해서는 지배주주를 찾아 넘길 수밖에 없는데, 조 단위의 거액을 동원할 수 있는 전략적 투자자는 현실적으로는 외국자본 아니면 재벌밖에 없거든요. 그런데 외국자본이나 재벌에게 넘길 수 없다면, 분산된 소유구조를 현실적인 목표로 설정하고 공적자금의 회수 목표를 하향 조정하거나, 훨씬 긴 안목 하에서 단계적으로 민영화를 추진하면서 소유구조를 새롭게 짜는 방향에 주안점을 둬야 하는 거죠. 결국, 우리금융의 민영화와 관련해서는 재정 정책적 목적과 금융 정책적 목적 사이에 우선순위를 결정하는 것이 정부와 정치권의 역할이죠. 상충하는 목적 사이의 우선순위에 대한 정치적 결정 없이 '우리금융을 재벌이나 외국은행한테는 넘기면 안 되고, 공적자금은 빨리 회수하라.'고 요구하면 재경부 관료들이 할 수 있는 방법은 사실 아무것도 안 하는 거거든요. 그래서 계속 의사결정이 지연되는 문제를 낳는 게 아닌가 싶습니다.

● 금산분리 원칙은 반드시 지켜야 한다

곽정수 이 대목에서, 금산분리 원칙을 주장하는 이유를 잠깐 짚고 넘어가죠.

유종일 금산분리가 왜 중요한가? 그것은 금산결합이 매우 위험하다는 것을 전제로 하고 있습니다. 비근한 예로 외환위기 때 산업자본이 소유하고 있던 제2금융권의 금융기관들은 모기업이 어려워질 때 소위 사금고 역할을 해왔습니다. 그렇게 될 수밖에 없지 않겠어요? 금융이 가지는 기능은 일반 가게나 제조업체와 굉장히 달라서 하나가 무너지면 다른 데 미치는 파급 효과가 매우 큽니다. 금융을 산업자본이 소유할 때 사금고화됨으로써 전체 시스템 위험을 굉장히 높일 수 있다는 문제가 있습니다. 두 번째 위험은 아까 경영권 문제와 관련해서 잠시 언급이 되었는데, 예금주들이나 투자자들의 돈을 산업자본이 지배력을 강화하는 데 활용함으로써 왜곡을 가져올 수 있다는 것입니다. 그래서 금산분리가 중요합니다.

제가 아는 한, 금산분리를 안 했을 때 나타나는 문제를 가장 극적이게 보여준 예가 칠레예요. 피노체트가 군사쿠데타로 아옌데 정권을 무너뜨리고 소위 '시카고 보이스[22]'를 중용했습니다. 이들은 시카고대학에서

22) 시카고학파 출신자. 시카고학파는 시카고대학교를 중심으로 하는 일단의 경제학자들을 일컫는 말로, '신자유주의학파'라고도 일컬어진다. 이들은 경쟁질서를 유지하기 위한 국가의 경제개입까지도 부정하는 자유방임정책을 옹호하고 있으며, 구체적으로는 노동시장의 유연화, 사회복지제도의 축소, 규제완화, 공기업의 민영화, 국제화 등을 주장한다. '레이거노믹스'는 시카고학파의 경제이론을 정책에 끌어들인 대표적인 예이다. 시카고학파의 대표적인 경제학자로는 프리드리히 하이에크, 밀턴 프리드먼, 조지 스티글러 등이 있다.

공부한 자유시장주의자들인데, 이들을 등용해서 자유 시장정책을 상당히 극단적으로 밀고 나갔습니다. 그때 금융 산업에 대한 규제를 거의 없애버렸어요.

김상조 민영화를 추진했죠.

유종일 예. 그래서 그때 완전히 금산결합이 되었어요. 산업자본과 금융자본이 결합해서 거대한 복합투기자본이 되었습니다. 이들이 팽창하다가 마침내 1980년대 초에 금융위기가 터졌습니다. 그 충격은 대단했습니다. 위기가 2~3년간 지속하면서 GDP가 15%쯤 축소되고, 금융시스템 전체가 무너져 내렸죠. 가장 극단적으로 자유 시장경제를 했던 나라에서 결과적으로 공적자금을 투입해서 살릴 수밖에 없었기 때문에 은행이 다 국유화되었습니다. 아시아 금융위기가 났을 때나 남미에서 여러 번 금융 불안정이 야기되었을 때 칠레는 영향을 가장 덜 받고 안정을 유지했습니다. 혹자는 이것이 1980년대 초의 끔찍한 경험으로 금융을 함부로 자유화하면 안 된다는 걸 알게 되어 규제를 비교적 잘했기 때문이라고도 얘기합니다. 단기성 국외자금 유입을 억제하기 위한 외화 가변예치의무제[23]가 칠레가 발명한 유명한 정책상품이죠.

제가 금산결합의 위험성을 얘기했습니다만, 그렇다면 지금 그 위험이

---

23) 외국에서 핫머니가 급격히 유입돼 국내금융시장을 교란시키는 것을 막기 위해 마련된 장치로, 반입되는 외화의 일부를 외국환평형기금에 강제로 예치시키는 제도. 가변유치 대상은 거주자나 비거주자나 들여오는 외자로, 증권투자 또는 부동산투자 등 핫머니성 자금에 국한되고, 수출입대금 등 기업활동과 직접적인 관련이 있는 외자는 제외되는 게 보통이다.

나타나고 있는가? 지난 외환위기 때 우리는 그 위험성 일부를 경험했습니다. 또 투자자나 예금자들의 자산을 이용해서 기존 지배주주가 지배권을 강화하는 문제는 지금도 여전히 존재하고 있습니다. 시스템 리스크도 여전히 불안한 점이 있고요.

김상조 금감위원장을 지낸 윤증현 씨 같은 경우는 "지금 금융 감독을 잘하고 있기 때문에 그런 것은 걱정하지 않아도 된다."라고 얘기할 수 있을 겁니다. 그러나 금융위기는 터지는 순간까지는 아무도 그걸 눈치채지 못한다는 것이 공통된 현상이에요. 특히 금융위기가 터진 나라의 금융 감독 당국은 언제나 그걸 은폐하려 했다는 것도 공통된 현상입니다.

유종일 문제는 우리 금융당국의 의지와 능력을 신뢰할 수 없다는 거지요.

곽정수 멀리 갈 필요도 없습니다. 얼마 전 김흥주 불법로비 사건이 있었잖아요? 그 사람이 저축은행을 인수하려 한 원래 목적이 사업자금을 조달하기 위해서라는 거 아닙니까. 그런데 그런 사람에게서 금감원의 고위 간부들이 잘 봐주겠다고 뇌물을 받은 혐의를 받는 거지요. 1심에서 일단 무죄선고가 나긴 했지만, 진실이 무엇인지는 더 가봐야겠지요. 이런 현실에서 금감위원장이 "지금은 금융 감독시스템이 잘되어 있으니 괜찮다."라고 얘기한 것은 국민을 호도하는 것이라고 생각해요. 제가 볼 때 금산분리와 관련해서는 두 가지 측면이 복합된 것 같아요. 아까 말씀하신 일반적인 게 하나 있는데, 시장경제의 기본원리에 어긋난다는 것이지요. 은행은 기업에 돈을 대출해 줄 때 사전심사를 하고, 이후에도 경영 상태를 감시하다가 위험할 것 같으면 대출금을 회수해서 보다 생산적이고 수익이 많이 나는 쪽으로 돌리는 역할을 하지요. 이것을 상시적 구조조정과 자원배분의 역할이라고 하지 않습니까? 그런데 대출을 받은 기업주가 은행의 대주주라면 그런 역할이 제대로 될 리가 없지요. 기업 경영이 부실할 때 돈을 빼기는커녕 오히려 더 대출을 하겠지요. 그러니까 우리가 시장경제의 강점이라고 할 수 있는 효율성을 기할 수 없다는 거지요. 또 하나는 우리만의 독특한 재벌체제와 관련된 것인데, 금산분리가 허물어졌을 때는 재벌 총수 일가가 금융고객들이 맡긴 돈으로 지배권을 확대, 유지하는 편법이 더욱 늘어날 겁니다. 대표적인 사례가 삼성생명이 삼성전자 주식 7.2% 가진 것이지요.

홍종학 금산분리를 하지 않았을 때 국민경제 입장에서 도움되는 게 하나도 없습니다. 대안은 여러 가지가 있습니다. 대안을 재벌과 외국자본 두 개만 놓고 얘기해서 그런 거지요. 그리고 아까도 얘기했지만 공적자금은 왜 그렇게 빨리 회수하려고 그러는지 저는 이해를 못 하겠어요.

김상조 사실 금산분리가 어떤 형태, 어떤 강도로 집행되느냐는 나라마다 굉장히 다르거든요. 금융제도는 경제제도 중에서도 가장 역사적, 문화적 환경의 영향을 많이 받으니까요. 크게 보면 산업자본과 금융자본이 독립적 관계를 유지하는 영미식 금융시스템이 있고, 금융자본의 우위 하에서 산업자본과의 관련성을 갖는 유럽대륙식의 금융시스템이 있을 수가 있어요. 그런데 지금 우리나라에서 윤증현 전 위원장이나 재계 측에서 얘기하는 산업자본 우위 하의 금융지배는, 어느 정도 경제 발전이 이루어진 나라에서는 딱 두 가지 사례밖에 없어요. 하나는 칠레의 아옌데 정부가 무너지고 피노체트 정부가 만들어졌을 때 재벌들이 민영화된 은행들을 하나씩 꿰찼던 사례입니다. 또 하나의 사례는 우리나라에서 재벌들이 비은행금융권을 지배했던 경우가 있습니다. 이 두 가지 경우 모두 아주 참혹한 결과를 가져왔죠.

홍종학 금산분리를 혼동할 수가 있는데, 지금 말씀하시는 것처럼 산업이 금융을 지배하는 것과 금융이 산업을 지배하는 것, 이건 전혀 다른 거란 말이지요. 지금 얘기하는 산업이 금융을 지배하는 것이 최악입니다.

김상조 금융자본 우위 하에 산업자본과 관계를 맺는 유럽도 주의해서 봐야 할 점이 있습니다. 예컨대 독일의 도이체방크가 다임러 벤츠의 최대주주이지만, 도이체방크 자체는 소유가 분산되어 있다는 거예요. 따라서 어떤 지배주주가 도이체방크를 지배함으로써 다임러 벤츠도 지배하는 식의 관계가 만들어져 있지 않습니다. 즉 금융자본 우위의 관계가 맺어져 있지만 금융자본 자체는 소유가 분산되어 있다는 사실을 잊어서는 안 됩니다.

재계에서는 미국 예를 들지요. 특히 그들은 GE 캐피털을 자주 예로 듭니다. 금산분리 원칙이 가장 엄격하게 작동하고 있다는 미국에서도 은행업을 제외한 비은행금융 쪽은 산업자본과 금융이 결합하여 있는 사례들이 많이 나타나고 있다고 주장합니다. 실제로 그렇습니다. 보험도 그렇고 카드회사나 자산운용사 등에서도 그런 사례들이 있어요. 하지만, 우리가 주의해야 할 것은 재계의 주장이 중요한 점을 간과하고 있다는 것입니다.

미국의 보험지주회사를 보면, 보험지주회사 밑에 보험회사 등의 금융 자회사가 있고, 일반 기업들도 자회사로 있는 사례들이 있어요. 가장 대표적인 게 '오마하의 현인'으로 잘 알려진 워런 버핏의 버크셔 하더웨이입니다. 그런데 재계 측 이데올로그들이 간과하는 것은 버크셔 하더웨이 산하의 보험자회사들이 비금융 자회사들의 지분을 보유하고 있지 않다는 것입니다. 반면 우리나라는 상황이 전혀 다릅니다. 지금 삼성그룹의 지배구조는 삼성생명의 돈으로 삼성전자를 지배하는, 즉 금융계열사 돈으로 비금융 계열사를 지배하는 구조라는 겁니다. 미국은 보험회사와 제조회사가 하나의 지주회사 산하에 있다고 하더라도, 보험회사 돈으로 다른 자회사를 지배하는 구조를 만들어내지 않았다는 겁니다. GE 캐피털도 마찬가지예요. GE라는 지주회사 밑에 GE 캐피털을 비롯한 금융부분이 있고, GE 엔지니어링 같은 제조회사 부분이 있는데, GE 캐피탈이 제조회사 주식을 보유하고 있지 않습니다. 자회사 주식은 모두 지주회사가 직접 보유하고 있습니다. 자회사 간에, 특히 금융 자회사와 비금융 자회사 간에 출자관계는 없거든요.

따라서 미국은 은행업 이외에는 금산분리 원칙을 적용하지 않는다는 주장은 외형적으로 맞지만 실질적으로는 틀린 말입니다. 그럼 왜 미국에서는 은행업 이외의 금융 산업에서는 법률적으로 금지되어 있지 않음에도 금융계열사의 돈으로 비금융 계열사를 지배하는 구조가 만들어지지 않았느냐면, 그런 행위를 하는 순간 소송이 발생하기 때문입니다. 투자자의 권리를 보호하는 장치들이 마련되어 있기 때문에, 고객의 돈으로 지배권을 확대하는 구조를 만들 수 없게 되어 있거든요.

결론적으로 지금 재계가 요구하거나 윤증현 씨가 주장하듯이 산업자본의 이익을 위해 금융기관의 돈을 이용하는 구조는 미국에도 없고 유럽에도 없습니다. 그런데도 우리나라에서만 이런 논의가 벌어지고 있습니다. 그들은 한국적인 금산결합 관계를 만들어 내기 위해 재벌의 은행소유, 나아가 금융지배를 허용하자고 주장합니다. 이러한 주장은 외환위기 이후 우리가 엄청난 비용을 들이면서 쌓아왔던 개혁의 성과를 완전히 무너뜨리는 결과를 가져올 수밖에 없습니다. 그런 측면에서 대안연대 식의 발상은 너무나 순진한 거고, 너무나 위험한 거예요.

유종일 그건 폭약 도화선에 불을 붙여 놓고 어떻게 되는지 보자는 식이죠. 잘하면 안 터질 수도 있다면서…….

김상조 만약 재벌들에게 은행소유나 금융지배를 허용해 준다면, 그 재벌들이 대안연대가 원하는 것처럼 노동자와의 사회적 대타협에 나설까요? 절대 그럴 리가 없지요. 그럴 인센티브가 전혀 없어요. 독점적 산업자본에 대한 견제 시스템은 결국 금융이라는 자본간 관계 속에서 이루어지는 것과, 노자관계 속에서 이루어지는 것이 있습니다. 이 두 가지를 어떻게 연결할 것인가는 나라마다 선택이 다를 수 있겠지만, 지금 재계나 윤증현 씨가 말하는 것처럼 재벌이 금융을 지배할 수 있게 허용해 준 상태에서 노사 간 사회적 대타협이 이루어진 사례는 발견할 수 없고, 앞으로도 나타나지 않을 겁니다.

제9장

경제 패러다임의 전환,
그 희망의 근거

● 한국경제를 위해 어떤 지도자가 필요한가?

곽정수 장시간 여러 주제에 대해 다뤘는데요, 이제까지 나온 얘기들을 모두 종합해서 한국경제가 앞으로 어떻게 가야 할지, 한국경제의 새판 짜기 혹은 뉴 패러다임 만들기 문제에 관해 말씀해주셨으면 합니다. 그런데, 앞서 말씀하셨듯이, 제도 개혁이라든지, 시민사회의 노력이라든지, 사회적 자본의 확충 등등 여러 가지가 필요하겠습니다만, 대선을 앞둔 시점에서 지도자의 지도력 또한 매우 중요하다고 하겠는데, 한국경제를 한 단계 발전시키는데, 어떤 지도자가 필요할지 말씀해주시면 좋겠습니다.

김상조 지난번 대선에서 잘못된 대통령을 만들어 낸 경험이 있는 유 교수님께서 다음 대통령은 어떻게 뽑아야 하는지, 얘기를 한번 꺼내보시

지요.(웃음)

유종일 어려운 주문인데요……. 우리가 한국경제에 대해서 얘기를 해보면 문제가 너무 많고, 관료들이 나라를 망치고 있다는 생각이 듭니다. 그렇게 보면 한국경제는 곧 망할 것 같은데, 그냥 "한국경제가 전망이 어떠냐?"라고 물으면 대부분이 "장기적으로는 상당히 낙관적이다."라고 대답합니다.

그렇다면, "희망의 근거는 무엇인가?"라고 질문하면 사람들은 "우리 국민이 우수하고, 일도 공부도 열심히 하고, 저축도 많이 하고, 우리나라 역사가 유구하고, 아시아 지역이 역동성을 갖고 있다."라고 대답합니다. 그동안 가난에서 벗어나는 과정에서 혁혁한 성과를 보였고, 앞으로 잠재적인 가능성도 크다는 거죠. 그런데 잠재적인 가능성을 현실화시키려면 지금 단계에서 중요한 것은, 이미 얘기했듯이 좋은 제도와 그 제도가 잘 작동할 수 있도록 각각의 역할을 제대로 하는 것입니다. 이를 위해 집행기관의 역량, 공정성, 신뢰성을 높이고 경제 주체들의 의식과 관행이 변화해야 합니다. 그리고 사회적 자본이 대폭 확충되어야 합니다. 결국, 우리가 가진 우수한 자원은 인적자원이기 때문에 인적자원의 질을 개선하여 우리의 잠재력을 발휘해야 합니다.

제도 변화라고 하는 것은 두 가지 차원이 있는 것 같아요. 하나는 누군가의 기획이나 의식적인 노력과 거의 무관하게 갖가지 시행착오를 거치면서 진화론적으로 사회변화가 나타나는 차원입니다. 또 하나는 지도자의 비전과 지도력에 의해서 사회공학(social engineering)적인 차원

에서 변화하는 것이 있습니다. 후자를 우리가 개혁이라고 부르는데, 이
것이 쉬운 일은 아니지요. 정답을 정확하게 알기도 어렵고, 개혁을 할
때에 나타나기 마련인 사회적 저항을 돌파한다는 것도 쉽지가 않습니
다. 적절한 타이밍에 적절한 개혁이 이루어질 때 발전이 훨씬 가속화할
수 있고 불필요한 고통도 줄일 수 있습니다. 하지만, 개혁이 더뎌질 때
불필요한 고통이 가중될 수도 있고, 사회발전도 더딥니다. 심지어는 남
미의 경우에서 봤듯이 사회 전체가 심각하게 후퇴할 수도 있습니다. 그
러면 지금 우리한테 가장 절실한 개혁이 무엇인가? 그리고 그런 개혁을
해내려면 어떤 지도력이 필요한가? 이런 차원에서 접근해볼 필요가 있
을 것 같아요.

대통령한테 권력이 집중된 것이 우리 제도의 특징입니다. 앞으로 이 부
분에 제도적인 변화를 도입하고, 또 민주화의 진전과 함께 국회, 언론,
시민단체의 감시기능이 더욱 발달하여 권력이 분산되는 형태로 가는
것이 바람직하겠지요. 하지만, 단기적으로 봤을 때에는 대통령의 지도
력이 중요할 수밖에 없죠. 그렇다면, 어떤 지도자가 필요한가? 지금 일
부에서는 전두환 시절이 그래도 경제개혁을 비교적 잘했다는 평가를
합니다. 당시 전두환은 경제에 대해 잘 몰랐기 때문에 김재익 씨에게
경제정책을 거의 맡겼습니다. 그런데 대통령 자신이 경제를 안다고 생
각을 하거나, 어설프지만 내 멋대로 하고 싶은 생각을 하면 굉장히 어
려워지는 거지요.
저는 두 가지 중 하나인 것 같아요. 지도자가 정말로 우리 경제가 나아
가는 데 필요한 비전과 개혁 과제에 대해 깊은 이해와 좋은 아이디어가

있는 전문가에게 경제를 맡길 수 있다든지, 아니면 본인 스스로 경제에 대한 이해가 매우 뛰어나서 관료, 언론, 업계의 비난이나 요구에 흔들리지 않아야 경제개혁을 할 수 있습니다.

● 모피아를 개혁할 수 있는 대통령이 필요하다

홍종학 저는 본래 비관론입니다. 『한국은 망한다』라는 책을 썼는데요. 그런데 전제가 있어요. 사실 우리는 대단히 자랑스러운 성과를 냈습니다. 오늘 그런 이야기들을 많이 했지만, 20세기 후반에 개발도상국이 민주화와 선진화를 동시에 달성한 사실상 유일한 국가가 한국이란 말이지요. 그런 면에서 한국의 저력을 결코 무시할 수는 없고요. 그래서 다들 희망적이라는 거지요. 다만, 제가 강조하고 싶은 것은 선진국에 진입하기도 어렵지만 진입한다 해도 선진국으로 유지하는 것은 더욱 어렵다는 것이지요. 역사적으로도 강대국들이 모두 쇠락하지 않았습니까? 가장 최근의 사례가 바로 중남미 국가들이고요. 그러니까 한번 성과를 냈다고 해서 거기에 안주해서는 발전하기 어렵다는 것이고, 그것이 바로 한국의 문제라고 저는 진단하고 있는 것이지요. 과거의 성공방식에 안주하고 있는 관료, 언론, 재벌들이 옹호하고 있는 재벌중심체제가 문제라고 열심히 논의하고 있지만, 그 외에도 사회, 교육, 경제 각 분야에서 과거의 틀에서 벗어나지 못하는 것이 더 큰 문제입니다.

절차적 민주화 이후 경제 분야에 있어서만큼은 김영삼, 김대중, 노무현 정부까지 15년간 실패를 했다고 생각합니다. 그러면 왜 실패했는가? 그것을 이해하지 못한다면 다음번에 또 실패합니다. 실패한 것이 뭔지 알아보려면 세 정부의 공통점을 찾아야 하는데, 그것이 바로 재경부입니다. 재경부의 정책은 지난 15년간 변한 게 아무것도 없어요. 어떤 사람들은 외환위기를 거치면서 굉장히 많이 변한 것처럼 얘기하지만, 제가 보기에는 중상주의적 관치와 천민자본주의, 이 두 개를 결합시켜 자기들 편한 대로 하는 겁니다. 어떤 때에는 중상주의적 관치, 어떤 때에는 천민자본주의를 계속 해왔어요. 이게 변하지 않으면 다음 정부도 그렇게 될 수밖에 없습니다. 만약 재경부에 반대하는 세력이 들어간다고 해도 저 모피아 세력들이 가만히 있지 않을 것이며, 그 모피아 세력을 능가할 수 있는 정치집단이나 지도자 그룹은 나오기 어려울 것입니다. 그런 면에서 저는 다음번에도 그와 같은 문제가 계속 반복될 것이라고 봅니다.

지금 우리가 겪는 어려움은 흔히 얘기하는 것처럼 세계화나 중국 때문이 아닙니다. 지금 상황이 변했음에도 정책 실패가 반복되고 있어요. 김영삼 정부 때는 김영삼 대통령이, 김대중 정부 때는 김대중 대통령이, 노무현 정부 때는 노무현 대통령이 잘못해서 그런 줄 아는데, 제가 생각할 때에는 그 분들은 경제전문가가 아닙니다. 그러니까 전문가들과 대화할 때도 재경부 관료를 비롯해서 10명 가운데 9명이 똑같은 대답을 하고, 1명 정도만 다른 대답을 하고 있는 거예요. 대다수가 재경부 얘기를 뒷받침하니까 그 정책이 계속 갈 수밖에 없죠. 지금 재경부 정책의 가장 큰 문제점은 모든 정책 판단을 소비자를 기준으로 삼지 않는다는 것입니다. 경제정책의 기준은 소비자가 되어야 하고, 또 소비자가 국민이 되고, 노동자가 되어야 합니다. 다시 말하면 소비자와 노동자 같은 경제적 약자들을 기준으로 경제정책을 펴야 한다는 것이지요. 하지만, 재경부는 그렇게 하지 않습니다. 저는 기본적으로 시장경제에 대해 확신을 하기 때문에 시장이 제대로 작동하기만 한다면 우리 경제가 성장할 수 있다고 생각합니다. 그러나 지금은 시장경제가 작동하는 길을 찾아가는 것이 아니라 다른 데로 가고 있기 때문에 상당히 어려울 것이라고 보는 겁니다.

저는 결국 어떤 계기가 오지 않을까? 하고 생각합니다. 저는 그것이 제2의 경제위기라고 보는데, 결국에 가서는 이 두 가지가 겹쳐지는 거지요. 예를 들면 지난번 외환위기가 닥쳤을 때 많은 경제학자가 이건 축복일 수 있다고 얘기를 했잖아요? 그때 제대로 구조개혁을 했다면 지금 훨씬 더 나은 상황이 되어 있겠지요. 마찬가지로 지금 경제가 계속 망가지고 있는데, 이것이 얼마나 망가지고 나서야 인식 전환이 될 것인가? 바로 그 속도의 싸움입니다. 그런 면에서 저는 지금 우리가 왜 이런 곤경을 겪고 있는가에 대한 인식의 공유가 대단히 중요하다고 생각합니다. 여기서 언론이 대단히 중요한데, 그 역할을 못해주고 있기 때문에 또다시 상당한 시간이 걸릴 것이라고 봅니다.

결국, 이런 것들은 어떤 계기를 만나야만 힘을 발휘할 수 있습니다. 제가 계속 강조하는 게 루스벨트 때의 뉴딜입니다. 그때도 인식의 전환이 되는 그 순간에 아주 급속하게 구조개혁이 이루어졌습니다. 사람들이 새로운 길이 있다는 사실을 발견하고 수용한 것이지요.

유종일 당시 두 가지 요소가 있었어요. 대공황이라는 위기 상황과 루스벨트라는 지도자입니다. 재경부 관료들, 소위 모피아라고 하는 집단의 문제점에 대해서 저도 동의합니다. 하지만 "비관적이다. 위기가 또 한 번 와야만 될 것이다."라는 얘기에 대해서 저는 조금 달리 생각하고 싶어요. 지난번에 위기를 맞은 이후 조금 변하기는 했지만 결국 제대로 변화시키지 못하고 오늘에 와서 우리가 이 얘기를 또 하고 있단 말이에요. 그래서 다음에 위기가 왔을 때 제대로 개혁할 것이라는 보장이 있는가? 그리고 그 위기를 맞았을 때 정말 책임이 없는 일반 국민들이 얼마나 많은 고통을 또다시 겪어야 하는가? 그래서 저는 또 한 번의 위기에 이르기 전에 지금 문제를 정확하게 진단하고 개혁할 수 있는 지도자가 나오기를 기대합니다. 그리고 왜 모피아는 일반 국민들의 이익이나 우리 경제의 장기적인 비전들은 도외시하고 단기적 효과와 소수 힘 있는 집단들의 이익을 대변하는데 급급한지, 또 그 이유는 무엇이고 어떻게 바꿀 수 있는지에 대해 얘기했으면 좋겠습니다.

● 왜, 패러다임의 전환이 필요한가?

곽정수 본격적인 얘기에 앞서, 전두환 정부 시절, 김재익 청와대 경제수석에 관해 잠깐 짚고 가죠. 모피아를 포함한 정부의 바람직한 역할 문제와도 연관 지어 생각해 볼 대목이 있는 것 같은데요.

홍종학 과거 경제개발 당시에 중상주의적 관치 또는 개발독재를 통해서

20년 동안 아주 급속한 경제성장을 이루었습니다. 그런 방식으로는 더는 성장을 지속할 수 없는 시대적 상황에서 김재익 수석이 나온 거죠.

김상조 오늘날의 관점에서 보면 김재익 수석은 강한 자유주의적 경제정책을 폈는데, 다만 그것을 일관성 있게 추진했을 뿐 아니라 하나의 패키지로 집행했습니다. 그것이 김재익 수석식의 경제정책이 성공할 수 있었던 가장 중요한 요인이지요. 가장 대표적인 것이 금융긴축과 재정긴축을 통한 물가안정 정책입니다. 사실 미국 시카고학파의 자유주의 정책을 한국에서 그대로 시행한 거예요. 따라서 그 내용을 본다면 결코 진보적이지는 않은 것이죠.

유종일 진보적이지는 않지만, 1970년대에 박정희 대통령이 중화학공업화를 무리하게 추진하면서 쌓였던 적폐를 해결하는 데 많은 역할을 했지요.

김상조 그렇지요. 전두환 대통령이라는 권위주의적 정치체제 아래에서 자유주의적 경제정책이 시행되었다는 것은 역사적 아이러니입니다. 그만큼 박정희식 개발독재 모델의 후유증이 컸다는 것의 반증이기도 하고요. 하여튼 김재익 수석의 자유주의적 정책을 통한 안정화 조치가 있었기 때문에 1985년 플라자 합의[24]로 3저 호황의 외부적 환경이 조성되

---

24) 1985년 9월22일 프랑스와 독일, 일본, 미국, 영국 등 선진 5개국 중앙은행 총재가 미국의 무역수지 개선을 위해 일본 엔화와 독일 마르크화의 평가절상을 유도하며 이것이 순조롭지 못할 때에는 정부의 협조 개입을 통해 목적을 달성한다는 등의 내용에 합의한 것이 뉴욕의 플라자 호텔에서 논의되었다고 해서 플라자 합의라고 불린다. 배경을

었을 때 한국경제가 한 단계 개선될 수 있었다고 볼 수도 있어요. 긴축정책은 고통스러운 것이지만, 그것이 강제하는 구조조정의 효과, 즉 내부적 합리화 노력이 뒷받침되었을 때 3저라는 외부적 환경의 호전도 의미가 있는 것이지요. 문제는, 3저 호황으로 기업들의 사정이 나아지니까 금방 내부합리화와 제도개혁의 필요성을 망각하고, 과거의 외형확대 위주 성장전략으로 회귀한 것입니다. 그 결과가 1997년 외환위기로 나타난 것이지요.

홍종학 사실은 그때 미국의 영향을 상당히 많이 받았다는 것도 있어요. 미국도 그 당시에 강력한 긴축정책을 할 때이니까요. 지금의 민주정부에서 가장 큰 문제는 경제성장률, 주가지수 등으로 정권의 성적표를 자꾸 따진단 말이에요. 김재익 수석은 그런 면에서 굉장히 자유롭게 긴축정책을 사용하고 경제안정화 정책을 취했단 말이죠. 그래서 1982년부터 1985년까지 인플레이션을 2~3%로 유지하는 사상 초유의 사태가 벌어진 거죠.

당시 과잉투자가 굉장히 많이 되고 있었는데, 정부가 주도적으로 '산업

살펴보면 1978년 2차 석유 파동을 겪은 미국은 고금리 정책으로 전환하였으나 달러가치가 높아지면서 무역수지 적자는 심각한 양상을 띠게 되었으며, 80년대 초 레이건 행정부가 들어서면서 개인 소득세를 대폭 삭감하고 재정지출은 유지함으로써 대규모 재정적자를 발생시켰다. 재정적자 및 무역적자의 확대를 더 이상 견딜 수 없게 된 미국은 이러한 난국을 헤쳐나가기 위해 플라자 합의를 유도하였다. 이 합의로 당시 1달러당 260엔대를 보이던 달러화는 약세로 반전하며 10년간에 걸친 장기하락 추세에 진입, 95년 4월에는 환율이 엔화에 대해 사상 최저 수준인 80.6엔, 독일 마르크화는 1.36마르크까지 하락하였다. 이로 인해 1995년 이후 일본 및 독일 등 선진국 경제는 부진을 면치 못하는 반면, 미국 경제는 견실한 성장세를 지속하였으며 미 달러화는 다시 강세로 전환하게 되었다.

합리화 정책'을 했지요. 특히 중화학공업에 과잉투자가 있었는데 '산업합리화 정책'을 통해 인위적으로 두 가지 작업을 한 거지요. 과잉 투자에 대해 구조조정을 하면서, 한편으로는 시장자율화를 추진했어요. 긴축정책을 취했다는 것은 경기부양보다는 구조개혁에 더 초점을 맞췄다는 얘기겠죠. 1992년도 김영삼 정부가 들어설 때 똑같은 논쟁이 있었어요. 한국경제가 새로운 단계로 도약할 단계에 왔기 때문에 민간자율경제, 창의적인 경제로 넘어가야 한다는 논쟁이었습니다. 그렇다면, 정부는 어떻게 해야 하는가? 단지 경제를 안정화하고, 잘못된 부분을 구조조정하고, 민간에 될 수 있는 대로 자율성을 줘서 관치를 서서히 뿌리 뽑자는 논의가 활발했었는데, 이것이 김재익 수석으로부터 넘어오는 하나의 개혁그룹이었지요. 반면에 박재윤 수석처럼 일시적으로 경제가 좋지 않으니까 '신경제 5개년계획'을 수립해서 경기를 부양하자는 그룹이 있었어요. 결국, 후자의 주장이 채택되어 그 후 15년에 걸쳐 경기부양, 환율 개입 등이 이루어졌고, 문제가 생기면 미봉책으로 땜질했습니다. 그 결과 IT 거품, 카드 거품, 부동산 거품 등으로 이어진 거죠. 이것이 재경부 라인에서 한 일 입니다.

김상조 제가 김재익 수석이나 전두환 대통령의 경제정책에 대해 모두 긍정적으로 평가하는 것은 결코 아닙니다. 특히 자유주의적 경제정책에 대해 이념적으로 동의한다는 것도 아니고요. 다만, 박정희식 개발독재 모델로부터 패러다임을 전환하려고 시도했다는 측면에서 당시를 재평가해볼 필요가 있겠고, 또 왜 그러한 패러다임의 전환이 완수되지 못했는가를 반성해볼 필요가 있겠다는 점에서 말씀드리는 겁니다.

성공 여부와는 별개로, 전두환 대통령 당시에 경제정책 패러다임의 전환을 시도했던 것을 확인할 수 있습니다. 그 내용은 크게 보면 두 가지인데, 하나는 앞서 말씀드렸던 안정화 정책이고, 다른 하나는 요즘 식으로 표현하면 자유주의적 개혁정책입니다. 당시 개혁정책의 요소는 크게 세 가지였어요.

첫째, 산업지원정책의 변화입니다. 과거 박정희 시대에 특정 산업이나 기업을 지정하여 선별적으로 재정적 금융적 지원을 하던 정책을 전환한 것입니다. 즉 경제학자들이 표현하듯이 산업 특수적, 기업 특수적 산업정책에서 기술개발 지원이나 중소기업 지원 같은 기능별 지원정책 체계로의 전환을 시도했던 거예요. 그 실마리를 볼 수 있는 것이 조선산업육성법, 기계산업육성법, 전자산업육성법 등 개별산업 육성법들을 폐지하고 산업합리화 촉진법이라는 일반적인 산업정책의 기본 틀을 만든 것이죠.
두 번째가 대내외적 자유화 정책 또는 경쟁촉진정책입니다. 대외적으로는 수입 장벽을 쌓아 국내시장을 보호하던 정책에서 단계적인 수입 자유화 프로그램을 진행해 국외 경쟁 압력을 국내 시장에 불어넣은 것이죠. 또 대내적으로는 국내 시장의 경쟁 압력을 높이는 방향으로 공정거래법을 만든 것이었습니다.
세 번째가 금융자유화 조치였어요. 그래서 선별적 산업지원정책이나 국내시장 보호정책의 수단으로 활용되었던 금융부문, 즉 관치가 이루어지던 금융부문을 이른바 민영화도 하고 여러 가지 규제도 폐지했던 것입니다.
김재익 수석이 1980년대 초반에 이 세 가지 자유주의적 개혁정책을 만들고, 정책집행을 강력히 추진한 거죠. 이 내용을 오늘날 대안연대 또는 민주노총에 있는 사람들의 입장에서 본다면, 1980년대 초반에 한국 정부가 신자유주의정책, 그러니까 대처리즘과 레이거노믹스의 정책적 요소를 받아들인 걸로 평가하겠지요.

홍종학 당시에 레이건이 들어설 때니까.

김상조 물론입니다. 김재익 수석의 자유주의적 개혁정책이라는 것이 허공에서 뚝 떨어진 건 아니니까요. 당시 주류 경제학이 케인스학파에서 시카고학파로 넘어가고, 대처리즘과 레이거노믹스가 확산하던 흐름이 그 배경이 된 거죠. 결국, 김재익 수석 또는 전두환 대통령 당시의 정책 내용을 보면, 한국의 경제정책 패러다임이 신자유주의로 넘어가는 시초 단계였다고 볼 수도 있습니다. 하지만, 다른 한편으로 본다면, 이게 과거 박정희식 개발독재 모델의 역사적 유효성이 소멸한 상황에서 새로운 경제정책 패러다임을 만들어내는 시도였다고 평가할 수도 있습니다. 아까 홍종학 교수님께서 말씀하신 중상주의적 관치의 극복이라는 측면에서는 자유주의적 정책도 일정한 정도에서는 진보의 의미가 있을 수 있다고 저는 판단합니다.

이 세 가지 자유주의적 개혁정책이 유효하게 작동 할 수 있는 거시적 환경을 만들어내기 위한 노력이 앞서 말씀드린 안정화 정책, 긴축정책이었어요. 과거 박정희 시대에는 매년 두 자리 숫자의 인플레이션이 나타나고, 재정과 무역수지도 만성적 적자상태였기 때문에 거시경제가 굉장히 불안정했었거든요. 그것을 잡으려고 김재익 수석이 1980년대 초반부에 가장 강조점을 두었던 게 금융긴축과 재정긴축이었습니다. 금융긴축을 해서 통화량 증가속도를 떨어뜨리니까 물가가 잡히는 거고, 모든 예산을 원점에서 다시 한 번 검토하면서 재정흑자 기조가 만들어진 거죠.

결론적으로 전두환 대통령이나 김재익 수석의 경제정책 내용을 오늘날의 관점에서 본다면 전형적인 자유주의적 개혁정책과 안정화 정책으로 이루어져 있습니다. 물론 권위주의적 정치체제가 그대로 온존한 상황에서 이루어진 자유주의 정책은 너무나 한계가 명백한 것이었습니다. 부실기업 정리를 위한 폭력적 산업합리화 조치도 계속되었고, 수입자유화조치와 공정거래정책도 미흡했지요. 무엇보다 금융자유화 조치는 형식에 그쳤을 뿐 관치금융은 계속되었습니다. 이처럼 결코 성공적이었다고 볼 수도 없고 자유주의에 대한 이데올로기적 평가도 다양할 수 있지만, 저는 개인적으로 김재익 수석 당시의 경험이 오늘날 우리에게 시사하는 점이 매우 크다고 봅니다. 그것은 복잡다단한 경제 문제를 해결하려면 통합적 정책 패키지를 통해 경제 패러다임의 전환을 시도해야 하며, 또 정치 지도자와 경제정책 브레인이 상호신뢰를 기반으로 혼연일체가 되어야 하고, 무엇보다 그것을 경제상황의 변동에 관계없이 일관되게 집행해야만 성공할 수 있다는 것입니다.

유종일 제가 한 가지 더 추가하자면, "박정희 때 성장도 잘하고 고용창출도 많이 했는데, 왜 신자유주의적으로 바꾸느냐?"라는 항의가 있을 수 있는 거잖아요. 그런데 방금 얘기했듯이 인플레이션 문제가 있었고, 중화학공업을 육성한다고 과잉중복 투자한 결과, 기업부실 문제가 커졌고요. 그리고 그 과정에서 지금 모든 국민이 원흉으로 여기는 부동산투기가 극성을 부렸습니다. 그래서 1970년대 말에는 기업들이 출혈수출하면서 수출지원 금융으로 싼 자금을 받아서 공장 부지를 사들여 부동산으로 돈을 버는 악순환이 생겼습니다. 더군다나 외채 문제가 있었습니다. 1979년 말에 2차 석유위기가 일어나면서, 석유수입에 들어가는 돈도 크게 늘어났죠. 또 미국경제를 비롯한 세계경제가 안 좋아지니까 수출은 어려워지고, 이 때문에 외채문제가 굉장히 심각해집니다. 전 세계적으로 보면 1982년 여름에 멕시코가 대외채무지불정지(moratorium)를 선포하면서 세계적인 외채위기가 일어나는데, 당시에 대한민국이 전 세계에서 외채가 제일 많은 나라 중 하나였습니다.

김상조 외채 4강이었지요.

유종일 그래서 당시에 외채망국론이 있었습니다.

홍종학 그때 사실은 외채가 계속 늘어나 감당할 수 없다는 주장이 많았죠. 당시 외채가 300억 불 정도 했었던 것 같은데…….

유종일 그때 진보적인 입장에 있던 박현채 선생 같은 분들이 이 문제는 지속 가능(sustainable)하지 않다, 망한다, 이렇게 얘기를 했었단 말이에요. 이게 외채망국론이었죠. 그런데 지금에 와서 진보를 자처하는 사람들이 마치 그때가 별 문제없이 성장을 지속할 수 있었던 것처럼 얘기하면 잘못된 거지요.

● 박정희식 발전국가모델은 지속가능하지 않다

김상조 지금 대안연대에 있는 분들은 박정희식 개발독재 모델, 이른바 발전국가모델이 굉장히 유효했고 심지어는 21세기도 유효한 모델이라고 얘기합니다. 하지만, 1979년에 석유위기라는 충격, 그리고 대통령 암살이라는 정치적 충격이 터지고 나서 한국경제는 정말 한 치 앞을 내다볼 수 없는 혼란 상태에 빠진 거거든요. 그런 상황에서 경제정책의 패러다임을 변화시키자는 요구가 생겨났습니다. 오늘날의 관점에서는 대처리즘과 레이거노믹스에 매몰된 신자유주의정책이라고 하지만, 물가안정과 정부개입 축소라는 정책 패러다임의 변화 요구는 바로 기득권 세력에게서 나왔어요. 당시에 전경련에서 나온 문건들을 보면 가장 자주 사용하는 표현이 '민간 중심의 경제운영 메커니즘 확립'이었어요. 그러니까 정치권이나 관료들뿐만 아니라, 심지어 재계 스스로 1980년대 초반에 정책 패러다임의 변화를 요구했어요. 왜냐하면 과거 박정희식 개발독재 모델은 이제 더는 유효하지 않고 너무나 폐해가 커졌다는 것을 기득권 세력 스스로 인식했기 때문이거든요.

그런데 문제는, 자유주의적 개혁정책이나 안정화 정책이 패러다임 전환으로서의 효과를 발휘하려면 오랫동안 일관되게 집행되어야 하는데, 1985년을 지나면서 방향을 바꾸고 말았지요. 사실 1984년과 1985년에 우리 경제는 최악의 경기침체를 겪고 있었습니다. 그때 외채망국론이 가장 심각하게 제기되었는데, 그 최악의 순간에 3저 호황이 시작된 거예요. 미국의 쌍둥이 적자 문제를 해결하기 위해 1985년 선진 7개국 재무성 장관이 모여 금리 인하와 달러화 가치 하락을 결정한 플라자 합의가 발표되면서, 한국경제는 완전히 지옥에서 천당으로 반전되었습니다. 1년에 100억 불 이상의 경상수지 흑자가 나는 신천지를 경험하게 된 것입니다. 경제가 수직상승하니까 상황이 돌변했습니다. 안정화고 개혁이고 간에, 그걸 계속 추진할 이유가 사라진 거예요. 경제 패러다임의 전환을 위해서는 단순히 제도 형태의 변화뿐 아니라 집행 메커니즘의 변화까지도 필요하고, 따라서 장기간 일관되게 추진되어야 하는데 3저 호황이 내부개혁의 지속적 추진의 인센티브를 다 없애버렸다는 거죠. 마치 선진국이 된 것 같은 착각에 빠지게 되었던 겁니다.

유종일 그리고 샴페인을 너무 일찍 터뜨렸다, 이런 얘기가 나왔지요.

김상조 결국 1989년의 정점을 지나 1990년대 초에 들어오면서 3저 호황이 3고 불황으로 바뀌니까 다시 과거의 패러다임으로 회귀한 거지요. 그래서 김영삼 대통령은 취임하자마자 '신경제 100일 계획' 같은 경기부양책부터 내놓게 되었습니다. 그것으로도 부족하니까 내부개혁이 제대로 안 된 상태에서 1992년에 자본시장 개방이라는 YS 정부의 세계화 프로젝트가 시작된 거죠. 결국, 대안연대에서 YS 정부가 성급하게 세계화를 추진했다고 비판하는 것은 맞지만, 그게 성급한 개방이었다는 비판이 정당화되려면 1980년대 후반에 우리가 해야 할 개방의 준비과정, 즉 내부개혁을 제대로 하지 않았다는 비판을 먼저 제기했어야 하는 거예요. 대안연대는 1980년대에도, 심지어 1990년대에도 박정희식 발전국가모델을 계속 유지했어야 한다고 주장하지만, 저는 1980년대에 박정희식 모델의 청산이 불철저하게 이루어졌기 때문에 1990년대에 외환위기가 터졌다고 생각합니다.

● 지식경제 패러다임

유종일 외환위기 이후에 폭넓은 개혁이 이루어진 게 사실입니다만 과연 개혁이 잘 된 건가? 오늘 이 시점에서 박정희식 모델로의 회귀를 비판한다고는 하지만 그렇다고 현재 우리 경제가 바람직한 방향으로 가고 있다는 건 결코 아니잖아요. 우리가 문제 삼는 건 개혁이 철저하게 이루어지지 않았고 기득권에 의해 왜곡되었다는 점이 한 가지 있고요, 또 새로운 성장과 분배의 메커니즘을 창출하는 데 실패해서 성장도 시원치 않고 분배는 매우 악화하고 있다는 점이 또 한 가지인데요. 이런 관점에서 지금 우리가 지향해야 할 새로운 경제 패러다임은 무엇일까, 이 문제에 관해 조금 얘기를 하고 싶습니다.

근래 한국경제의 성장동력이 약화한 것은 과잉투자에 의한 위기의 발발과 이에 따른 구조조정의 여파로 빚어진 현상이죠. 그렇다면, 충분한 생산성 향상이 뒷받침되지 않은 물적 자본 투자확대는 다시 유사한 문제를 일으킬 가능성이 있다는 얘기가 되는 겁니다. 규제완화나 세금감면, 혹은 경기부양책 등으로 일시적으로 이윤율을 올려주면 투자가 늘어날 수 있겠지만, 이러한 투자확대는 수확체감의 법칙에 의해 곧 다시 투자수익률을 떨어뜨리게 되고 따라서 지속성장을 이끌어낼 수 없습니다. 지속성장이 되려면 혁신으로 '돈 되는' 사업거리가 늘어나고, 이에 따라 투자가 확대되어야 하는 거죠. 그러니까 지금 현재의 투자수준이 성장이나 일자리 창출을 위해 필요한 수준에 다다르지 못하고 있지만, 이는 투자부진보다도 혁신부진의 결과라고 보아야 한다는 겁니다. 달리 말하면, 투자부진이 혁신부진을 가져오는 것이 아니라 혁신부진이 투자부진을 가져오고 있다는 겁니다.

지속 가능한 성장을 보장하는 것은 지속적인 혁신과 생산성 향상뿐인데, 이것은 결국 인적자본과 지적자본의 축적에서 나옵니다. 그런데 인적자본의 생산성은 지적자본에 의해서 결정된다고 할 수 있죠. 그러니까 궁극적으로는 지적자본이 생산성 향상의 원천인 셈입니다. 그래서 경제가 발전할수록 자본, 노동, 토지 등에 비해 지식이 가장 중요한 생산요소가 되며, 지식의 증가에 의한 생산성 향상이 경제성장을 견인하게 되는 겁니다. 이것이 바로 지식경제죠. 한국경제의 성장동력을 회복하는 길은 한국경제를 본격적인 지식경제로 만드는 데서 찾아야 합니다. 이를 위해서 모든 제도와 정책이 인적자본과 지적자본의 축적을 고취하고 효율화하는 방향으로 개혁되어야 합니다.

지식경제라 하면 많은 사람이 지식이 많은 엘리트에게만 해당하는 것으로 생각하거나 적어도 엘리트들이 주도하는 경제라고 생각하기 십상이지만, 그래야 할 이유는 없습니다. 지식경제에서 활용되는 지식이 모두 고등교육기관에서 배우는 형식지(formal knowledge)만은 아니며 현장에서 습득되는 암묵지(tacit knowledge)도 그에 못지않게 중요하거든요. 교육을 많이 받는 것 못지않게 누구나 어떤 일을 하거나 항상 공부하고 연구하고 개선의 방법을 모색하는 태도가 중요한 거고요, 첨단장비를 갖춘 실험실에서 행하는 과학자들의 연구 못지않게 현장근로자나 현장엔지니어들의 시행착오를 통한 점진적 혁신도 중요하다는 겁니다. 그래서 상대적인 차이는 있겠지만 지식경제가 특정산업에만 해당하거나 특정 지식산업만이 잘 나가는 경제인 것은 결코 아닙니다. 농부나 서비스업 종사자나 할 것 없이 모든 일하는 사람들이 최대한 지식을 축적해나가고 이를 활용해서 혁신해 나가는 경제가 바로 지식경제인 겁니다.

이러한 지식경제에서는 양극화가 성장잠재력 저하의 중요한 요인이 될 수 있습니다. 양극화는 저소득층의 인적자본 축적에 장애가 되고, 지적자본의 축적은 인적자본과 분리되어 일어날 수 없기 때문이죠. 또한, 양극화는 인적자본이나 지적자본과 같은 눈에 보이지 않는 무형자산에 대한 투자에 필수적인 신뢰, 즉 사회적 자본의 형성을 저해합니다. 따라서 지식경제의 지속적이고 온전한 발전을 위해서는 양극화를 방지하여야 하는데, 다행스럽게도 지식경제 발전을 위한 투자야말로 양극화 해소의 가장 중요한 수단이 됩니다. 인적자본과 지적자본의 효율적인 축적을 위해서는 교육과 연구개발에 대한 사회적 투자를 확대하고 특히 저소득층이나 담보가 없는 혁신적 기업가들에 대해 지원을 해야 하는데, 이러한 정책이야말로 곧 양극화 완화의 유력한 수단이라는 거죠. 그리고 사회적 안전망이 잘 갖추어져 있어야 사람들이 혁신에 대한 실험과 도전을 과감하게 해 볼 수 있죠. 이처럼 지식경제 패러다임은 한국경제가 직면하고 있는 핵심적인 문제들에 대한 근본적인 대안을 담고 있는 겁니다.

홍종학 방금 유 교수님께서 지식경제라는 새로운 패러다임을 제시해 주셨는데, 이것을 세계화라는 추세와 함께 생각해보면 그 중요성을 알 수 있지요. 세계화라는 것을 극단적으로 이야기하면 전 세계의 노동시장이 합쳐진 거 아니겠습니까? 예전에는 이민이 자유롭지 않기 때문에 국가 간 노동시장은 격리된 것으로 생각했습니다만, 최근에는 정보통신과 운송의 발달 때문에 외국의 노동자와 직접적으로 경쟁하는 시대가 된 겁니다. 그러면 예를 들어 전 세계 노동자들을 한 줄로 늘어놓았다고 가정해 보죠. 노동 생산성 순서로 늘어놓으면 대체로 그게 임금 순서가 되겠죠. 그런데 말이죠. 노동생산성이 20%가 증가하면 임금은 서너 배가 뛴단 말이죠. 특히 최근에 지식근로자들의 임금은 많이 올랐어요. 그러니까 만약 한국의 노동자들의 생산성을 20% 상승시켰다면, 그 파급 효과는 엄청나다는 거죠.

그러니까 우리가 지식경제로의 패러다임 전환에 성공하여 노동생산성을 크게 높인다면 대부분 우리 노동자들은 소득이 높은 미국의 노동자들과 경쟁하는 고기능 노동자 군에 속하게 되는 거지요. 반면에 우리 노동자들의 생산성이 현재와 같이 정체상태라면 중국이나 인도의 저임금 노동자와 경쟁하는 노동자의 숫자가 많아진다는 거지요. 그야말로 여기는 피나게 경쟁해 봐야 크게 건질 것 없는 레드오션입니다. 왜냐하면, 중국이나 인도는 노동자의 수가 많아서 미숙련 노동자의 공급은 무한정 아니겠습니까? 그러니까 세계적으로 노동자들의 생산성이 변화해 가는데, 과연 우리 노동자들은 어떤 위치에서 경쟁할 것인가? 그야말로

젊었을 때 조금 더 열심히 공부해서 높은 소득을 올릴 것인가 아니면 놀다가 나이 먹어서 저임금 노동자로 전락할 것인가 하는 개인의 선택이 이제는 국가의 선택이 된 것이죠.

이게 바로 우리가 지식경제 패러다임을 반드시 추구해야 하는 이유가 되고요, 또 항상 강조하는 대로 이제는 세계화라는 거대한 흐름의 의미에 대해서 올바로 이해해야 한다는 거지요. 무한경쟁이라는 것은 바로 이것을 두고 하는 말입니다. 우리가 지식경제로 전환하지 못한다면, 다른 국가가 그렇게 할 것이고 이 경우 우리 노동자들은 더 힘든 경쟁을 해야 한다는 겁니다.

그러면 지식경제 패러다임으로의 전환은 반드시 달성해야 하는 과제가 되는데, 그렇다면 어떻게 해야 그것이 가능할 것인가의 문제가 대두하겠죠. 이게 사실 매우 어려운 일 아니겠습니까? 지식경제로 가려면 그만큼 학습에 큰 비용이 들어가겠죠. 그 돈이 어디서 나오느냐는 거죠? 누가 그 돈을 부담하겠습니까? 국가가 부담한다면 결국 세금인데 국민 공부 더 시키려고 세금 더 걷는다면 내겠어요? 우리가 앞에서 중소기업 이야기도 했습니다만, 중소기업에서 학습할 여유가 어디에 있겠습니까? 또 말이 쉽지 노동자들 공부시킨다는 게 어디 쉬운 일입니까? 노동자는 노동자대로 기업주는 기업주대로 쉽게 바뀌기 어렵지요. 그러니까 이건 전반적으로 동기부합적이지 못한 그런 과제가 된다는 말이에요. 그렇다면, 뭔가 획기적인 전환이 있지 않으면 어려운 과제가 된다는 거지요. 최근 유럽에서 몇몇 나라가 성공할 수 있었습니다만, 사실 그것이 정치의 역할이고 정부가 할 일이겠지요.

곽정수 유 교수님이 우리가 지향해야 할 새로운 패러다임을 '지식경제'라고 정리해 주셨는데, 홍 교수님은 그게 매우 어려운 과제다, 또 이렇게 말씀하셨어요. 그렇다면, 과연 어떻게 패러다임 전환을 이뤄낼 수 있느냐, 어떻게 개혁을 완수할 수 있느냐, 이건 역시 개혁 리더십 문제로 연결되는 데요.

김상조 김재익 수석 식의 자유주의적 개혁이 1980년대 초에 일정 정도의 성과를 거둘 수 있었던 배경은 역설적으로 전두환 대통령이라는 권위주의적 지도자가 존재했었기 때문이라는 사실도 되짚어보아야 할 거예요. 이건 아주 유명한 일화이지만, 전두환 대통령이 김재익 수석을 불러서 "임자가 경제대통령이야."라고 얘기할 정도로 경제정책에 관한 전권을 김재익 수석한테 부여했을 뿐만 아니라, 김재익 경제수석이 결정한 것은 그 다음 날 법으로 만들어질 수 있는 상황이었으니까요. 하지만, 이제는 전두환 대통령과 같은 권위주의적 리더십이 더는 가능하지 않습니다. 아마 노무현 대통령이 열렬하게 원했던 게 그런 리더십이었던 것 같습니다. '나는 지도자로서의 진정성을 갖고 있는데, 국민이 팔로우 십(followership)을 갖고 있지 못하다.'고 노무현 대통령이 계속 하소연하고 있는 것 아니겠습니까? 그런데 이미 한국 사회가 너무나 변해버렸기 때문에, 국민에게 전두환 대통령 시절과 같은 팔로우 십을 기대하는 것은 잘못이에요. 전두환 대통령 시절의 팔로우 십은 폭력과 공포로 만들어진 거니까요.

따라서 오늘날의 정치지도자가 갖춰야 할 지도력의 요체는 국민이 정부의 정책을 신뢰하고 따라올 수 있도록 하는, 참여와 동의에 의한 팔로우 십을 만들어 내는 것입니다. 노무현 대통령이 이런 민주적 리더십을 보여주지 못한 것이 가장 중요한 실패의 원인이라고 생각해요. 다음 대통령도 절대 전두환 대통령과 같은 그런 권위주의적 지도자가 될 수가 없어요. 저는 그런 의미에서 '내가 경제를 안다.'는 식으로 경제정책에 대해서 자신의 개인적 입장을 강하게 고집하는 사람이 대통령이 되면, 또 한 번 DJ나 노무현 대통령과 같은 실패사례를 반복할 수 있다고 생각합니다.

● 대통령과 경제

곽정수 5공 시절 김재익 경제수석의 사례를 통해서 경제정책의 성공을 위한 조건들을 간단히 정리할 수 있을 것 같네요. 무엇보다 생명이 다한 낡은 경제운용 패러다임을 대체할 수 있는 새로운 패러다임으로의 전환이라는 정책의 방향성이 중요하고, 다음으로는 그것을 흔들림 없이 추진하는 정책의 일관성이 중요한 것이죠. 앞으로 한국경제가 나아가야 할 방향도 자연스럽게 제시해주는 것 같습니다. 또 대통령의 지도력이나 정부의 역할에 대해서도 다시 한번 생각할 게 있는 것 같고요. 17대 대선을 앞두고 있는 상황인 만큼 김 교수님이 대통령과 경제라는 관점에서 좀 더 얘기를 해주시죠.

김상조 다음 대통령에게 지금 한국경제가 안고 있는, 또는 노무현 정부가 만들어낸 경제 문제를 모두 해결해 주기를 기대하는 것은 사실 꿈이라고 생각해요. 그런 것을 공약하는 정치지도자를 국민이 선택해서는 안 된다고 저는 생각해요. 경제전문가이든 아니든 간에, 대통령 한 사람이 모든 경제 문제를 임기 5년 내에 해결할 수 있는 그런 경제 환경이나 사회 환경이 결코 아니기 때문입니다. 1960년대 이래 30여 년 동안 쌓여 온 한국경제의 구조적 문제를 5년 내에 해결할 수는 없습니다. 앞으로 10년이 더 걸릴지, 20년이 더 걸릴지 모르는 지난한 과제입니다. 따라서 기적을 약속하는 경제대통령보다는, 흩어져 있는 국민의 에너지를 한데 모을 수 있는 진정한 의미의 팔로우 십을 만들어낼 수 있는 정치지도자가 필요하다고 생각합니다. 한국사회가 가진 가장 큰 장점은 그 어떤 개도국과도 비교할 수 없을 정도로 뛰어난 우리 국민의 능력 아니겠습니까?

우리 국민이 가진 끓어 넘치는 그 활력과 열정을 잘 조정해서 에너지를 하나로 모을 수 있는, 민주적 리더십을 갖춘 지도자를 뽑는 것이 더 중요한 과제라고 저는 생각합니다. 그런 의미에서 올해 초에 노무현 대통령이 "실물경제를 안다고 해서 성공한 대통령이 될 수 있는 것은 아니다."라며 이명박 전 시장을 반박한 것은 맞다고 생각합니다. 또 정운찬 전 서울대 총장을 두고 한 애기로 짐작되는 "경제공부를 조금 했다고 해서 성공한 대통령이 될 수 있는 것은 아니다."라는 말도 맞다고 생각됩니다. 그렇지만 "대통령의 성패 여부는 경제정책에 의해서 좌우되는 것이 아니라 사회정책에 의해서 차별화되는 것이다. 경제정책은 누가 해도 마찬가지다."라는 말은 틀렸다고 생각합니다.

유종일 그게 아까 홍종학 교수 얘기 아니던가요? "누가 해도 결국은 재경부 관료들이 하게 되어 있다."라고 하셨죠? 그런데 지금까지 그랬다는 거지 앞으로도 필연적으로 그렇다는 건 아니겠지요?

김상조 정치 지도자가 해야 할 일은 기득권 세력, 또는 기득권 세력의 한 부분인 관료가 경제정책의 주도권을 갖는 시스템에서 벗어나 개별 경제주체들이 가진 에너지를 각자의 경제활동에 주력하게 하는 공정하고 투명한 경제 환경을 만들어 주는 것으로 생각합니다. 성공한 대통령과 실패한 대통령의 갈림은 여기서 생기는 것이지, 지금 노무현 대통령처럼 "누가 대통령을 해도 경제정책은 똑같다."라고 치부해 버리는 것은 정말 위험한 발상이라고 생각해요.

● 왜, 역대 정부의 경제 정책은 실패했나?

홍종학 전두환 정부 때도 그런 개혁정책이 좀 있었지만, 사실은 옛날부터 내려오던 개발독재가 상당히 많이 남아있는 상황에서 하나의 변화를 시도했다는 게 굉장히 중요한 의미가 있는 것이고, 그 상황이 노태우 정부까지 온 거죠. 그런데 문민정부가 출범하면서 대부분의 사람이 정치적 민주화가 달성되었다고 생각을 하니까, 그 정치적 민주화에 걸맞은 경제적인 도약이 이루어지지 않을까 생각했죠. 사실 개혁정책을 김영삼 정부도 굉장히 많이 했어요.

유종일 대표적으로 금융실명제를 들 수 있죠.

홍종학 금융실명제를 실시했지만 부동산실명제까지는 못 갔지요. 금융실명제는 김영삼 대통령이 무엇보다 강력한 개혁을 한 것인데, 문제는 한국의 구조적인 문제를 선진화된 시스템으로 변환해야 한다는 인식이 없었다는 거죠. 그때나 지금이나 그런 인식이 일부 학자들에게만 머물러 있는 수준입니다. 그때부터 일종의 민주화의 함정에 빠진 겁니다. 민주화가 되었으니 뭔가 성적을 내야 한다는 조급함에 금융실명제까지도 스스로 무시해버리는 상황이 되고, 환율에도 개입한 거죠. 그게 지금까지 변하지 않았어요. 세계화를 얘기하면서 환율을 강력히 통제하는 모순된 행위를 하고, 목표를 거기다 맞추다 보니까 여기저기 구멍이 숭숭 뚫려 외환보유액이 바닥나고 시장도 통제가 안 되었던 겁니다. 민주화된 시장으로 가면 정부가 직접 선수로 나서지 못하기 때문에, 그 다음부터는 자료를 수집하고 그것을 분석하는 능력이 굉장히 뛰어나야 합니다. 미국의 예를 보면 재무성이나 상무성에서 박사급 연구원들이 끊임없이 자료를 해석하면서 경제문제의 원인이 무엇인지를 파악하고 보고서를 만듭니다. 그게 바로 정부의 역할인데 그게 없으니까 구멍이 뻥뻥 뚫리는 거죠.

결국, 1997년도에 외환위기를 맞을 정도로 경제가 무너졌고, 김대중 정부 때에도 일부에서 이번 기회에 개혁을 제대로 하자고 주장했지만 이루지 못했습니다. 결국에 새로운 인물들을 경제 각료로 등용했지만, 출신지역만 다를 뿐 김영삼 정부의 경제 관료와 똑같은 생각을 하는 사람들이 똑같은 경제정책을 폈죠. 그런데 신기한 것은 재벌개혁 '5+3원칙'[25]을 얘기하더니 그다음부터 완전히 재벌개혁을 포기해 버린 것입니다. 김대중 대통령은 뭔가 개혁을 해봐야 하겠다는 생각이 있었지만, 그때쯤 되면 학자 그룹이 하는 얘기는 짜증이 나고, 관료들은 듣기 좋은 얘기만 하니까 거기서부터 개혁이 흐지부지된 거죠.

사실 저는 재벌개혁 5+3원칙 얘기를 듣고, 드디어 김대중 정부에서 재벌개혁 제대로 하겠다는 생각이 들었습니다. 그러나 2000년에 들어서면서 그 원칙은 완전히 무시되었고, 출자총액제한제도에 대해서도 다시 논쟁이 시작되었습니다. 그러면서 다시 경기부양책으로 들어가 버렸죠. 노무현 정부에서도 개혁그룹은 다시 소수가 되었습니다. 사실 목소리를 거의 내지 않는 경제학자들도 문제인데, 관료들이 너무 주도적으로 하니까 더는 끼어들 자리가 없어서 그런 것 아닌가 싶기도 합니다.

원인이야 어쨌든 현재 경제문제에 목소리를 높이는 사람들은 시민단체에 있는 사람들밖에 없는 구조적인 문제에 빠져버렸어요. 그 결과 정치지도자들이 '과연 정답이 무엇인가? 한국경제의 문제와 원인이 무엇인가?'에 대해 진단하기가 사실상 불가능한 것이 아닌가 싶어요. 재경부는 15년째 계속 잘못되어 왔습니다. IT 거품, 카드 사태, 부동산 거품이 계속 이어지고 있는데, 국민이나 정치권이 이제 그 사실을 인식할 만한

25) 재벌개혁 5대 원칙은 1998년 1월 김대중 대통령 당선자 시절에 맺은 노사정 합의 사항으로, 즉 기업경영의 투명성 제고, 채무보증의 해소, 재무구조의 획기적 개선, 핵심부문의 설정과 중소기업과의 협력강화, 지배주주와 경영진의 책임강화가 그 내용이다. 1999년 8월 광복절 축사에서 김대중 대통령이 3대 보완 과제로 산업자본의 금융지배 차단, 순환출자와 부당내부거래 억제, 변칙 상속·증여의 방지를 추가했다. 이 두가지를 합하여 '5+3원칙'이라고 한다.

데도 아무런 변화가 없어요. 사실 우리는 일관된 얘기를 오랫동안 하고 있지만, 대안 없는 비판을 그냥 지속적으로 하는 것으로 보이는 것 같기도 합니다.

김상조 저는 YS 정부 이래 경제정책의 실패를 '개혁 후퇴와 불안정 심화의 악순환'이라고 정리하면 어떨까 해요. 전두환 대통령이 집권한 1980년부터 불황이 가장 심화한 1985년까지, 5년 이상 경제정책이 그나마 일관성을 유지할 수 있었던 것은 선거에 의해 평가받을 필요가 없는 권위주의적 정부였기 때문이거든요. 문제는 1987년 정치민주화 이후 사회 제 세력의 요구가 경제정책의 형성에 큰 영향을 미칠 수 있는 환경으로 변화된 다음입니다. 경제의 체질 개선을 위한 개혁은 아주 장기적인 과제인데, 개혁 과제를 장기적으로 끌고 가다 보면 늘 경기변동이나 경기침체의 위기국면이 오거든요. 특히 임기 초반에 심각한 경기침체에 직면하게 되면, 모든 정부가 경기부양에 정책의 우선순위를 두게 되죠. 그러다 보니 장기적인 개혁과제를 포기하게 되고, 일시적으로는 경기부양의 효과가 나타나지만 임기 말이 되면 또 경기침체의 위기를 불러옵니다.

그리고 그 위기상황을 다음 정부에 그대로 물려줍니다. 새로 대통령이 된 사람은 나름대로 하고 싶은 개혁이 있어도 물려받은 유산 때문에, 나빠질 대로 나빠진 경제 상황 때문에, 임기 초반에 개혁정책을 포기하고 어쩔 수 없이 경기부양을 선택하게 되는 겁니다. YS 정부, DJ 정부, 노무현 정부가 이런 악순환을 15년 동안 겪어왔다는 생각이 듭니다. 그 과정 속에서 경기부양으로 대표되는 안정화 정책, 즉 기득권의 유지라는 쪽에 이해관계를 가진 관료집단이 경제정책의 결정권을 주도하게 되었죠. 그 결과 장기적 개혁과제를 계속 포기하게 되고, 다시 안정화 정책으로 회귀하는 과정을 반복했던 것이 과거정부가 경제개혁에 실패했던 근본 원인이라고 생각해요.

유종일 지금 얘기한 것하고 맥을 같이하면서도, 조금은 다른 얘기를 해야 할 것 같네요. 제가 김재익 수석 얘기를 먼저 꺼내기는 했지만, 김재익 수석의 개혁이 최선의 개혁이었다는 얘기는 결코 아닙니다. 하지만, 과거 박정희의 개발 독재식 성장모델이 더는 유효하지 않고 이미 위기 상태에 봉착해 있었다는 인식이 필요하고, 그 상황에서는 적어도 이전보다 자원배분에서 시장의 기능과 규율, 경쟁의 압력을 강화하는 것이 필요했다는 것을 인정해야 할 겁니다. 물론 분배나 성장잠재력 배양 문제, 시장 실패를 보완하는 문제에서 국가가 어떤 기능을 할 것인가 하는 것에 대해서는 다양한 선택이 존재했습니다. 그런데 전두환 정부라는 특정한 정치 상황 아래에서 그게 일정한 형태로 나타났다는 거죠.

여기에서 국민이 헷갈릴 수 있는 문제가 있습니다. '그러면 너희가 말하는 경제개혁이 소위 신자유주의와 같은 것 아닌가?' 하는 것입니다. 물론 그건 아닙니다. 시장 기능을 확대한다고 하더라도 신자유주의적으로 하는 것도 있지만, 다양한 선택지가 있습니다. 문민정부가 들어서면서 시장자유화도 하고 세계화도 한다고 했는데, 그게 시장 규율(discipline)을 제대로 세우지 않은 상태에서 규제를 풀었단 말이에요. 그때 가장 큰 기득권 세력인 재벌이 경제 관료들과 긴밀한 관계를 맺으면서 자기들의 이익을 최대한 반영하는 쪽으로 이 과정을 왜곡시켰다는 거죠. 또 정치시스템상의 문제인지는 모르겠지만 거기에 정치 지도자들의 단기적 성과에 대한 집착이 덧붙여졌습니다. 관료들은 정치상황에 반응할 수밖에 없다 보니 결과적으로 장기적인 개혁과제가 좌절되는 과정이 반복되었어요. 대표적인 게 2000년도에 일어난 개혁 후퇴거든요. 1999년의 5+3원칙은 원래 외환위기 이후에 5개 원칙으로 합의한 것이었는데, 제대로 시행되지 않아 3원칙을 더한 겁니다. 실제로는 추가된 3원칙이 개혁의 핵심이었습니다.

처음에 나온 재벌개혁의 5대 원칙이라는 것은 경영투명성 제고, 부채비율 하향, 상호지급보증 금지, 핵심역량 집중 등에 관한 것인데, 경영행태와 관련된 것이고 소유지배구조의 핵심하고는 관계가 없는 거예요. 그런데 금산분리, 출자제한, 상속증여에 관련된 3원칙은 핵심을 건드리는 겁니다. 드디어 제대로 개혁을 하겠다는 신호가 나온 것인데, 그 뒤에 정책 실행과정은 오히려 반대로 갔죠. 그 이유는 2000년도에 국회의원 선거가 있었기 때문입니다. 만약 2000년 총선에서 집권당이 압승했다면 개혁으로 갈 수 있었을지도 모르겠어요. 그런데 선거 결과가 그렇게 안 됐잖아요? 그러면서 단기적인 경기부양에 집착하게 되고, 그때부터 개혁정책이 거꾸로 가는 상황이 나타나거든요.

노무현 정부 들어서도 처음에 카드채 사태에 대한 대응도 그렇고, 부동산문제에 대해서도 강력한 견해를 밝혔었음에도 근본적 해결책보다는 더는 오르지 않게 안정화해 보겠는 미봉책을 내놓았습니다. 이때도 문제를 계속 악화시킨 것은 결국 단기적인 성과에 대한 정치지도자의 집착을 관료들이 계속 이용한 것입니다. 이런 식으로 정책이 왜곡되는 상황이 지속하여 온 거지요.

그렇다면, 재벌이 스스로 변하겠습니까? 아니면 관료가 스스로 변하겠습니까? 결국, 국민으로서 선택할 수 있는 건 지도자뿐입니다. 이게 어려운 일일 수는 있겠으나, 올바른 지도자를 선택함으로써 변화를 촉발시키는 것이 국민으로서 가질 수 있는 유일한 기대 아니겠어요? 그러면 어떤 지도자를 뽑아야 하느냐? 처음에 김상조 교수께서 질문하셨던 것입니다만, 진정으로 민주적인 지도자가 필요하다고 봅니다. 저도 지도자를 통한 변화가 절대 쉽지 않다는 것에 절대적으로 동의합니다. 굉장히 어려울 거예요. 어느 정치지도자가 단기적인 경제성과를 무시할 수 있겠습니까? 경제가 어려워지면 당장 인기가 떨어질 텐데요. 그러나 다음 정권에서는 그것이 가능한 지점이 있다고 봅니다. 왜냐하면, 지금까지의 지도자들이 굉장히 실망스러운 모습을 자주 보였기 때문에 여건이 굉장히 유리합니다. 국민한테 정말 신선한 감동으로 다가가는 길은 많이 열려 있다고 봅니다. 시간이 걸리고 고통도 뒤따르겠지만 관료들을 휘어잡으면서 고통의 터널을 뚫고 넘어가는 지도자가 우리한테 필요한 거지요.

● 패러다임 전환의 원동력은 밑으로 부터

곽정수 유 교수님은 기득권 세력인 재벌과 관료의 개혁에 대한 반발을 고려할 때 대통령의 강한 리더십이 중요하다는 것을 강조하신 것 같습니다. 앞서 김 교수님은 앞으로 우리 사회가 요구하는 리더십은 5공식의 강압적 리더십이나 참여정부식의 독선적 리더십이 아니라, 국민의 자발적 참여와 동의를 이끌어낼 수 있는 민주적 리더십이 되어야 한다고 말씀하셨고요. 두 분 말씀이 비슷한 것 같으면서도 개혁을 실질적으로 이끌어가는 중심축이라는 측면에서는 약간 뉘앙스의 차이가 느껴지는 것 같기도 한데요. 어떻습니까?

김상조 저는 기본적으로 유종일 교수님의 말씀에 동의하지만, 강조점은 조금 다를 수 있습니다. 아까 김재익 수석에 대해 평가도 했지만, 이데올로기적으로 보면 그의 정책은 자유주의 정책이에요. 그런데 그 정책 기조가 1980년대 후반에 좌절된 까닭은 무엇인가? 그것은 위에서부터의 개혁이었기 때문이에요. 우리가 말하는 경제민주화라는 게 정책 내용으로 보면 자유주의에 가까운 것일 수 있어요. 그래서 대안연대에 계신 분들이 신자유주의에 매몰된 것이라고 비판하는 것도 일정 정도 유효한 것일 수 있죠. 문제는 경제민주화를 위한, 또는 일반 민주주의를 위한 경제개혁의 과제를 집권자가 시혜적인 입장에서 위에서부터의 개혁으로 추진하게 되면, 그것은 결국 기득권의 장벽에 부딪혀 왜곡될 수밖에 없다는 것입니다. 위로부터의 개혁은 재벌이나 관료라는 기득권의 벽을 뛰어넘을 수 없기 때문이죠.

제가 시장규율의 강화, 소액주주운동, 사적 소송의 활성화 등과 같은 미시적 운동방식을 강조하는 이유는 그것이 밑으로부터의 개혁 요구이기 때문이에요. 시민 대중이 집권자가 시혜적으로 던져주는 것을 받아먹는 수동적인 위치에 머무를 것이 아니라, 자신의 권리를 확보하기 위해 스스로 행동하는 능동적 주체로 나서는 거지요. 그래서 소액주주운동이 이데올로기적인 측면에서는 자유주의적 운동이지만, 이것이 한국에서는 진보의 의미를 가질 수 있다고 판단하는 겁니다. 소액주주운동은 상법이나 증권거래법에서 보장하는 주주의 권리를 가지고 행동하는 것입니다. 따라서 신자유주의 요소를 갖고 있고 월스트리트의 앞잡이가 될 수 있다는 비판이 있지만, 지금까지 침묵했던 수동적 대중들이 그런 법적 권리를 행사함으로써 기득권 구조를 바꿔낼 수 있는, 밑으로부터의 개혁이라는 의미가 더 중요한 것입니다. 이해당사자가 시장규율을 스스로 행사함으로써 기득권 구조를 변화시키는 것을 단순히 신자유주의적 변화라고 매도하는 것에 동의할 수 없습니다. 물론 올바른 정치지도자도 뽑아야 되겠지만, 정치지도자가 위에서부터의 개혁으로 베풀어주는 방식으로는 경제개혁을 완전하게 실현할 수 없는 한계점에 온 거예요. 우리가 앞으로 해야 할 개혁은 국민이 자기 이익을 위해 스스로 행동하는, 그리고 그 성공의 경험을 축적하는 그런 방식의 개혁이어야 해요. 그럼으로써 자유주의 한계를 넘어 진정한 진보의 길로 나아갈 수 있다고 생각합니다.

한편, 똑같은 정책이라도 사회에 미치는 효과는 엄청나게 다를 수 있습니다. 왜 1980년대에 영국에서 대처식의 신자유주의 개혁이 진행되었는가를 생각해볼 필요가 있어요. 영국과 우리나라를 비교해 보면, 영국은 철저한 계급사회입니다. 이미 일반 노동자들은 철저하게 수동적인 존재로 변화했거든요. 피지배계급이 자신의 지위를 개선하기 위해 스스로 호소하고 행동하는 다이내믹스가 다 사라져버렸단 말이죠. 그 상태에서 사회를 변화시킬 수 있는 것은 대처와 같은 철권 지도자가 위에서부터 끌고 가는 신자유주의 정책뿐이에요. 하지만, 한국 사회는 그런 방식으로 개혁하면 백이면 백 다 실패해요. 노무현 대통령의 실패도 그 때문이라고 생각하는데, 한국사회는 영국과는 달리 밑에서부터의 변화의 에너지가 끓어 넘치는 사회거든요. 이런 사회에서는 어떤 개혁이든 간에, 지도자가 국민한테 '이게 옳으니까 따라오라.'는 방식으로 하면 실패할 수밖에 없어요. 당장 '네가 뭔데?' 하는 반발이 나오죠. 따라서 한국사회에서는 대처와 같이 위에서 끌고 가는 방식이 아니라 밑으로부터의 요구에 의해 획득하는 방식의 개혁이 더 필요합니다. 또 정치 지도자의 역할은 이 밑으로부터 끓어 넘치는 에너지를 올바른 방향으로 조정해주고, 그 에너지가 갈등 상황으로 퇴화하지 않도록 공정한 게임의 규칙을 확립해 주는 거라고 봅니다.

홍종학 저도 거기에 전적으로 동감합니다. 저는 한마디로 얘기하면, 이제 소비자 혁명이 필요할 때라고 생각합니다. 1987년이 정치적으로 시민혁명이었다면, 이제 경제적으로 소비자들이 자기의 주권을 찾아서 나서는 소비자 혁명이 필요한 거죠. 예를 들면 이번에 현대자동차 사태가 났을 때 불매운동이 일어났는데, 이게 굉장히 중요한 거란 말이죠. 삼성이 지배구조 때문이든, 아니면 상속세 때문이든 문제를 일으키면 소비자들이 불매운동에 나설 때 감히 저렇게 못 한단 말이에요. 정치인들에 대해서도 국민이 표를 안 주면 금방 정신을 차린단 말이죠. 그런데 지금까지 소비자들이 그런 것에 대해서 전혀 신경을 쓰지 않았습니다. 그러니까 정치인들이 선거 때에는 소비자들을 위한다고 이런저런 약속을 하지만, 당선되고 나면 완전히 기업 편에 서는 거죠.

국회의원들이 실제로 정치판에 들어가 소비자를 위해 법안을 내놓는 사람이 299명 가운데 몇 명이나 될까요? 결국, 국민이 스스로 자기 권리를 찾는 순간이 되면 진정한 개혁이 시작된다는 거죠. 국민의 작은 움직임이 매우 큰 역할을 할 수 있다는 것을 나는 부동산에서 보거든요. 부동산 문제가 심각하다는 여론이 일어나니까 정치인들이 깜짝 놀라서 태도가 돌변했지 않습니까? 6개월 전에는 그런 얘기를 할 거라고 상상할 수 없는 사람들이 6개월 후가 되니까 전혀 다른 얘기를 하고 있단 말이에요. 그럴 정도로 소비자의 힘이 무섭다는 얘기지요.

곽정수 구체적으로 그 '다른 얘기'는 무얼 얘기하는 거죠?

홍종학 그러니까 지금 얘기되고 있는 환매조건부 분양방식이라든가, 토지임대부 분양방식 같은 것이죠.

유종일 소위 반값 아파트 공급얘기죠.

홍종학 반값아파트는 우리도 이미 제안했던 것이지만 1년 전만 하더라도 국회의원들이 콧방귀를 뀌었죠. 전혀 씨도 안 먹혔는데 국민의 불만이 폭발하기 시작하니까 정치인들이 너도나도 나서서 여기에 찬성한다고 나온 겁니다. 꿈같은 일들이 순식간에 벌어진 겁니다.

유종일 원론적으로는 물론 저도 동의합니다. 결국은 우리나라가 민주화된 사회이고, 민주주의라는 것이 궁극적으로는 국민의 권리 찾기와 참여를 통해 변화하는 것이죠. 그렇게 밑에서부터 변화의 추동력이 나올 때만이 여러 가지 장애를 넘어서서 개혁될 수 있는 거죠. 그래서 국민이 소비자로서의 권리를 찾는 문제를 얘기했고, 또 투자자로서의 권리 찾기인 소액주주운동을 얘기했죠. 그뿐만 아니라 노동자로서의 권리도 제대로 찾아야 하고, 납세자로서의 권리도 제대로 찾아야 하는 거지요. 그런 힘들이 모여야 하는 겁니다. 홍 교수님 얘기하셨듯이 '위기가 또 한 번 와야지 정신을 차린다거나 문제가 곪아 터질 대로 곪아 터져 그 고통이 심화하여야만 변할 수 있다.'는 것은 변화의 방법 중에서는 가장 최후의 방법이 아닐까 생각합니다.

홍종학 다른 나라를 보니 결국 위기가 찾아와야 변하더군요.

유종일 그렇기는 한데……. 그렇다고 하더라도 정도의 차이는 있는 거지요. 변화의 때를 계속 놓치기만 하면, 그래서 반복해서 위기를 맞다 보면, 아주 망해버릴 수도 있거든요. 한때 잘나가다가 완전히 망해버린 국가나 문명이 많이 있습니다. 시대 변화의 징조를 읽고서 좀 더 빠르게 반응할 수 있는 사회적 의사결정 시스템이 중요해요. 그게 정치지도자이고, 전문가들의 여론형성이고, 관료들의 역량이지요. 그런데 지금 이게 다 잘못되어 있는 것 아닙니까? 물론 궁극적으로는 국민이 변화의 힘을 만들어내야 되겠지만, 그런 시스템 개혁을 우리가 해야 되겠다는 거고요.

● 패러다임 전환은 소프트웨어와 사회적 자본에서

홍종학 저는 정치지도자들이 유념해야 할 게 있다고 생각합니다. 첫 번째는 이익집단이 굉장히 강해졌단 말이에요. 박정희 시대하고는 완전히 다르죠. 예를 들면 지금은 재벌의 힘이 엄청나게 강해져서 필요한 자원을 수중에 집어넣을 수 있는 능력이 엄청나게 커졌단 말이에요. 모피아도 1970년대에는 막강한 힘을 발휘했지만 몇 명 안 되었어요. 하지만, 지금은 재경부 관료 출신이 전체를 장악하고 있는 실정이란 말이에요. 법원도 예전에는 독재정부의 영향력에서 벗어날 수 없었지만, 이제는 스스로 이익집단화되어 있습니다. 그 사람들도 법원에서 나오면 로펌에 가는데, 그럼 평상시에 로펌에 잘 해줘야 하는 거죠. 정치지도자가 이것을 의식하지 못하면 안 됩니다. 그게 바로 노무현 정부의 아주 크나큰 패착인데, 이 거대한 집단들이 힘을 합쳐서 대통령 주위를 포진하고 있을 때, 대통령이 거기서 벗어나기가 굉장히 어렵다는 거지요. 그래서 나는 정치 지도자가 그 점을 꼭 이해해야 한다고 생각합니다.

하나 더 지적하자면, 지금 계속해서 반복되는 실수 중의 하나가 하드웨어를 고쳐서 뭘 하겠다는 생각입니다. 신도시를 짓는다거나, 혁신도시를 만든 다거나, 행정도시를 옮기는 방식을 가지고 경제를 성장시키겠다는 생각에서 벗어나야 한다는 거죠. 중요한 건 소프트웨어예요. 소프트웨어를 바꿔서 경제 스스로 필요할 때 도시든 다리든 만드는 식으로 시스템을 만들어야 하는 거죠. 그것에 가장 중요한 것이 바로 법과 규칙을 만들고, 규칙을 제대로 집행하는 사회적 자본인데, 이게 중요한 소프트웨어 중의 하나란 말이죠. 예를 들면 청계천을 복원해 놓았다는 데, 제 생각에는 빵점은커녕 마이너스 100점 정도라고 생각해요. 양재천을 보세요. 양재천은 자연하천으로 살려놨는데, 청계천은 인공적으로 기다란 분수대 만들어 놓고, 시멘트 덩어리로 뒤덮었잖아요?

그에 비해 버스운송체계를 바꾼 것은 아주 잘한 거지요. 소프트웨어를 바꾸기 위해 엄청난 투자를 한 거거든요. 그 결과 변두리에 살면서 몇 번씩 버스 갈아타고 도심으로 나가는 저소득층에게 큰 혜택이 돌아갔단 말이지요. 예전 같으면 3,000원 들 게 지금은 1,000원이면 중심가로 들어올 수 있습니다. 물론 정부도 보조하고, 시에서도 많이 보조하고 있지만요. 그러니까 제가 얘기하고 싶은 건 소프트웨어 시스템을 바꾸기 위해 하드웨어를 투자해야 하고, 그 하드웨어를 투자해서 시스템이 장기적으로 잘 작동하게 하여야 한다는 거죠. 우리 지도자들이 그런 데 좀 더 신경을 써야 하는데, J 프로젝트나 서해안개발 프로젝트처럼 만날 프로젝트 타령만 하고 있습니다. 아마 다음 정부도 뻔할 겁니다.

유종일 소프트웨어의 전환이 필요하다는 말씀에 전적으로 공감하면서 한 가지 덧붙이고 싶은 말씀이 있는데요, 바로 사회적 자본(social capital) 얘기입니다. 특히 지식경제의 발전을 위해서는 사회적 자본이 매우 중요합니다. 지식은 물건이 아니라 사람 머릿속에 들어 있는 거라서 인간관계, 사회관계의 합리성과 신뢰기반이 그만큼 더 중요하다는 거죠. 다시 말하자면, 사회적 자본의 핵심이 바로 신뢰(trust)인데, 지식과 정보의 교류는 신뢰가 있을 때만 원활하게 이루어질 수 있고, 혁신을 위한 협력도 높은 수준의 신뢰를 요구한다는 겁니다. 예를 들어, 아이디어를 가진 기업가와 자금을 가진 자본가가 만났을 때, 서로 불신하여 자본가는 기업가가 아이디어를 먼저 공개해 주기를 바라고 기업가는 자본가가 먼저 돈을 맡겨 주기를 바란다면 혁신을 위한 협력이 무산되어 버리겠죠.

우리나라의 사회적 신뢰가 부족하다는 것은 일찍이 이 문제에 주목한 후쿠야마도 지적한 바 있는데요, 최근의 한 연구보고서(KDI 국제정책대학원,「사회적 자본 확충을 위한 기본조사 및 정책연구」2006)에 의하면 신뢰가 부족한 정도가 아니라 완전히 무너져 있는 상황이라는 거죠. 공공기관이나 민간기관을 막론하고 대부분의 기관에 대한 신뢰도가 중간값인 5.0도 되지 못하며, 특히 국회·정당·정부·지방자치단체에 대한 신뢰는 처음 만난 사람에 대한 신뢰(4.0)보다도 낮았다는 거예요.
사회적 신뢰를 구축하는 일은 결코 하루아침에 될 수 있는 일은 아니죠. 그러나 바로 그래서 이는 더더욱 시급히 시작해야 할 일입니다. 우선 정부부터 투명하고 민주적인 운영으로 국민의 신뢰를 획득하는 일에 우선순위를 두어야 합니다. 공공부문의 신뢰도가 낮으면 사회적 신뢰는 형성될 수가 없기 때문입니다. 언론사나 대기업 등 사회적 영향력이 큰 기관들도 책임이 막중합니다. 이런 기관들은 지배구조의 투명성과 책임성을 높이는 것이 신뢰획득의 첫걸음이 될 겁니다. 영향력이 큰 기관들과 지도층에 속하는 개인들이 신뢰할 수 있는 언행을 보일 때 사회적 신뢰 구축의 기초가 놓이는 거죠. 그 바탕 위에서 각 개인은 호혜의 원칙에 따라 신뢰를 형성시켜 나갈 수 있을 겁니다.

곽정수 지금 한국사회를 보면 사회 구성원들 간에 합의가 이루어지지 않는 게 가장 심각한 문제인 것 같아요. '코리아 컨센서스'의 부재라고나 할까요? 경제모델만 해도 영미식이다, 유럽식이다 해서 말은 많은데, 정말 우리에게 무엇이 맞는지는 생산적인 토론이나 합의가 전혀 이뤄지지 않고 있잖아요? 사회적 대타협론이 나오게 된 배경도 이 때문이라고 생각합니다. 실제 선진국은 사회적 대타협을 통해 새로운 패러다임으로의 전환이라는 개혁에 성공한 사례도 있고요. 마무리할 시점이 된 것 같은데, 한 말씀씩 해주시죠?

● 사회적 대타협론과 새 경제 모델의 전제 조건

김상조 대안연대 쪽에서 사회적 대타협이라는 대안을 제시했는데, 이게 국민한테 호소하는 측면이 있어요. 물론 협력하는 것이 갈등하는 것보다 훨씬 좋은 균형 상태를 가져온다는 것은 모든 경제학자들이 다 인정하는 명제죠. 그렇지만, 저는 여기에 대해서 우려하는 것이 있어요. 사회적 대타협은 대중들의 요구가 밑에서부터 충돌하고 조정되면서 모이는 형태로, 또는 누군가가 협력의 규칙을 깨면 거기에 대해서 응징하는 힘을 가진 상태에서 이루어져야 한다고 봅니다. 그런데 현재 진행되고 있는 논의를 보면 마치 정치지도자, 재계지도자, 노동조합지도자들이 모여서 합의하면 사회적 대타협이 될 수 있다고 착각하고 있는 게 아닌가 싶어요. 상층부의 소수 의사결정자가 합의해서 만들어낸 사회적 대타협이라는 것이 실제로 밑에서 작동할 수 있을까요?

이런 발상은 과거 권위주의적 정부가 대중을 강제적으로 끌고 가는 방식과 철학적인 측면에서 조금도 다르지 않다는 말씀을 다시 드리고 싶습니다. 말을 바꾸면 한국의 경제시스템을 영미식의 주주자본주의로 전환하는 것이 굉장히 어렵고 위험한 것만큼이나 현재 한국경제 상태에서 유럽대륙식의 이해관계자자본주의를 작동시켜 나가는 것 또한 굉장히 어려운 과제이며 여러 위험성도 동시에 내재하여 있다는 것을 인식할 필요가 있다고 생각해요. 마치 영미식 자본주의는 어렵고 위험하지만 이해관계자 자본주의 방식은 합의만 하면 우리 사회에서 금방 작동 가능한 대안인 것처럼 얘기하는 것은 대단히 무책임하다는 거죠.

결국, 주주자본주의와 이해관계자자본주의 중 어느 모델이 우리 사회에 더 나은 대안인가에 대해서는 각자 의견이 다르겠지만, 어느 모델이든 우리 사회에서 작동하도록 하려면 우리가 모두 공동으로 만들어가야 할 사회적 자본, 또는 사회적 인프라로서의 기본적인 요소들이 너무나 많이 남아 있어요. 그런 사회적 자본을 만들어 가는 노력을 이른바 자유주의적 과제라는 이유로 진보진영이 방기해 버리면, 그 공백을 결국 기득권 세력이 차지해 버린다는 점을 인식해야 할 것 같습니다. 따라서 진짜 이해관계자자본주의를 작동시키려면 대중의 힘으로 그런 자유주의적 과제를 성취해내는 노력이 동시에 진행되어야 합니다. 그 속에서 단순히 소유권에 기초한 자유주의적 권리뿐만 아니라 소유하지 않고서도 행사할 수 있는 권리, 즉 사회적 권리를 만들어 가는 진보가 가능해질 거로 생각합니다.

그래서 저는 우리 사회가 요구하는 이런 자유주의적 과제를 방기해 버리지 말고, 진보진영 사람들이 자기 과제로 적극적으로 인식하고 실천

하는 노력이 필요하다고 봅니다. 정치지도자들 역시 이것이 현 단계 한국사회에서 진짜 필요한 개혁과제라는 것을 인식해줬으면 좋겠습니다. 마지막으로, 이것은 결코 한 정권의 임기 5년에 완성될 수 있는 과제가 아니며, 따라서 개혁 의지의 일관성이라는 게 무엇보다도 중요한 요소라는 것을 인식할 필요가 있다고 생각해요. 그래서 저는 이번에 대선을 치를 때 유권자들에게 '장밋빛 환상을 얘기하는 지도자는 믿지 말라.'는 말을 꼭 기억하도록 당부하고 싶습니다.

홍종학 7% 성장이니 뭐니 얘기하는 것 자체가 우습습니다. 지금 나오는 얘기 중에는 '세계경제가 세계화로 말미암아 변화의 속도가 빨라지고 있는데, 이런 상황에서 성문법 국가와 불문법 국가 중에 어디가 더 유리한가?'라는 것도 있어요. 성문법 국가는 법을 계속 바꿔야 하니까 변화에 늦을 수밖에 없는데, 불문법 국가는 바로 판사들이 시대상황을 반영하면서 판결해주면 되기 때문에 경제의 자율성이라든가 창의성을 높이는 데 훨씬 더 유리하다는 거예요. 지금 그런 논의까지 나오고 있습니다.

불문법 국가라면 영미식을 말하는 거죠. 지금 많은 사람이 우리가 신자유주의를 수용해서 영미식으로 가고 있다고 생각하지만 그건 엄청난 착각이죠. 1980년대에 영미에서 대처나 레이건이 신자유주의를 할 수 있었던 것은 1930년부터 1980년까지 50년에 걸쳐 사회적 약자에 대한 보호 장치를 철저하게 만들었기 때문입니다. 따라서 변화가 올 때 사회적 약자의 피해를 최소한으로 막을 수 있다는 자신감이 있었기 때문에 신자유주의를 받아들일 수 있었던 거예요.

그러니까 제 얘기는 세계화에 능동적으로 대처하기 위해서라도 하루빨리 사회적 약자에 대한 보호 장치를 철저하게 마련해야 한다는 거예요. 지금 우리 사회에는 그것이 공백상태입니다. 영미식을 주장하는 무지막지한 천민자본주의자들은 영미에 있는 사회적 약자 보호 장치를 거론도 하지 않습니다. 반면에 영미식을 배격하는 사람들은 영미식에 맞서는 방식의 사회적 약자 보호 장치에 대해서 얘기를 해야 하는데, 그들 역시 외면하고 있습니다. 저는 현재 우리의 제도가 너무나 후진적이기 때문에 영미식이나 유럽식이나 상관없다는 견해입니다. 다만, 지금까지 우리가 공부한 바로는 변화의 속도가 빠를수록 영미식이 유리한데, 사회적 약자를 보호할 수 있는 장치의 마련이 반드시 전제되어야 한다는 것입니다. 그것을 정치지도자들이 인식해야 합니다. 즉 영미식이든 유럽식이든 우리가 제일 먼저 해야 할 일은 사회적 약자 보호 장치, 그리고 복지의 확충이거든요. 이것은 굉장히 설득력도 있고 대중적 호소력도 있는데, 우리 학계에서 아직 저변화가 안 되어 있어서 안타깝죠.

유종일 저는 두 가지를 얘기하고 싶습니다. 우선 사회적 대타협론입니다. 우리는 사회적 대타협을 할 주체가 없어요. DJ 때 노사정 합의라는 것을 했는데, 하자마자 민노총에서 뒤집어 버렸어요. 그 이후에는 정부가 약속을 제대로 안 지키기도 했어요. 그래서 신뢰의 기반이 안 생기는 겁니다. 무엇보다 조직적 기반도 없어요. 노동조합이라고 하는 게 조직률이 10%밖에 안 되고, 노조가 있는 곳도 지도자의 현장 장악력이 매우 약한 상태이기 때문에 전략적 행동을 끌어내기가 어렵습니다. 그러니까 노사정 합의를 한다고 해도 대다수 노동자하고는 관계없는 일이 되어버리는 거죠. 이렇게 사회적 기반도 척박한 상태에서 재벌·관료 동맹은 강고하므로 지도자가 굉장히 중요한 겁니다. 이 지도자가 무엇보다도 국민을 변화의 동력으로 참여시키고 이끌어내면 변화를 꾀할 수 있겠다는 생각이 듭니다.

다른 하나는 우리 사회가 지금 어떤 선택을 해야 하느냐는 문제입니다. 유럽식이냐 영미식이냐를 떠나 두 가지 모델에서 모두 우리가 해야 할 것들이 너무나 많다는 생각이 듭니다. 영미식이 우월한 부분도 있겠지만 우리 사회에 흔히 알려진 것과는 또 다른 측면이 있습니다. 예를 들어 다음과 같은 주장이 있습니다. '유럽식은 노동시장에 대해서 여러 가지 규제가 많아 임금의 형평성이나 고용 안정성은 높지만, 실업률이 굉장히 높다. 노동시장이 유연한 미국은 반대로 불평등은 심하더라도 실업률은 낮고 생산성이 더 높다.' 1인당 생산성이나 1인당 소득으로 보면 미국이 유럽에 비해 높은 편이지만, 시간당으로 보면 그렇지 않거든요. 유럽은 워낙 휴가가 길고 노동시간이 적기 때문에 일인당 소득은 낮더라도 시간당 생산성으로 보면 유럽의 많은 나라가 미국에 못지않고, 더 높은 나라도 많아요. 또 실업률과 관련해서 최근 미국에서 나온 연구는 좀 다릅니다. 예를 들어 교도소에 들어가 있는 사람들을 포함해서 계산해보자 이거예요. 교도소에 들어가 있는 사람들도 사회적으로 보면 생산에 기여를 하지 못하는 것이고, 개인적으로 보면 실업자들 못지않게 고통을 받고 있으니까요. 그런데 미국은 수감률(incarceration rate)이 워낙 높잖아요. 그러니까 전통적인 실업률과 수감률을 합쳐서 계산해 보면 미국과 유럽의 차이가 없어져요. 오히려 연구결과에 의하면 미국이 더 나쁘다는 얘기까지도 나오고 있습니다. 이건 의미가 있습니다. 범죄율이 노동시장 상황과 관련이 있기 때문이에요. 이런 점을 고려하면 영미식이 유연성 측면에서는 분명히 우월한 부분이 있지만, 전반적인 성과로 봤을 때 우리 사회에서 흔히 알려진 것처럼 훨씬 나은 것은 아니라는 점을 지적하고 싶습니다.

홍종학 그렇지요. 특히 최근 유럽의 변화를 중시해야 할 것 같아요. 앞에서도 스웨덴의 사회적 타협과 관련하여 제가 언급한 바 있지만, 정치적 압력이 경제정책을 좌우하는 측면이 있어요. 1960~1970년대 냉전으로 말미암아 유럽은 어떤 면에서 복지를 강조하지 않을 수 없는 환경이었을 거예요. 체제 경쟁에서 가장 중요한 것은 무엇보다도 체제의 안정이었을 테니까요. 동구 유럽과 붙어 있는 상황에서 사회적 불안을 감내하기 어려웠을 거란 말이지요. 그런 상황에서 전반적으로 변화보다는 안정을 추구했고, 그것이 비효율적 복지시스템을 낳게 되었을 거라는 거죠. 그러나 구소련 체제와 베를린 장벽이 무너진 이후 유럽은 변화를 모색하게 되었죠. 그리고 지금은 다양한 실험들을 보여주고 있어요. 영국의 대처가 신자유주의적인 실험을 했다면, 아일랜드는 과감한 개방을 통해 고속성장을 이루되 그 과실을 국민에게 돌아가도록 했습니다. 북구에서도 기존의 복지시스템 아래에서 더 효율적인 방식으로 성장을 추구하려는 실험들을 하고 있지요. 대표적으로 덴마크가 요즘 주목을 많이 받고 있지요. 이른바 유연 안정성(flexicurity)이라는 신조어까지 만들어내면서 노동시장의 유연성과 안정성을 동시에 달성하는 성과를 내고 있지요. 적극적 노동시장 정책을 국가가 주도하는 경우지요. 이러한 실험들이 각 국가에서 다양하게 이루어지고 있고 성과를 내고 있단 말이지요. 이런 면에서 유럽에서 일어나는 사회적 합의를 통한 변화의 모색을 우리도 추구해야 한다고 봅니다.

유종일 그런 사회적인 선택의 문제가 언론, 정치권, 그리고 영향력이 강한 소수 힘 있는 자들에 의해서 되는 게 아니고, 최대한 민주적으로 이루어질 수 있도록 하는 게 필요합니다. 다른 한편으로는 생산성을 높이는 방안을 연구해야 합니다. 프랑스에 주재하다가 온 관료가 이런 말을 하더군요. '점심을 두세 시간씩 먹고, 일도 어영부영하는 나라가 도대체 어디 있는가?' 그런데도 프랑스는 잘 산단 말이죠. 그게 어떻게 가능한지, 왜 시간당 생산성은 그렇게 높은지를 배워야 합니다. 대학을 예로 들면 미국의 우수한 대학들이 경쟁력이 높지만, 고등학교 교육까지의 공교육시스템은 유럽이 훨씬 우수합니다. 제 생각에는 그 때문이 아닌가 싶어요. 물론 노동시간이 작다는 것은 일을 집중해서 더 효과적으로 할 수 있다는 것이지요. 그다음에 숙련 축적, 기업의 생산성 향상, 문화적 자본, 창조성 등이 함께 어우러져 있습니다. 이런 것은 우리가 배워야 하는 거지요. 우리는 아직도 늘 '빨리빨리'를 외치며 OECD 국가들 중 최장의 노동시간을 가지고 있잖아요.

김상조 마지막으로, 미래사회의 설계에 대해서 한 말씀 드렸으면 합니다. 요즘 한국 경제의 뉴 패러다임에 대한 얘기들이 많이 나옵니다. 공부하는 학자들도 그렇지만, 일반 국민도 뉴 패러다임이나 대안 모델에 대한 갈증이 많은 것 같아요. 그만큼 현실이 불만족스럽다는 방증이겠죠. 유 교수님께서 지식경제 패러다임에 대해 말씀해주셨는데요, 그런데 솔직히 말씀드려서 저는 대학원에서 공부할 때부터 지금까지 가능한 큰 그림을 그리는 이야기, 즉 거대담론을 피하려고 했습니다. 한국사회, 특히 한국의 지식인 사회에는 거대담론이 언제나 과잉상태에 있었기 때문입니다. 그에 비해서 구체적 성과를 낳을 수 있는 미시적 프로그램에 대한 탐구는 너무나 부족하다고 느꼈고요. 다시 말해서, 한국사회가 혼란을 거듭하고 있고 자칫 퇴보할지도 모른다는 우려가 나오는 것이 과연 우리가 어디로 가야 할지를 몰라서, 혹은 뭐가 바람직한 사회인지를 몰라서 그런 걸까요? 꼭 그런 것만은 아니라고 생각합니다.

사실 우리가 추구하는 바람직한 사회의 가치로 자유와 평등, 그 이외에 뭐 별다른 게 있겠습니까? 경제학적으로 번역한다면 효율과 형평, 또는 성장과 분배겠지요. 또 저와 같은 지식인들이 게을러서 많은 연구 성과가 축적되지는 못했지만 자본주의 경제체제의 다양한 모델들에 대한 장점과 단점에 대해서는 어느 정도 알려져 있습니다. 즉 미국이나 영국 같은 이른바 앵글로색슨형 모델, 독일로 대표되는 라인형 모델, 스웨덴 등의 북구 모델, 네덜란드, 오스트리아, 아일랜드 등 이른바 유럽의 강소국 모델, 또는 일본이나 우리나라도 그 한 부분을 차지했던 동아시아 발전국가 모델 등 다양한 유형들의 장점과 단점은 대개 알려져 있습니다. 우리가 도달하게 될 바람직한 사회라는 것도 지금 우리가 아는 것과 크게 다르지는 않을 겁니다.

제가 시민운동을 하고 있습니다마는, 솔직히 시민운동은 벤처(venture)에요. 열 개의 사업 중에 한두 개만 성공합니다. 그만큼 어렵습니다. 그렇지만, 저는 낙관합니다. 지금은 제가 주장하는 열 개 중 한두 개만 받아들여지지만, 10년 후에는 그 열 개의 주장 모두가 우리의 현실이 되어 있을 거라고 믿습니다. 한국 사회가 발전한다면, 당연히 그런 정도의 기본적인 사항들은 달성되어 있어야 할 테니까요. 제가 강조하는 것은, 그 열 개의 과제들을 하나씩 실현해나가는 과정에서 바람직한 미래 사회의 상이 발견되리라는 것입니다. 저는 사회발전은 혁명(revolution)이 아니라 진화(evolution)라고 생각합니다. 물론 진화의 방향을 모색하는 거대담론도 필요하지만, 진화의 실마리 하나하나를 풀어가는 구체적인 성공 경험도 그에 못지않게 중요하다고 봅니다.

제가 더더욱 강조하는 것은, 우리 사회는 그 진화의 에너지가 밑에서부터 끓어 넘친다는 거예요. 제가 다른 나라를 가보아도 우리나라처럼 역동적인 사회를 보지 못했어요. 20세기에 우리나라처럼 정치적 민주화와 경제적 발전을 동시에 달성한 나라가 어디 있나요? 경제적으로만 보아도 그렇습니다. 경공업화, 중화학공업화, 그리고 최근의 정보산업화 등의 각 단계를 성공적으로 이행했고, 또 이행하고 있잖아요? 저는 우리 사회의 역동성을 믿습니다. 이런 역동적인 사회를 하나의 선험적인 틀로 묶으려고 하면 오히려 갈등과 혼란만 커질 거예요. 모든 국민이 다 동의하는 그런 뉴 패러다임을 만들어내려고 노력하기보다는, 또는 그런 뉴 패러다임이 손이 잡히지 않아서 초조해하기보다는, 투명하고 공정한 게임의 규칙만 만들어주면 우리 국민의 에너지는 다시 한 번의 도약을 가능하게 할 거라고 믿습니다. 투명하고 공정한 게임의 규칙, 그것이 저는 바로 뉴 패러다임이라고 생각합니다.

홍종학 아이고, 이거 대담이 끝나는데 다시 원점으로 돌아왔네요. 투명하고 공정한 게임의 규칙이 중요하다는 데는 이미 우리 모두 동의한 바고요. 그런데 말이죠. 김 교수님이나 저나 아래로부터의 개혁을 주장하는 것은 같은데, 이게 하나의 문제가 있거든요. 저희가 게임이론에서 조정(coordination)문제라고 하는 건데 말이지요, 서로 선의를 가지고 협조를 하려고 해도 인식이 같지 않으면 잘 안된다는 거죠. 모두가 대한민국을 외치면서 우리나라가 잘 되기를 바라죠. 그런데 한쪽 그룹의 사람들은 기존의 방식이 바로 그런 거라고 주장하고, 다른 사람들은 아까 유 교수님이 말씀하신 '지식경제'로 가야 한다고 하고 이러면 효율성이 떨어진다는 거죠.

더욱 문제를 어렵게 하는 것은 이해관계가 얽혀 있을 때인데요, 우리가 흔히 기득권이라고 하는 세력은 기존의 틀을 유지할 때 이익이 보장되는 세력이거든요. 뭐, 더 잘살게 되지는 않을지 몰라도 더 나빠지지 않는다, 그렇다면, 이들은 변화를 거부하거든요. 아까도 말했지만, '지식경제' 든 아니면 '동반성장을 통한 복지국가' 든 막대한 세금이 필요해요. 그런데 그런 세금을 부담하고 나서도 확실하게 현재보다 나아질 것이라는 보장이 없다면 그 변화에 동의하기는 어렵겠죠.

그러니까 정리하자면 이렇습니다. 한 사회가 공동체로서 같은 인식을 공유하고 있다면 그런 비용을 훨씬 줄일 수 있을 거고요, 아마 그런 일들을 우리 학자들이나 언론 등 지식인들이 해 줘야 하는 거고요, 그리고 이런 기득권 세력과의 사회적 대타협을 통해 모두가 윈윈(win-win)하는, 그야말로 모두에게 좋은 그런 패러다임을 달성할 수 있겠지요.

그렇지 않을 때 사회는 갈등을 겪으며, 큰 비용을 지급하고 그리고 나서 그 목적지에 도달하겠지요. 김 교수님은 성격이 느긋하시니까 열심히 맡은바 일을 열심히 하다 보면 거기에 도달할 것이라고 생각하는 거고요, 유 교수님은 제대로 된 리더십이 갖춰져서 우리 사회가 조금 더 빨리 진화했으면 좋겠다는 바램을 이야기하신 거고요. 저는 그냥 이 사실만 하나 모두가 공유했으면 좋겠어요. 모두가 조금씩 양보해서 사회적 대타협을 달성하면 모두에게 좋다, 그런데 그게 몹시 어려운 일이다, 그런데도 유럽에서는 그런 어려운 타협을 달성한 경험이 있다, 그렇다면 우리에게도 불가능한 일은 아닐 것이라는 사실이죠. 우리의 미래세대를 위해 어떻게 할 것인가를 다시 한번 생각했으면 좋겠어요.

곽정수 세 분 모두 장시간 수고하셨습니다. 오늘 좌담의 핵심주제는 결국 몇 가지로 모아지는 것 아닌가 싶습니다. 기존의 낡은 성장모델은 더는 유효하지 않고 지속 가능하지도 않다, 그래서 지식경제의 새로운 패러다임으로 전환이 필요하다는 것이죠. 그리고 그런 개혁을 가능케 할 수 있는 동력이 필요한데, 위로는 개혁의 방향타 역할을 할 수 있는 민주적 리더십이, 밑으로는 더욱 성숙하고 능동적인 주권자들의 참여가 서로 맞물려야 한다는 거지요. 또 제도 변화와 함께 그것이 실제 제대로 작동하는데 꼭 필요한 다양한 사회적 자본들의 축적에 특별히 신경을 써야 한다는 것도 강조해 주셨습니다. 김 교수님이 마지막에 강조하신 투명하고 공정한 게임의 규칙이 그 대표적인 것이 되겠지요. 개인적으로도 많은 것을 배우고 느낄 수 있는 시간이었습니다. 다시 한 번 감사를 드립니다.

대선 후보에게 바란다

– 곽정수

이번 좌담이 꼭 17대 대선을 염두에 두고 이뤄진 것은 아니었다. 하지만, 대선이 코앞으로 다가오면서 여야 각 후보가 앞을 다퉈 공약을 내놓다 보니 그냥 지나치는 것도 모양새가 이상하다고 생각했다. 그렇다고 특정 후보 하나 둘을 초점에 맞춰 논의하는 것은 적절치 않다는 의견이 많았다. 차라리 누가 대통령이 되느냐에 상관없이 다음 정부에서 꼭 염두에 둬야 할 경제의 큰 방향과 핵심정책을 정리하는 것이 좋겠다는 데 의견이 모였다. 그것은 실상 좌담의 핵심내용 정리와 같은 것이었다. 그래서 사회를 맡은 내가 토론 참석자 세 분의 동의를 얻어 한국경제의 새판짜기를 하는데 있어 꼭 필요한 네 가지 핵심 아젠더를 정리했다.

첫째는 공정하고 합리적인 시장 만들기이고 둘째는 올바른 성장잠재력의 배양이다. 그리고 셋째는 성장과 분배의 선순환 정립, 넷째는 내부개혁이라는 철저한 사전준비를 거친 대외개방이다.

무엇보다 먼저 시장경제가 제대로 작동하고 공정경쟁이 이뤄지도록 하려면 공정하고 합리적인 시장경제의 규칙이 만들어져야 한다. 시장은 수많은 개인이 자유롭게 자신의 이익을 추구하면서도, 사회적으로는 아주 효율적인 자원배분이 이뤄지는 경제제도다. 하지만, 이 시장이 제대로 기능 하려면 공정하고 합리적인 규칙이 전제돼야 한다. 정부의 규제라고 해도 과거 관치주의적 사전적 규제와 시장이 제대로 작동하는 데 필요한 규제는 전혀 성격이 다르다. 무조건 정부 규제 철폐를 주장하는 것은 시장이 제대로 작동하는 데 필요한 최소한의 규칙의 필요성까지 부인하는 것이다. 이는 자칫 시장만능주의에 빠지거나 무정부적 시장으로 치달을 위험성을 안고 있다.

시장경제의 규칙이 잘 운영되고 지켜지려면 무엇보다 공정한 규칙 제정자와 집행자로서의 정부의 역할이 중요하다. 정부가 기득권자들에 유리한 반시장적 규칙을 만들고 불공정하게 집행한다면 시장경제의 발전은 기대하기 어렵다. 또 정부가 시장을 대체해서 직접 기업을 통제하고, 시장기능을 억제하며, 경쟁을 제한한다면 시장은 왜곡되고 정상적으로 작동할 수 없다. 결국, 정부의 역할은 과거처럼 시장에 직접 참여하는 선수로서가 아니라 시장의 공정한 규칙을 만들고, 그 규칙을 어기고 반칙을 하는 위험한 선수들을 골라내고 제재하는 것이다. 즉, 시장이 제대로 작동하게 하는 공정한 심판자로서 역할을 다해야 한다. 그렇지 않으면 시장은 약육강식의 정글로 전락하고, 합리성과 효율성마저 상실하게 된다.

시장의 규칙이 제대로 작동하려면 사회의 의식과 관행, 즉 사회적 자본이 중요하다. 집행기관의 역량과 공정성, 신뢰성을 높이는 것은 물론 경제주체들의 의식과 관행의 변화 등 사회적 자본이 확충되어야 한다.

정부기구의 공정성과 법 앞의 평등, 시민사회의 윤리의식 등은 이미 선진국에서 18, 19세기 자유주의적 시장경제를 경험하면서 확립한 과제들이다. 하지만, 우리나라는 아직 그렇지 못하다. 그런 점에서 법치주의 확립이 무엇보다 중요하다. '남의 권리를 침해하거나 법을 어기면 부당하게 얻은 이득 이상의 제재를 반드시 받는다.'는 단순하지만 분명한 원칙이 확립되어야 한다. 돈 없고 힘없는 서민들만 처벌을 받는 이른바 '유전무죄 무전유죄'나 '재벌 봐주기'는 하루속히 사라져야 한다. 또 소득이 있는 곳에는 반드시 세금을 물린다는 원칙이 지켜져야 한다. 그것은 효율적이고 합리적인 시장경제의 전제조건이다. 정부가 힘이 센 사람에게는 약하고, 힘이 약한 일반국민에게만 강하다면 민주주의와 시장경제는 함께 망가진다. 참여정부는 카드사태 처리과정에서 금융감독의 원칙을 훼손하고, 관치금융을 부활시켰다. 또 SK글로벌 분식회계나 삼성 X파일사건 처리과정에서 검찰 수사에 관여해 사법기구의 엄정성을 해쳤다. 이는 결국 민주주의 시장경제의 근간인 법치주의를 훼손함으로써 국민의 불신을 자초한 것이다. 이러한 참여정부의 전철이 다음 정부에서 되풀이되어서는 안 된다.

재벌개혁과 금융개혁, 조세개혁의 요체도 결국은 시장이 제대로 돌아가게 하자는 것이다. 역대정부는 초기에 재벌개혁의 기치를 내걸었다가도 집권 말기로 갈수록 개혁의지가 후퇴하고, 다시 정권이 바뀌면 재벌개혁을 강조하는 악순환을 되풀이했다. 이래서는 공정하고 합리적인 시장경제의 작동이 불가능하다. 한국사회에서 갈수록 힘이 커지고 있는 재벌이 시장의 규칙을 자신들에게 유리하게 만들려는 것을 그대로 방치하는 것은 대단히 위험하다. 그것은 시장 전체의 효율성과 합리성을 높이는데 역행한다는 측면에서 반시장적이고, 한국경제의 지속 가능한 발전에도 배치된다. 소수 재벌로의 경제력 집중 억제와 소유지배 구조 개선을 위한 출자총액제한제도가 사실상 유명무실화되고, 산업자본의 금융지배를 막기 위한 금산분리 정책이 위협받는 것은 대표적 사례다.

시장규제에서 핵심적 역할을 하는 공정거래위원회와 금융감독위원회가 제대로 역할을 해야 한다. 대기업의 횡포와 이를 그냥 내버려두는 감독기관의 소극적 태도는 중소기업의 발전을 가로막는 가장 큰 걸림돌이 되는 것은 물론 시장의 효율적 작동을 가로막는다. 하도급시장에서 공정경쟁이 이뤄지지 않으면 중소기업은 죽을 수밖에 없다. 대기업이 원가절감이라는 명분으로 중소기업의 납품단가를 부당하게 깎거나 납품대금을 제대로 주지 않는 것이 대표적이다. 재벌 계열사 간에 서로 끌어주고 밀어주는 식의 부당한 지원성 내부거래도 철저히 차단해야 한다. 공정위의 전속고발권을 폐지하여 검찰도 대기업의 반시장적 범죄행위에 대해 독자적으로 수사할 수 있도록 해야 한다. 또 피해를 본 중소기업이 손해액보다 훨씬 큰 금액의 배상을 받을 수 있도록 하는 징벌적 손해배상제도를 도입해야 한다. 사적 소송도 활성화하여 대기업과 중소기업 간 거래에서 시장의 규칙을 제대로 준수하는 관행이 자리 잡도록 해야 한다. 대기업이 중소기업에 다른 대기업과는 거래하지 못하도록 억제하는 전속거래 관행을 개선해야 한다. 이중대표소송제도 시급히 도입해야 한다.

우리나라처럼 시장의 합리적 규칙이 갖춰지지 않은 상황에서 모든 규제를 풀고, 모든 것을 시장에 맡기면 된다는 생각은 위험천만이다. 반대로 국가에게만 전적으로 믿고 맡기면 국가 자체가 가진 민주성, 공공성의 부족 때문에 또 다른 문제가 발생한다. 한국경제의 개혁은 결국 이중과제를 안고 있다. 하나는 합리적인 규칙의 정립을 통해 시장을 보다 합리적이고 효율적으로 만드는 것이다. 다른 하나는 국가기구도 더 민주화하고 공공성을 강화해서, 관료들의 이익이나 소수 대기업의 이익이 아니라 국민 다수의 이익을 돌보게 하는 것이다. 정부는 소수 특권층이나 재벌이 경제적 의사결정권을 독점하는 것을 경계해야 한다. 일반 시민이나 노동자, 대중은 시장의 질서를 깨뜨리는 세력에 대한 적극적인 감시와 자기권리 주장을 통해 경제개혁을 이끌어내는 데 힘을 모아야 한다.

서구는 1950년대, 60년대에 사회보장제도와 함께 시장의 규칙이 정비되면서 사회적 약자들이 시장에서 정당한 자기권리를 행사할 수 있는 장치가 마련됐다. 우리도 하루속히 포괄적 집단소송제를 도입해야 한다. 사회적 약자들도 법치주의의 테두리 안에서 거대세력의 횡포에 대항할 수 있도록 해서 시장에서 균형이 이뤄지도록 해야 한다. 일반 국민의 이익과 우리 경제의 장기 비전보다 소수 힘 있는 집단들의 이익을 대변하는데 급급하면서 정부의 공공성 확보에 최대 걸림돌이 되는 관료조직, 특히 재경부를 중심으로 한 경제관료 조직을 개혁해야 한다.

두 번째로, 올바른 방향으로 성장잠재력을 키워야 한다. 한국경제는 과거처럼 자본과 노동과 같은 생산요소의 투입 확대를 통한 성장전략이 더는 유효하지 않다. 대신 자원을 효율적으로 사용하고, 물적 투자보다는 사람, 지식, 기술에 투자해서, 사회적 자본이 잘 형성되고 혁신이 이뤄질 수 있도록 해야 한다. 인적자원은 우리가 가진 가장 우수한 자원이다. 인적자원의 질을 높이기 위한 노력이 무엇보다 중요하다. 사람을 경쟁력의 중심에 놓고 인적자본에 대한 투자를 늘리는 것은 이제 사회복지적 측면, 자본주의 체제 유지라는 소극적 측면을 뛰어넘어 국가경쟁력을 강화하는 유효한 전략으로 자리 잡고 있다. 다양한 혁신 노력에 대해 보상을 제대로 해줘야 한다. 대신 투기나 로비처럼 비 혁신적인 방법으로 돈을 버는 길은 차단해야 한다.

재벌위주 성장전략에서 탈피해서 중소기업이 국가경제에서 제 역할을 할 수 있도록 해야 한다. 대-중소기업 관계에서 일대 발상의 전환이 있어야 한다. 이를 위해서는 중소기업 육성정책의 전환과 재벌규제 체계의 전환이 동시에 이루어져야 한다. 중소기업을 제대로 육성하지 않고는 성장잠재력을 높일 수 없다. 독일이나 일본처럼 세계적인 경쟁력을 가진 실력 있는 중소기업이 대기업처럼 적극적으로 수출도 하고, 내수시장에서 제대로 자리를 잡을 수 있도록 해야 한다. 부품을 만드는 중소기업이 기술력을 갖추고 튼튼하게 발전하지 않으면 부품을 공급받는 대기업도 세계시장에서 경쟁력을 가질 수 없다. 대기업과 중소기업 간 연결고리가 끊어지고 대기업이 부품을 외국에서 아웃소싱하는 것으로 해결하면, 중소기업과 내수시장이 죽고 고용창출과 성장이 안 되어, 결국 한국경제는 망가질 수밖에 없다. 소수 대기업의 시장장악이 너무 과도하여, 새로운 기업이 성장을 통해 고용과 부가가치를 창출하는 것이 차단되어 있다. 즉, 소기업이 중기업으로, 중기업이 중견기업으로, 중견기업이 다시 대기업으로 성장하는 경제의 역동성을 살려내지 못한다면 성장둔화와 고용악화라는 한국경제의 난제를 근본적으로 해결할 수 없다. 투자가 부진하다고 하는데, 실제로는 대기업 투자는 제대로 이뤄지고 있지만 중소기업 투자는 극히 부진하다. 저소득층 소득 감소와 소비 위축 → 중소기업 제품에 대한 수요 감소 → 중소기업 경영 악화와 투자 부진 → 일자리-소득 감소 → 소비 위축이라는 악순환의 고리를 끊어야 한다.

중소기업 육성을 위해서는 대기업과의 거래를 정상화하는 노력과 함께 중소기업에 대한 지원책을 재정비해야 한다. 중소기업 금융지원이 꼭 필요한 기업에 전달될 수 있도록 해야 한다. 지금도 우리나라의 GDP 대비 중소기업 금융지원 비중은 선진국보다 훨씬 높은 편이다. 중소기업에 대한 자금·인력·기술 지원정책이 효과적으로 작동할 수 있도록 하기 위해서라도 중소기업이 회계·세무·법률·경영자문 등 경영인프라를 제대로 갖출 수 있도록 정부가 경영서비스와 컨설팅을 제공하는 체제를 구축해야 한다. 과거 정부가 대기업의 수출을 적극적으로 지원했듯이 기술력 있는 중소기업이 국외시장에서 판로를 확보할 수 있도록 정부가 중소기업 수출지원 원스톱 서비스체제를 구축해야 한다. 중소기업에 대한 지원을 체계적으로 할 수 있도록 관련 정책을 총괄하는 중소기업부를 신설해야 한다.
중소기업부가 그야말로 고객을 지원하는 서비스센터의 입장에서 중소기업 지원에 대한 원스톱 서비스를 제공해야 한다. 정부가 중소기업을 대신해서 인허가를 받아주고, 금융지원도 한 창구에서 이뤄질 수 있도록 해야 한다. 국외판로도 개척해주고, 생산성도 높일 수 있도록 해야 한다. 외국자본에 대해 원스톱서비스 체제 구축을 강조하는 현실에서 왜 중소기업에 대해서는 그렇게 하지 못한단 말인가? 현재 대기업 노동생산성의 3분의 1 수준에 불과한 중소기업의 생산성을 최소 70% 수준까지 높이면 4%대로 떨어진 잠재성장력을 획기적으로 끌어올리는 것도 불가능한 일이 아니다.

외환위기 이후 재벌개혁 열심히 했다고 하지만 10년이 지난 현 시점에서 보면 외환위기 이전보다 재벌에 대한 의존도가 더욱 높아졌다. 선진국은 중기업이나 중견기업이 생산과 고용에서 큰 비중을 차지하는데, 우리는 재벌과 영세기업의 비중은 높고 경제의 중추역할을 해야 하는 중기업과 중견기업의 비중은 작은, 이른바 U자형 구조로 되어 있다. 정부와 재계가 주장하는 재벌중심의 성장전략 때문이다. 재벌에 대한 규제체계의 중심을 중장기적으로 사전적 규제에서 사후적 규율로 전환하는 것은 바람직하지만, 현재 재벌의 경제력 집중과 그에 따른 폐해를 고려할 때 사전적 규제의 무조건 폐지나 대폭 완화는 대단히 위험한 결과를 낳을 수 있다. 즉 재벌에 대한 규율의 공백상태를 만들 가능성이 크다.

현재 재벌규제 문제의 핵심은 여러 법인으로 구성된 재벌(기업집단)이 사실상 하나의 회사처럼 움직이는데도 우리의 법체계는 개별 계열사 하나하나만을 대상으로 하는, 법과 현실의 불일치에 있다. 재벌의 사령탑 역할을 하는 구조조정본부가 대표적 사례다. 구조조정본부는 수

십 개 계열사를 지휘하는 지휘 본부 역할을 하는데 법적으로 실체가 없는 조직이다. 아무리 불법적인 의사결정을 해서 투자자나 개별 계열사에 손해를 입혔더라도 법적으로 책임을 묻기가 어렵다. 따라서 재벌의 지배구조 개선과 경제력 집중 억제를 위해서는 가칭 '기업집단법'을 제정할 필요가 있다. 경쟁법, 회사법, 금융관련법은 물론 하도급법, 노동법 등 여러 단일법에 산재해 있는 기업집단 관련 조항을 단일법으로 통합함으로써 그룹 계열사 간의 관계와 지배주주와의 관계에 대한 규율을 체계화하는 것이다. 계열사 간 기형적 순환출자를 통한 재벌들의 지배력 확장을 막기 위해서라도 포괄적 집단소송제를 시급히 도입해야 한다.

세 번째는 성장과 분배의 선순환 정책이다. 이제 복지는 단순히 어려운 사람을 돕는 구제적 성격에서 벗어나, 한국사회와 경제의 지속 가능한 발전을 이루기 위해 꼭 필요한 투자라는 관점에서 재정립해야 한다. 아무리 시장이 효율적으로 기능한다 하더라도 시장의 분배는 사회가 받아들이기에는 불공평할 수 있다. 이렇게 되면 사회적, 정치적 갈등을 낳게 되어 효율적인 시장경제시스템이 제대로 작동하기 어렵다. 그래서 분배의 문제를 해결하기 위해 어느 정도의 정부 개입이 필요하다. 시장경제에서 낙오한 사람들에게 재기할 기회도 주지 않고 그대로 방치한다면 그 자체로 사회적 손실이며, 또 양극화 심화로 지속적인 성장이 불가능하다. 실제 자본주의 역사를 살펴보면 보건, 복지, 기초교육을 국가가 일정 정도 책임지는 것이 경제성장에도 큰 도움이 됐음을 알 수 있다. 또 이것은 민주화 과정에서 사회복지제도가 강화되어 온 역사적 경험 속에서도 확인할 수 있다.

20세기 초만 해도 세계 5대 경제대국이라고 불리던 아르헨티나가 주저앉은 핵심 원인은 부와 소득의 지나친 편중, 즉, 빈부격차이다. 특히 실업, 노령연금, 의료, 장애보험 등 사회적 보험은 시장경제가 발전하기 위한 인프라다. 사회복지시스템이 정비돼야 시장의 공정경쟁을 촉진하고, 거기서 탈락한 사람들에 대한 안전망을 갖출 수 있다. 지나치게 낮게 설정된 '비전 2030'의 복지 목표도 더욱 높여야 한다. 가난이 대물림되지 않도록, 어려운 여건에서 태어났더라도 자기 능력을 최대한 개발하여 시장경제에 뛰어들 수 있도록 국가가 시스템을 마련해야 한다. 또 투명하고 효율적인 복지전달시스템을 구축해야 한다. 구조조정 촉진형 복지 시스템을 구축해야 한다. 경쟁력을 상실한 자영업자, 영세중소기업은 빨리 정리하고 다른 일을 찾을 수 있도록 국가가 적극적으로 보조해야 한다. 그것이 과잉진입의 만성화로 말미암은 동반부실의 악순환 고리를 끊는 것이다. 정부가 적극적 노동시장정책에도 발벗고 나서야 한다. 구조조정에서 탈락한 노동자들을 재교육시켜서 시장에 재투입하는 시스템을 구축해야 한다.

정부는 비정규직 보호에 적극적으로 나서야 한다. 사회적 합의를 이루고, 소모적인 대립과 갈등을 청산하고, 한국경제가 다시 한 번 도약하는 데 힘을 모으려면, 현대판 노예 노동자인 비정규직 문제를 하루속히 해결해야 한다. 비정규직보호법에 의한 규제를 피해가기 위해 일부 기업들이 파견직 형태로 전환하는 편법을 동원하는 것을 차단하지 못한다면, 비정규직보호법이 오히려 비정규직 노동자들을 더욱 어렵고 힘들고 불안하게 만드는 역효과를 초래할 것이다. 이랜드사태가 대표적이다.

경제구조의 유연성과 안정성을 동시에 고려한다면 비정규직의 폐지보다는 보호로 가야 한다. 유럽의 강소국들이 노동시장의 유연성을 유지하면서도 비정규직의 폐해가 심하지 않고, 분배문제도 악화되지 않는 것은 기업들이 고용의 유연성은 누리되 비정규직 차별을 하지 않는 시스템이 갖춰져 있기 때문이다. 기업들이 단지 임금 비용을 줄이기 위해 비정규직을 쓰는 것을 규제해야 한다. 비정규직보호법안의 미흡한 사안들을 하루속히 보완해야 한다. 파견근로 허용 범위 사유제한, 2년으로 되어 있는 기간제 근로계약 허용기간의 축소, 정규직 전환을 회피하기 위한 사전해고 등의 방지책을 마련해야 한다.

복지 재원을 마련하기 위해서라도 지나치게 비중이 높은 건설분야 예산을 대폭 축소하는 등 예산 개혁을 해야 한다. R&D 예산의 집행도 효율화해서 낭비를 막아야 한다. 또 세제 개혁을 해야 한다. 고소득층에게 혜택이 집중되는 법인세, 소득세, 부가가치세를 내리고, 서민들에게 직접 영향을 주는 교통세, 주류세, 담뱃세를 올리는 것은 분배에 역행하는 것이다. 세율을 올리고, 과세기반을 넓히고, 직접세 중심으로 개편해야 한다. 우리와 처지가 다른 선진국을 함부로 따라가면 자칫 양극화 악화를 가져올 위험성이 있다.

네 번째는 세계적 추세인 개방을 하되, 그 효과를 제대로 거두기 위해 철저한 사전준비를 하는 것이다. 개방이나 세계화는 양극화를 초래할 수 있는 잠재성을 갖고 있다. 하지만 양극화가 현실화하느냐 여부는 정부정책에 달려있다. 개방이 불가피한 것이라면 개방의 충격을 내부적으로 흡수할 수 있는 제도나 기반을 갖추고 있는가를 뒤돌아보아야 한다. 즉 내부개혁이 전제된 개방을 했는가, 아니면 무방비 상태로 개방했는가에 따라 결과는 엄청난 차이가 있다. 개방은 성공과 실패의 가능성을 동시에 갖고 있다. 개방의 성공조건은 결국 개방의 충격을 흡수할 내부역량에 달려 있다.

외환위기는 내부개혁은 안 하고 금융시장 개방에 편승해, 외국에서 싼 금리로 돈을 빌려와 재벌 중심으로 과잉중복투자하다가 문제가 한꺼번에 터지면서 빚어진 것이다. 1990년대 초 자본시장 개방을 한 것 자체가 잘못이 아니라 준비도 안 하고 어설프게 개방을 한 게 결국 문제다. 한미FTA와 관련해 우려되는 것도 바로 이 부분이다. 내부개혁을 통한 사전준비를 소홀히 한 채, 외부충격을 내부개혁의 동력으로 삼겠다는 정부의 논리는 대단히 위험하고 이치에 어긋나는 발상이다. 지금이라도 내부개혁에 박차를 가해야 한다. 개방 이후 외국기업이 국내에 들어왔을 때 소비자들이 부당한 피해를 받는 일이 없도록 소비자보호장치를 제대로 마련해야 한다. 우리 경제를 한 단계 끌어올리는데 걸림돌이 되는 사업지원 서비스, 예를 들어 금융·통신·법률·회계 컨설팅 업종을 개방을 통해 경쟁력을 높이는 방안에 주력해야 한다. 반대로 사업지원 서비스와는 전혀 성격이 다른 교육·의료·보건·사회복지 분야의 공공성이 약화해 양극화가 더욱 심화하고 성장과 분배의 조화가 훼손되지 않도록 조심해야 한다.

재벌들이 외국자본의 경영권 위협을 내세워 금산분리 원칙을 폐지하거

나 출총제를 완화해달라고 요구하는 것은 본질을 왜곡하는 것이다. 참
여정부 들어 외국자본에 의해 국내기업의 경영권이 위협을 받은 것은
SK의 소버린과 KT&G의 칼 아이칸 단 두건에 불과하다. 소버린은 총수
의 불법행위로 말미암은 주가폭락, 주가가 기업가치의 3분의 1 또는 5
분의 1까지 떨어졌는데도 뒷짐만 지고 있었던 국내 기관투자가의 무능
력 등이 복합적으로 작용해 2년 만에 조 단위의 이익을 얻은 것이다. 이
런 본질적 측면을 보지 않고 외국자본에 의한 국부유출이나 먹튀 자본
주장을 펴면서 국내 기업의 경영권 위협을 부각시키고 경영권 방어장
치 강화를 요구하는 것은 우리가 해야 할 내부개혁에 역행하는 것이다.
특히 일부에서 민족주의 정서를 자극해 기득권을 유지하려는 것은 외
환위기 때 값비싼 수업료를 들이며 얻은 교훈을 망각한 행위다. 론스타
의 외환은행 인수 논란도 론스타가 짧은 기간에 천문학적 이익을 얻은
것을 배 아파하기 이전에, 2003년 당시 론스타와 외환은행 경영진, 그
리고 우리나라 금융감독당국이 어떤 불법행위를 저질렀는지를 제대로
밝혀내고 책임을 물어야 한다. 사건이 재조명된 지 2년이 가깝도록 금
융감독당국의 책임자 가운데 이 사건과 관련하여 제대로 책임을 진 사
람은 거의 없는 것이 현실이다. 정부의 원칙 없는 정책이 외국자본의
한국시장과 정부에 대한 불신으로 이어지는 것을 막아야 한다.
우리나라는 독립적 사외이사제도가 정착된 것도 아니고 주식시장에서
기관투자가에 의한 감시나 견제가 제대로 이뤄지는 것도 아니다. 또 노
동자 경영참여가 제도화되지 않았을 뿐 아니라, 재벌총수들은 계열사
출자나 계열금융 출자 등 외국에는 없는 경영권 방어 장치를 갖고 있
다. 그런데 이에 덧붙여 선진국에 있는 경영권 방어장치를 추가로 부여

하는 것은 기업인수합병을 통해 시장의 효율성을 높인다는 본래의 기능이 제대로 발휘될 수 없도록 하는 것이다.

국가안보차원에서 전략적 중요성이 있는 기간산업을 외국자본의 경영권 위협으로부터 보호하자는 취지로 한국판 엑슨플로리오법을 만들자는 기본 취지는 동의하지만, 보호대상 기업에 대한 엄격한 제한 없이 이 기업, 저 기업 모두 적용될 수 있도록 하면 결과적으로 재벌총수의 경영권을 국가가 보호해주는 기형적 결과를 낳을 것이다.

우리은행과 외환은행 처리와 관련해 외국자본에 넘길 수 없으니 국내 다른 은행이나 심지어 산업자본에 경영권을 넘기자는 주장은 대단히 위험하다. 전자는 은행산업의 독과점 구조를 더욱 심화시킬 것이고, 후자는 금산분리 원칙 훼손으로 말미암은 국가경제적 후유증이 엄청날 것이다. 두 은행의 처리는 더욱 장기적인 관점에서 소유구조의 해결책을 신중하게 모색해야 한다. 정부가 은행을 지배하는 것도 문제고, 산업자본이 은행을 지배하는 것도 문제고, 외국자본이 과도하게 국내은행을 지배하는 것도 문제이다. 은행 소유구조와 관련해서는 정부도, 재벌도, 외국자본도 정답이 아니라는 기본 원칙에 따라 국민주 방식이든, 아니면 기관투자가와 소액주주를 섞는 새로운 방식이든, 여러 가지 연구를 충분히 한 뒤 시행하는 것이 바람직하다.

차기정부는 힘이 있는 집권 초부터 개혁을 착실히 시행해야 한다. 개혁을 뒤로 미루고 당장에 먹기 좋다고 경기부양에 매달리는 우를 범해서는 안 된다. 개혁은 곧 새로운 환경에서 제대로 작동할 수 있는 새로운 경제 패러다임을 만드는 일이다. 10 · 26 사태 이후 28년이 지났지만,

박정희식 개발독재 모델로부터 새로운 패러다임으로의 전환이 진정으로 이뤄졌다고 말하기 어렵다. 역대정권이 근본 체질개선을 위한 개혁은 미루면서 땜질식 경기부양정책을 되풀이해 왔기 때문이다. 소수 재벌 위주의 성장정책이 큰 틀에서 그대로 고수되고 있고, 금융자유화가 상당 수준 진전됐으나 관치의 고질병은 완전히 퇴치되지 않고 있다. 개방경제라고 하지만 시장에서는 소수 대기업이 여전히 독과점적 지위를 구가하면서 시장경제의 활력이살지 못하고, 중소기업과 소비자들이 피해를 보고 있다. 무엇보다 합리적이고 공정한 시장질서가 아직 뿌리내리지 못하고 있다.

1960년대 이래 수십 년간 쌓여온 한국경제의 구조적 문제를 5년 임기 안에 말끔히 해결하는 것은 힘들다. 개혁을 하다 보면 단기적으로는 경제가 어려워져 인기가 떨어질 수도 있다. 정책의 일관성이 중요한 것도 이 때문이다. 하지만, 길게 보면 그런 고통의 터널을 뚫고 가야 한다. 개혁이 성공하려면 올바른 리더십이 중요하다. 진정한 리더십은 올바른 정책과 비전, 그리고 그것을 민주적으로 추진하는 힘을 겸비할 때 발휘된다. 대통령 스스로 우리 경제가 나아가는 데 필요한 비전과 개혁과제에 대해 깊은 이해와 좋은 아이디어를 가지고 있거나, 아니면 그런 능력 있는 전문가를 제대로 등용해서 흔들림 없이 개혁을 추진하도록 중심추 역할을 해야 한다. 또 기득권 세력인 재벌과 관료들의 개혁에 대한 반발을 고려할 때 강한 리더십과 함께 필요한 것은 국민의 적극적인 참여와 자기권리 찾기이다.